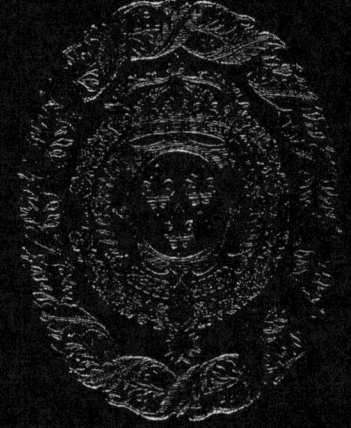

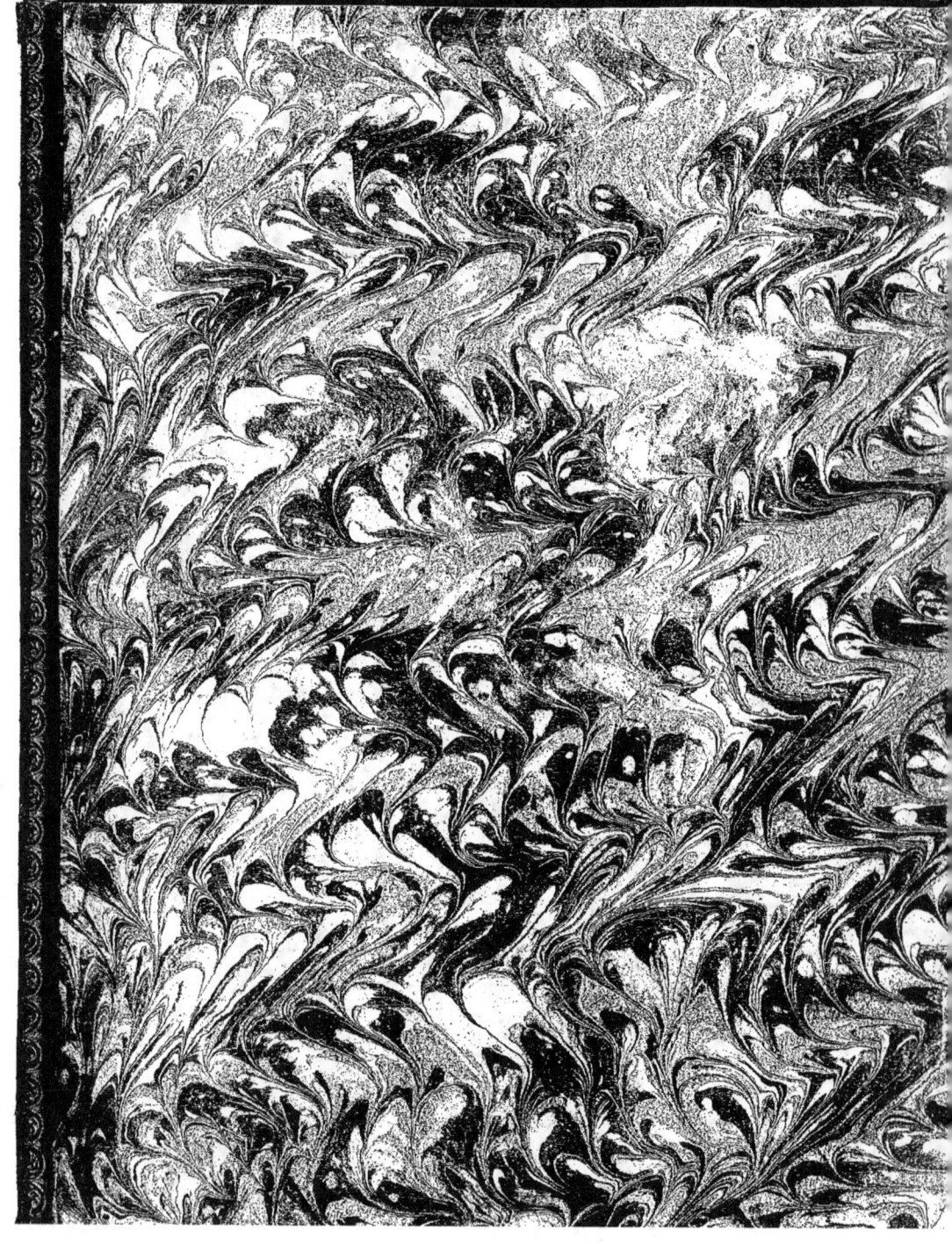

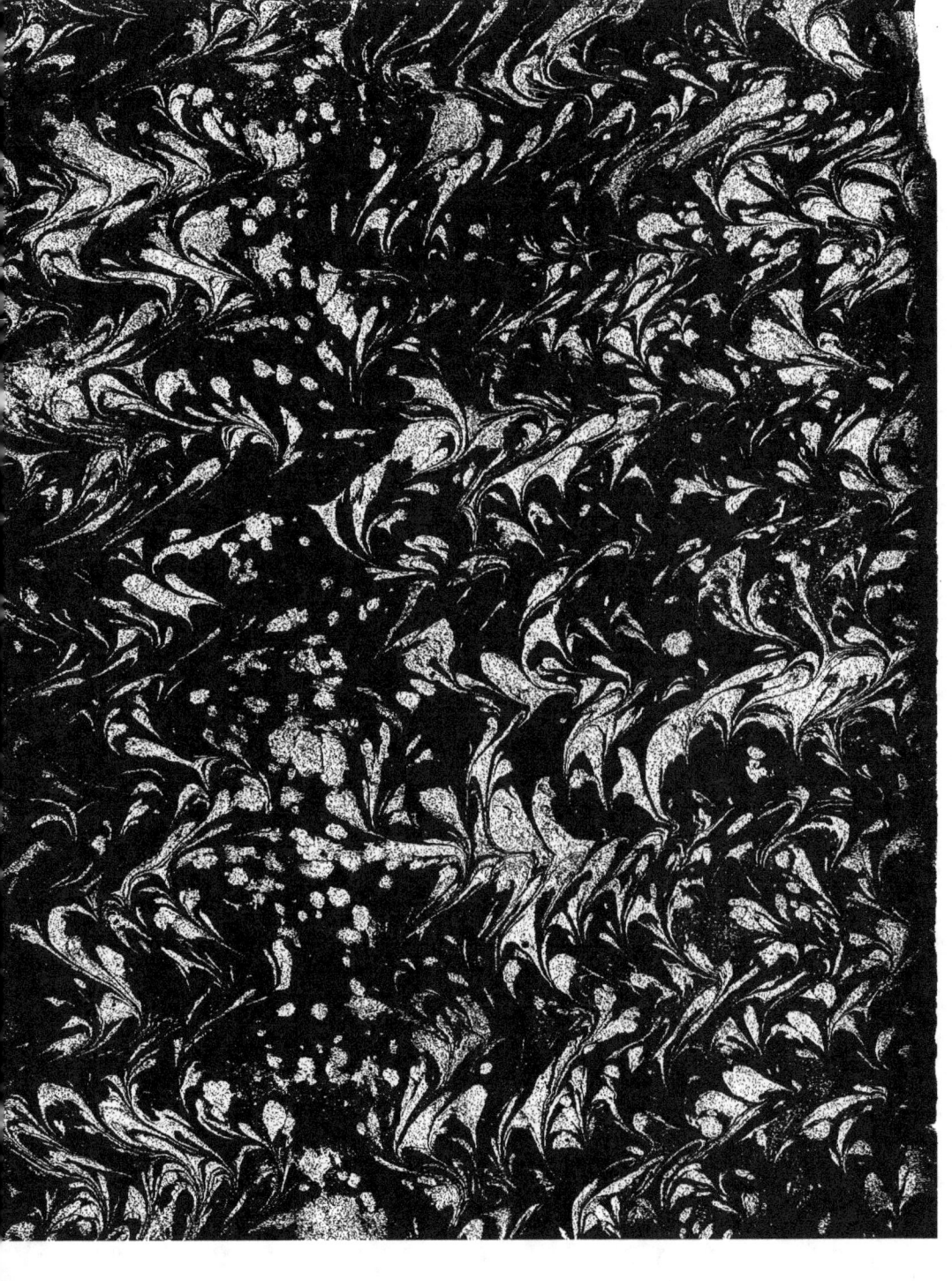

(Pour Exhibition)

V
ⓒ
P.314.

14664

ENTRETIENS
SUR LES VIES
ET
SUR LES OUVRAGES
DES PLUS
EXCELLENS PEINTRES
ANCIENS ET MODERNES.
CINQUIÉME PARTIE.

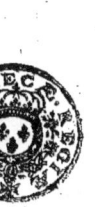
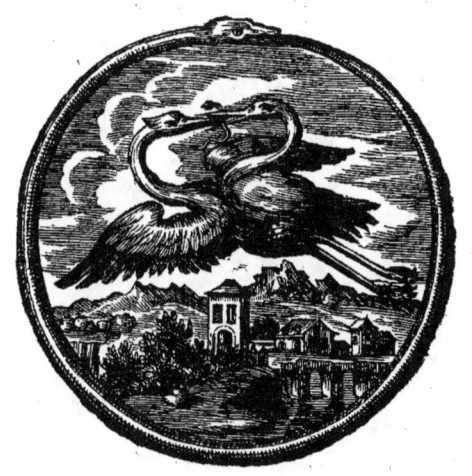

A PARIS,
Chez la Veuve de SEBASTIEN MABRE-CRAMOISY,
Imprimeur du Roy, ruë Saint Jacques, aux Cicognes.

M. DC. LXXXVIII.
AVEC PRIVILEGE DE SA MAJESTE'.

ENTRETIENS

SUR LES VIES

ET

SUR LES OUVRAGES

DES PLUS

EXCELLENS PEINTRES

ANCIENS ET MODERNES.

CINQUIÈME PARTIE.

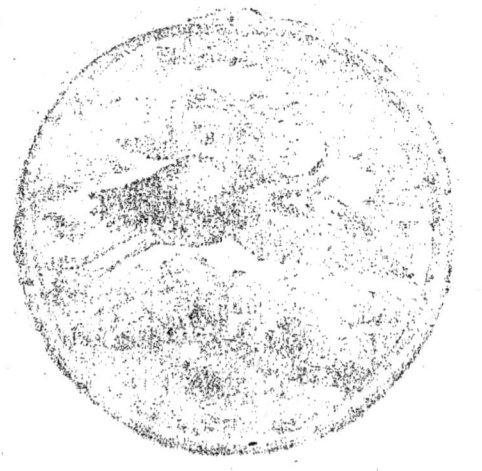

A PARIS,
Chez la Veuve de SEBASTIEN MABRE-CRAMOISY,
Imprimeur du Roy, rue Saint Jacques, aux Cicognes.

M. DC. LXXXVIII.

AVEC PRIVILEGE DE SA MAJESTÉ.

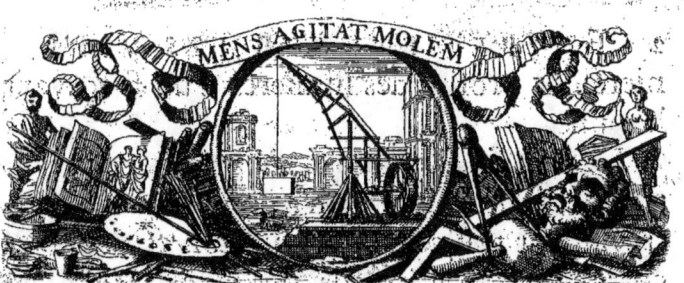

ENTRETIENS
SUR LES VIES
ET
SUR LES OUVRAGES
DES PLUS EXCELLENS PEINTRES
ANCIENS ET MODERNES.

CINQUIÉME PARTIE.

Neuviéme Entretien.

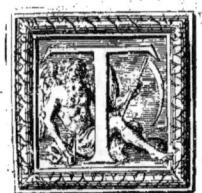YMANDRE avoit esté si satisfait de nostre derniere conversation, qu'estant venu me trouver quelque temps aprés, il me parla d'abord du Poussin, & me demanda s'il n'avoit pas laissé des Disciples qui eussent suivi sa ma-

Tome V.   A

niere, & profité des lumieres d'un si sçavant homme.

Le Poussin, luy dis-je, n'a point eû de maistres qu'il ait imitez, & n'a point fait d'Eleves, travaillant toûjours seul dans son cabinet sans entreprendre de grands ouvrages. Il n'avoit besoin de personne pour luy aider : aussi ne voit-on point de Tableaux de luy qui ne soient entierement de sa main. Il ne vouloit pas mesme permettre qu'on copiast ce qu'il faisoit, sçachant la difference qu'il y a d'une copie à un original. M. de Chantelou l'ayant prié de faire copier les sept Sacremens du Cavalier del Pozzo, il ne put s'y resoudre : il aima mieux estre le copiste de ses propres ouvrages que de les confier à un autre. Il est vray qu'il n'y a rien dans les sept Sacremens de M. de Chantelou qui ne soit different de ceux du Cavalier del Pozzo, & qu'au lieu de copies il a fait de seconds originaux encore plus parfaits que les premiers. Vous pouvez juger de la difference qu'il y a des uns aux autres par les Estampes que l'on en a gravées.

Il s'est trouvé quelques particuliers qui ont voulu imiter sa maniere, mais nul n'en a approché. Le petit le Maire a fait plusieurs Tableaux d'aprés ses desseins. GASPRE DU GHET

son beaufrere a aussi peint dans le goust du GASPRE
Poussin des païsages assez beaux, particuliérement sur la fin de sa vie. On pourroit mesme dire de quelques-uns que c'estoit les restes des festins du Poussin, comme on a dit
autrefois des Tragedies d'Euripides, que c'estoit les restes des festins d'Homere. Gaspre
mourut peu de temps aprés son beaufrere.

Comme c'est la mort, dît Pymandre, qui
aussi-bien que le temps léve le voile dont toutes les actions des hommes ont esté cachées
pendant leur vie, & qui donne moyen d'en
juger avec liberté, il me semble que c'est depuis que le Poussin n'est plus au monde qu'on
a encore mieux connu son merite. L'estime
qu'on fait de luy & le prix où sont ses ouvrages font juger de leur valeur ; & c'est en
cela que son sort pareil au sort des grands
hommes, est different de celuy de plusieurs autres Peintres qui ont eû seulement pendant leur
vie une fausse reputation.

Il a joüi, repartis-je, d'un bonheur d'autant plus grand qu'il estoit selon ses desirs ;
parce que ne souhaitant que de travailler avec
tranquilité, & aux choses qui estoient de son
goust, il l'a toûjours fait avec un applaudissement general. Mais il est vray que quand

A ij

GASPRE. je considere les Tableaux de cét excellent homme, & ceux de quelques Peintres qui ont eû du merite, je voy qu'il y a une grande difference entre les bons & les sçavans Peintres. J'appelle un bon Peintre celuy qui dans ses ouvrages s'exprime avec ordre, avec beaucoup de force, de grace & de netteté, & qui en imitant bien ce qu'il veut representer, satisfait les esprits ordinaires, & plaist aux yeux de tout le monde: Mais celuy-là seul me paroist digne d'estre appellé sçavant, qui non-seulement possede toutes ces belles parties, mais encore qui attirant sur ses ouvrages l'admiration des esprits mesme du premier rang, ennoblit les matieres les plus communes par la sublimité de ses pensées; & trouve dans son imagination & dans sa mémoire, comme dans deux sources inépuisables, tout ce qui peut rendre ses Tableaux entierement parfaits.

Veritablement dans le reste des choses que j'ay à vous dire aujourd'huy, il me seroit malaisé de vous rapporter des exemples semblables à ceux que nostre Peintre François nous a fournis. Cependant, comme il n'y a point d'homme qui possede universellement toutes les sciences, mais que le plus & le moins met de la difference entre les plus habiles, il faut estimer dans chaque particulier les talens qu'il a receûs, & lors qu'il a excellé dans quelque partie, le considerer par les choses qu'il a sceû faire le mieux. Car comme il n'y a rien dans la nature qui n'ait de la beauté, cette beauté est toûjours digne d'estre regardée lors que l'art a pris soin de la bien imiter. C'est pourquoy dans la Peinture on loüe avec justice ceux qui ont parfaitement réussi à faire des païsages, des fleurs, des fruits, & des animaux, quand leur genie n'a pas esté capable de plus grands sujets ; & alors ils sont d'autant plus dignes de loüange, qu'ils ont fait paroistre plus de jugement dans le beau choix & l'agréable disposition de ce qu'ils ont tasché de representer.

<small>GASPRE.</small>

Pendant la vie du Poussin il y avoit plusieurs Peintres qui travailloient en Italie avec reputation dans ces divers genres de peinture, & qui sont morts peu de temps aprés luy. Claude Gelée, dit le Lorrain, qui a si bien copié la nature dans ses païsages, avoit un disciple nommé JEAN DOMINIQUE qui s'est fait connoistre pour l'avoir assez bien imité.

<small>JEAN DO-MINIQUE.</small>

Quant aux Peintres d'histoires, qui avoient alors le plus d'employ à Rome, je puis vous nommer ANDRE' SACCHI, autrement André Ouche, éleve de l'Albane, & ANDRE' CAMACE'E difciple du Dominiquin. Ils ont eû des talens qui pouvoient les faire confiderer. Vous avez veû de leurs ouvrages dans les appartemens du Palais des Barberins à Montecaval. André Sacchi eſtoit Romain, & a fait pluſieurs Tableaux dans l'Egliſe de Saint Pierre & en divers autres lieux. Le Camacée avoit pris naiſſance à Bevagna, à treize milles de Spolete. Il a auſſi peint dans l'Egliſe de Saint Pierre & à Saint Jean de Latran.

<small>ANDRE' SACCHI.</small>
<small>ANDRE' CAMACE'E.</small>

<small>PIETRE DE CORTONE.</small> PIETRE BERRETIN de Cortone les ſurpaſſa de beaucoup dans la *gentilleſſe* d'eſprit pour ce qui regarde l'invention, & dans le bel employ des couleurs. Il n'eſtoit pas extrémement correct dans le deſſein, ni ſçavant pour les fortes expreſſions : mais il n'y a gueres eû de Peintre de ſon temps qui pour les grandes ordonnances ait eſté plus ingenieux, plus facile, & plus agreable.

Comme nous avons dit qu'il y a deux ſouveraines qualitez dans la Peinture ; l'une de travailler avec ſcience pour inſtruire, & l'autre de peindre agreablement pour plaire ; & que celuy qui plaiſt fait un effet bien plus general que celuy qui inſtruit : on peut dire

ET LES OUVRAGES DES PEINTRES. 7
aussi que la qualité necessaire pour plaire estoit le partage de Pietre de Cortone. Combien de fois avons-nous consideré dans Rome le Salon du Palais Barberin, où nous trouvions tant de graces & de noblesse dans la disposition des figures, tant d'agrément dans leurs attitudes & dans leurs airs de testes ; une si belle union dans les couleurs, & ce que les Italiens nomment *Vaguezza* ? Quoy-que cet ouvrage soit peint à fraisque, il n'y a pas moins de force & de tendresse que s'il estoit peint à huile. Et bien que le dessein n'en soit pas d'un goust exquis, ni les draperies des figures tout-à-fait bien entenduës & naturelles ; cependant il se trouve que le tout ensemble a quelque chose de si gracieux & de si doux à la veûë, qu'il n'y a personne qui ne sente beaucoup de plaisir en le regardant.

Aussi n'estoit-ce pas son coup d'essay. Estant venu à Rome fort jeune avec intention de s'appliquer entierement à la Peinture, il eût pour maistre un Peintre Florentin assez habile, sous lequel il fit en peu de temps un progrés considerable. M. Alexandre Saccheti, & son frere le Cardinal ayant conceû pour luy beaucoup d'estime, le receûrent dans leur Palais, & le firent travailler à plusieurs sujets, & entre-

PIERRE DI CORTONE.

8 ENTRETIENS SUR LES VIES

PIERRE DE CORTONE. autres à un Raviſſement des Sabines. Mais le premier Tableau qu'il expoſa en public fut une Nativité de Noſtre Seigneur qui eſt dans l'Egliſe de *San Salvatore in Lauro*, proche le Mont Jordan. Cet ouvrage qui tenoit beaucoup de la maniere des Caraches, luy donna de la reputation, & fut cauſe que le Pape Urbain VIII. le fit peindre dans l'Egliſe de Sainte Bibienne, où ſon maiſtre travailloit auſſi dans le meſme temps.

Ce fut en ſuite de cela que le Pape luy fit faire ce grand Salon du Palais Barberin dont je viens de parler. L'on en voit des Eſtampes gravées par Bloëmart dans le livre d'*Ædes Barberini*, par leſquelles on peut juger de la compoſition & des ornemens dont la voute de ce Salon eſt enrichie.

Aprés que le Cortone eût fini ce Salon, il alla à Veniſe, & delà il paſſa dans la Lombardie pour y voir les plus excellens Tableaux des Peintres de ce païs-là. Comme il s'en retournoit par Florence, le Grand Duc l'arreſta pour peindre un Salon & quelques appartemens du Palais Piti. C'eſt particulierement dans un des plat-fonds où il a peint la Vertu enlevée, qu'on peut voir ce qu'il a fait de plus beau pour ce qui regarde le coloris. Il eſt vray qu'il n'acheva

pas

ET LES OUVRAGES DES PEINTRES. 9

pas tout ce que le Grand Duc luy avoit ordonné, parce que les Peintres de Florence jaloux de le voir dans l'employ, & cherchant à luy rendre de mauvais offices, persuaderent au Cardinal oncle du Duc que certains Tableaux du Titien & d'autres Peintres Lombards que Pietre de Cortone avoit achetez, n'estoient point Originaux. Le Cardinal luy en ayant fait des reproches, il en fut si touché qu'aprés avoir fini quelques ouvrages déja beaucoup avancez, il demanda permission d'aller faire un voyage à Rome. Le Grand Duc luy accorda ce qu'il desiroit, & luy fit donner dix mille écus pour recompense de ce qu'il avoit fait. Mais le Cortone estant arrivé à Rome ne voulut plus retourner à Florence ; & ce fut un de ses éleves nommé *Ciro Ferri*, imitateur de sa maniere, qui acheva ce qu'il avoit laissé à faire au Palais Piti.

Pietre commença à peindre pour les Peres de l'Oratoire à la *Chiesa nova*. Il y travailla à plusieurs reprises, parce qu'il fut employé pendant trois ans par le Pape Innocent X. à peindre la Galerie du Palais Pamphile à la Place Navone, où il representa plusieurs sujets tirez de l'Enéide de Virgile. Il fit ensuite un dessein pour peindre le Dome de Sainte Agnés,

10 ENTRETIEN SUR LES VIES

PIERRE DE CORTONE.

& plusieurs cartons colorez pour les ouvrages de Mosaïque qu'on vouloit faire dans des voutes ou petits domes de l'Eglise de Saint Pierre: Mais sa santé ne luy permettoit pas d'executer tout ce qu'il eust bien voulu entreprendre, car la grandeur du travail ne l'étonnoit pas, ayant mesme beaucoup plus de facilité pour les grands ouvrages, à cause de la pratique qu'il y avoit aquise, que pour les petits Tableaux ausquels il travailloit moins souvent.

Il est vray qu'il ne s'appliquoit à ceux-cy que quand il avoit la goute, & que ne pouvant sortir de sa chambre il employoit quelques heures pour se délasser, & pour satisfaire ses amis: aussi ses petits Tableaux ne sont pas comparables à ses autres ouvrages.

D'où vient, me dît Pymandre, qu'il ne réussissoit pas dans ses Tableaux de moyenne grandeur comme le Poussin a fait dans les siens? Quelle est, je vous prie, la raison de cette difference?

Il s'est trouvé, luy répondis-je, assez de Peintres qui ont fait trés-peu de Tableaux de chevalet, quoy-qu'ils eussent pu s'en bien aquiter; mais ne pouvant s'assujetir à de petites choses, ils aimoient mieux s'attacher uniquement à de grands ouvrages.

ET LES OUVRAGES DES PEINTRES. 11

D'autres qui ont trouvé plus d'utilité dans les grandes entreprises, ont cru qu'elles feroient assez de bruit pour que le public eust une bonne opinion d'eux, & que pour la conserver ils ne devoient point exposer d'autres Tableaux au jugement des Sçavans, ne se mettant pas en peine que leur nom passast à la posterité.

D'autres encore, qui ont eû des considerations plus raisonnables, ont connu qu'ils réussissoient mieux dans les grandes choses que dans les petites, comme il est ordinaire à ceux qui ont beaucoup de feu & de facilité à executer leurs pensées. Telles estoient les qualitez de Pietre de Cortone. Quand il travailloit à de grands Tableaux, la vivacité de son esprit, & une émotion violente qui animoit sa main, & qui luy estoit comme naturelle, l'échaufoit, & l'emportoit hors de luy-mesme: ce qui faisoit que ses productions estoient pleines de chaleur & de vehemence; au lieu que quand recueilli dans son cabinet il prenoit le pinceau pour travailler avec plus de repos, cette émotion qui comme un vent impetueux l'agitoit dans les grand lieux, se trouvant plus resserré, affoiblissoit le feu de son imagination, & ses pen-

PIETRE DE CORTONE.

B ij

PIETRE DE CORTONE. sées demeurant sans vigueur, devenoient languissantes.

Il n'en est pas de mesme de ceux qui se sont étudiez à travailler avec tranquillité d'une maniere plus correcte & plus arrestée : leur jugement les accompagne toûjours ; ils agissent en toutes choses avec les mesmes lumieres, & par ce moyen conservent une force égale & un semblable caractere, soit qu'ils travaillent à de grands Tableaux, soit qu'ils en peignent de plus petits, soit mesme qu'ils ne fassent que de simples desseins. Comme l'esprit ne peut estre continuellement dans un mesme degré de chaleur, lors que cette chaleur vient à diminuer, il faut que la force, & si j'ose le dire, toute la flamme d'un Peintre s'éteigne. De sorte que c'est seulement dans les grandes productions du Cortone qu'on découvre la beauté de son imagination ; comme au contraire on apperçoit également dans tous les Tableaux du Poussin cette force d'esprit, cette science solide, & ce profond raisonnement qui l'ont rendu superieur à tant d'autres.

Cependant il ne faut pas disconvenir que le Cortone n'ait fait un assez grand nombre de Tableaux de grandeurs médiocres qui

ET LES OUVRAGES DE PEINTRES. 13

PIETRE DE CORTONE.

sont d'une beauté considerable. On en voit dans des Eglises de Rome & en plusieurs endroits d'Italie. Il y en a de sa plus forte maniere dans le cabinet du Roy, dans celuy du Chevalier de Lorraine, & dans la Gallerie de l'Hostel de la Vrilliere.

Depuis qu'il fut arrivé à Rome il ne vescut que sept ans, & presque toûjours incommodé de la goute, dont il mourut le 22. May 1669. Il fut enterré dans l'Eglise de Saint Luc, qui n'estoit autrefois dediée qu'à Sainte Martine. Mais en 1588. le Pape Sixte V. l'ayant accordée à la compagnie des Peintres, elle fut encore dediée à Saint Luc leur Patron sous le Pontificat d'Urbain VIII. Comme elle estoit en fort mauvais estat, à cause de son antiquité, quoy-qu'on l'eust réparée plusieurs fois, les Cardinaux Barberin la firent rebastir dés les fondemens; ce qui fut executé sur les desseins de Pietre de Cortone, qui contribua non-seulement par sa conduite & par son travail, mais aussi par ses liberalitez à la dépense du bastiment de cette Eglise, & à parer l'Autel de riches ornemens.

La vertu & le merite de ce Peintre luy aquirent durant sa vie l'estime & l'amitié de tout le monde. Ce fut aprés qu'il eût ache-

B iij

PIETRE DE CORTONE.

vé le Portail de l'Eglise de Nostre Dame de la Paix que le Pape Alexandre VII. l'honora de l'Ordre de Chevalier de l'Esperon d'or qu'il receût de la main du Cardinal Sacchetti son ancien protecteur. Pour marque de sa reconnoissance il fit present au Pape de deux Tableaux, l'un d'un Ange Gardien, & l'autre d'un Saint Michel; & le Pape luy donna une chaisne d'or avec la Croix de Chevalier.

Le Cortone estoit bien fait de corps, la taille grande, l'esprit vif, la memoire heureuse, ouvert, & agreable dans ses discours, prompt & facile au travail qu'il entreprenoit avec joye sitost que la goute luy donnoit du relasche, mais dont sur la fin de ses jours il fut tellement accablé, qu'il avoit mesme de la peine à parler.

CLEANTE ET VELASQUE.

CLEANTE & VELASQUE estoient deux Peintres Espagnols contemporains du Cortone. Il y a dans le Cabinet du Roy un Païsage accompagné de figures, fait par Cleante; & dans les apartemens bas du Louvre plusieurs Portraits de la Maison d'Autriche peints par Velasque.

Que trouvez-vous, dît Pymandre, d'excellent dans les ouvrages de ces deux inconnus, car je ne me souviens pas d'en avoir

ET LES OUVRAGES DES PEINTRES. 15
oüi parler? auſſi n'eſt-il gueres ſorti de grands Peintres de leur païs. CLEANTE
ET
VELASTE.

J'y remarque, luy répondis-je, les meſmes qualitez qui ſe rencontrent dans les autres qui n'ont pas tenu le premier rang, hormis qu'il ſemble à voir la maniere de ces deux Eſpagnols qu'ils ayent choiſi & regardé la nature d'une façon toute particuliere, ne donnant point à leurs Tableaux outre la naturelle reſſemblance, ce bel air qui releve & fait paroiſtre avec grace ceux des autres Peintres dont nous avons parlé.

Et quel eſt, dît Pymandre, ce bel air? Je ne puis bien le dire, répondis-je; mais ce que je ſçay eſt que je connois bien qu'il y en a un, & vous le connoiſtrez comme moy ſi vous obſervez les Tableaux des Peintres d'Italie. Car vous y remarquerez un certain gouſt tout particulier qui ne ſe voit point dans ceux des Peintres étrangers qui ont conſervé celuy de leur païs; Et cette difference ne ſe remarque pas ſeulement dans les ouvrages des plus excellens Peintres, mais meſme dans les Tableaux des Peintres ordinaires. On peut juger de cela par ceux d'A-LEXANDRE VERONESE, qui vi‑ ALEXANDRE
VERONESE.
voit de ce temps-là. Il eſtoit de Verone.

ALEXANDRE VERONESE. Quoy-que sa maniere fust foible & lechée, elle estoit néanmoins agréable. Il estoit plus fort dans la couleur que dans le dessein. Il peignoit toutes ses figures d'aprés le naturel, & pour modeles il se servoit ordinairement de sa femme & de ses filles. Il n'estoit pas de ceux qui se donnent la peine de faire plusieurs desseins d'un mesme sujet pour choisir le meilleur; car sans mediter sur l'invention & la disposition de son ouvrage, il commençoit tout d'un coup à peindre sur sa toile, plaçant ses figures les unes auprés des autres à mesure qu'il les finissoit. Il est vray aussi que ce qu'il a fait n'entrera jamais en comparaison de ce qu'on voit des grands maistres, quoy-qu'il se trouve quelques morceaux de luy assez bien peints. Vous pouvez voir dans le cabinet du Roy un Tableau de moyenne grandeur, où il a representé le Deluge, & un autre où la Vierge tient le petit Jesus qui met un agneau au doigt de Sainte Catherine. On rencontre peu de ses Tableaux, parce que la pluspart ont esté portez en Espagne; aussi ne travailloit-il quasi que pour ceux de cette nation, & n'avoit aucun commerce avec les François, & mesme fort peu avec les Italiens.

Passons,

ET LES OUVRAGES DES PEINTRES. 17

Paſſons ſi vous voulez tous les Peintres qui ALEXANDRE VERONESE. ſont morts en Italie depuis ceux que je viens de nommer, ſi ce n'eſt que vous ſoyez bien-aiſe de ſçavoir ſeulement leurs noms, & à quel genre de peinture ils ſe ſont appliquez: car vous ne devez pas vous attendre que j'en remarque aucun qui ſoit comparable aux derniers dont j'ay parlé pour ce qui regarde l'hiſtoire, puis que meſme je ne me ſouviens que de quelques-uns qui ont eû d'autres ſortes de talens, comme de DOMINIQUE & DOMINIQUE & MATHIEU BOURBON. MATHIEU BOURBON de Boulogne qui peignoient des Perſpectives & de l'Architecture, & qui ont beaucoup travaillé à Lyon & en Avignon.

SALVATOR ROSE, dit Salvatoriel, SALVATOR ROSE. Napolitain, dont le veritable genie eſtoit de peindre des batailles, n'eſtoit pas agreable dans les autres grands ſujets. Il faiſoit aſſez bien les ports de mer & les païſages, neanmoins toûjours d'une maniere bizarre & extraordinaire. C'eſtoit un homme imaginatif, qui faiſoit facilement des vers, & d'une converſation aiſée. Il mourut en 1673. Il y a de ſes ouvrages dans le Cabinet du Roy & au Palais Mazarin.

LE CAVALIER CALABRESE mou- LE CALABRESE.

Tome V. C

rut aussi dans ce temps-là. Il a travaillé à Saint André de la Val, & peignoit assez bien les figures.

MARIO DE FIORI de Rome estoit un excellent Peintre pour bien faire des fleurs.

MICHEL DEL CAMPIDOGLIO faisoit aussi des fleurs & des fruits; mais il estoit mort quelques années avant les derniers que j'ay nommez.

Bien que ces sortes d'ouvrages ne soient pas les plus considerables dans l'art de peindre, toutefois ceux qui s'y sont le plus signalez n'ont pas laissé d'aquerir de la reputation, comme LABRADOR, DE SOMME, & MICHEL ANGE DES BATAILLES.

FIORAVENTE & le MALTOIS se sont mis en estime par les Tapis & les instrumens de musique, les vases, & les autres choses de cette nature qu'ils representoient dans une grande perfection.

Mais revenons à nos Peintres François. Quelques années avant la mort de Voüet, plusieurs Peintres inquietez dans l'exercice de leur profession par les Maistres Peintres de Paris, s'unirent ensemble, & formerent une Academie qui fut autorisée par le Roy, &

ET LES OUVRAGES DES PEINTRES. 19
qui receût de Sa Majesté une protection favorable. D'abord elle fut gouvernée par douze Anciens, & eût pour Chef M. de Charmois amateur des beaux Arts, lequel par ses soins & par son credit avoit beaucoup contribué à son établissement. Ensuite le Roy donna un logement à ceux qui composoient cette Academie pour faire leurs assemblées, leur accorda des privileges, les gratifia d'une pension, & agréa le choix qu'ils avoient fait du Cardinal Mazarin pour leur Protecteur, & de M. le Chancelier Seguier pour leur Viceprotecteur.

Aprés la mort du Cardinal, M. le Chancelier fut Protecteur, & M. Colbert Viceprotecteur; & lors que M. le Chancelier mourut, M. Colbert prit la protection de l'Academie, & M. le Marquis de Seignelay fut Viceprotecteur.

1672

Elle fut donc gouvernée dans son origine par un Chef qui n'estoit pas Peintre de profession: mais depuis on a fait plusieurs nouveaux Statuts & divers Reglemens, par lesquels elle se trouve composée, aprés la personne du Protecteur & du Viceprotecteur, d'un Directeur, d'un Chancelier, de quatre Recteurs, de douze Professeurs, d'Ajoints

C ij

à Recteurs & à Professeurs, de Conseillers, Secretaire, de deux Professeurs, l'un pour l'Anatomie, & l'autre pour la Geometrie & la Perspective, & de deux Huissiers. M. de Ratabon remplissoit la charge de Directeur lors qu'il mourut.

Quand l'Academie reçoit quelqu'un, il est admis dans la Compagnie pour Peintre, ou pour Sculpteur. Les Peintres sont receûs selon le talent qu'il ont dans la Peinture, distinguant ceux qui travaillent à l'histoire d'avec ceux qui ne font que des Portraits, ou des Batailles, ou des Païsages, ou des animaux, ou des fleurs, ou des fruits, ou bien qui ne peignent que de miniature, ou qui s'appliquent à la graveûre, ou à quelque autre partie qui regarde le dessein.

Je vous fais ce détail, afin qu'en parlant des Peintres de l'Academie qui sont morts depuis son établissement, vous puissiez mieux connoistre le rang qu'ils y ont tenu ; car c'est par eux que je veux commencer, avant que de dire quelque chose des autres qui n'ont point esté de ce corps. Ainsi vous voyez que nous voilà parvenus aux Peintres de ces derniers temps ; & comme je n'ay point cru vous devoir parler d'un

ET LES OUVRAGES DES PEINTRES 21
grand nombre de Peintres étrangers : aussi lors que j'auray nommé ceux de l'Academie & quelques autres Peintres François qui sont morts, il en restera encore beaucoup dont je ne diray rien. Je ne vous parleray point non plus des vivans, n'ayant pas une assez grande connoissance de tous ceux qui travaillent aujourd'huy pour juger de leur merite.

 Ce n'est pas, dît Pymandre, la raison que vous alleguez qui vous empesche de nommer les vivans : vous craignez que l'on ne sçache ce que vous me dites icy, & que ceux que vous auriez obmis ne vous en sceussent mauvais gré.

 Est-ce, repartis-je, que vous ne sçauriez garder le secret ? Je le garderay fort bien, répondit Pymandre : mais il est vray que si vous vouliez parler de la mesme sorte de ceux qui vivent que vous avez fait de ceux qui sont morts, vous rencontreriez bien des gens de peu de merite qui en effet pourroient estre les premiers à se plaindre d'avoir esté oubliez, ou de n'avoir esté loüez que mediocrement : ainsi vous aimez mieux n'en point parler que de dépendre de ma discretion.

Pour vous dire vray, repartis-je, je ne croy pas devoir porter aucun jugement sur les personnes vivantes. Ne peut-il pas arriver tous les jours des changemens pareils à ceux que l'on a veûs dans Rome, où des ouvrages mediocrement considerez sont devenus rares, & d'autres pour lesquels on avoit beaucoup d'estime n'estre plus regardez aprés la mort de leurs Auteurs ? Et puis, comme je vous disois tantost, c'est le temps & la mort qui mettent en plein jour le merite, ou les defauts des hommes que l'envie, ou la faveur ont tenu cachez pendant qu'ils ont vescu.

Pour vous parler donc de Ceux qui ont esté du corps de l'Academie, & qui sont morts depuis son établissement, je croy devoir commencer par celuy qui a contribué à leur établissement, & que vous avez connu: j'entens MARTIN DE CHARMOIS, sieur de Lauré, Conseiller du Roy en ses Conseils, & Chef de l'Academie Royale de Peinture & de Sculpture. L'amour qu'il avoit pour les beaux Arts le portoit si fort à les cultiver, qu'il en aquit non seulement la theorie, mais aussi la pratique, travaillant également bien de Peinture & de Sculptu-

Mr de Charmois.

re. Quoy-qu'il fuſt attaché en qualité de Se- Mʳ ᴅᴇ Cʜᴀʀ-
cretaire auprés du Maréchal de Schomberg ᴍᴏɪꜱ.
Colonel des Suiſſes, il partageoit ſi bien ſon
temps qu'il en employoit toûjours une partie à ſes affaires, & l'autre à travailler de
Peinture & de Sculpture ; de ſorte qu'aprés ſa
mort on trouva ſa maiſon remplie de quantité de Tableaux, de ſtatuës & de deſſeins, la
pluſpart de ſa main.

Eᴜꜱᴛᴀᴄʜᴇ ʟᴇ Sᴜᴇᴜʀ fut dés le Lᴇ Sᴜᴇᴜʀ.
commencement de l'Academie un des anciens : il eſtoit de Paris, & diſciple de Voüet.
Bien qu'il ne ſoit jamais ſorti de France, il
a néanmoins fait des ouvrages d'un excellent gouſt ; & c'eſt ce qui doit faire juger
qu'un homme veritablement né pour la
Peinture ſe forme toûjours la meſme idée
de beauté que celle qu'ont eû de tout temps
les plus grands perſonnages. Cela ſe voit
dans les Tableaux du Sueur, qui ſans avoir
eſté à Rome a fait dire qu'il a eſté un Peintre preſque achevé, & dont les ouvrages
aprochent de bien prés de la perfection. Il a
obſervé dans les ſujets qu'il a traitez tout
ce qui pouvoit y entrer d'adreſſe & de jugement. C'eſt dans les Tableaux qu'il a
peints à Paris dans le Cloiſtre des Char-

treux qu'on voit des ordonnances & des expreſſions nobles & naturelles. Le raiſonnement y paroiſt juſte & élevé : rien n'eſt plus élegant que la diſpoſition de toutes les figures ; leurs attitudes & leurs actions ſont ſimples & aiſées, & il y a de la vie, de la dignité, & de la grace.

Il commença ce grand ouvrage en 1649. & quoy-qu'il ſoit compoſé de vingt-deux Tableaux tous preſque également remplis de travail, il ne laiſſa pas de les achever en moins de trois ans. Il en avoit déja fait pluſieus autres qui luy avoient donné de la reputation : mais ces derniers firent encore bien mieux connoiſtre ſa capacité que tout ce qu'il avoit fait auparavant. En effet, on voit qu'à meſure qu'il travailloit, il ſe fortifioit toûjours de plus en plus.

Si vous n'aviez pas veû ces Tableaux de l'hiſtoire de Saint Bruno, je pourrois vous en dire quelque choſe.

Quoy-que je les aye ſouvent conſiderez, interrompit Pymandre, ne laiſſez pas d'en parler. Il me ſemble qu'ils meritent bien d'eſtre remarquez, car la derniere fois que je les vis, je ne pouvois les quitter, particulierement celuy où le ſaint Fondateur des Chartreux

ET LES OUVRAGES DES PEINTRES. 25
Chartreux paroiſt appliqué à lire une lettre. LE SUEUR
J'admirois ſa contenance ſimple & naturelle, ſon viſage modeſte & penitent, & ſur lequel ſemble éclater un rayon de ſageſſe & de ſainteté.

Il n'y a aucun de ces Tableaux, repartis-je, où l'on ne trouve des beautez particulieres. Celuy qui eſt le premier, & où l'on voit un Docteur qui preſche, ne repreſente-t-il pas bien une aſſemblée de peuple qui écoute avec attention la parole de Dieu? La diſpoſition en eſt grande: les figures ſont dans des ſituations & des attitudes faciles & naturelles. Il y a de la diverſité dans tous les airs de teſtes, & une belle entente dans les accommodemens des draperies.

Quoy-que le ſecond ſoit un peu gaſté, on ne laiſſe pas de bien remarquer de quelle ſorte les perſonnes qui ſont repreſentées s'appliquent differemment à conſiderer ce meſme Docteur dans le lit de la mort.

Le ſujet du troiſiéme eſt bien particulier. On y voit l'eſtat affreux où ce Docteur parut dans l'Egliſe pendant qu'on chantoit l'Office des Morts, & que ſortant à demi de ſon cercueil, il déclara luy-meſme l'arreſt de ſa damnation. Tous ceux qui l'environ-

Tome V. D

nent sont saisis de crainte; & comme l'on prétend que ce fut ce qui donna lieu à la conversion de Saint Bruno, le Peintre a representé ce Saint dans un estat plein de frayeur & d'étonnement derriere le Prestre qui officie.

Bien des gens, dît Pymandre, ne demeurent pas d'accord de la verité de cette histoire.

Ce n'est pas, repartis-je, ce dont il est question; je ne prétends parler que de ce qui regarde la Peinture & non l'histoire. Mais soit que la chose soit arrivée conformément à une opinion si ancienne & si établie, soit que cette tradition n'ait de fondement que sur quelque vision, ou qu'elle ait esté inventée depuis la mort de Saint Bruno, parce qu'on ne trouve aucuns bons Auteurs qui en rendent témoignage : vous voyez que depuis trente-cinq ans on l'a renouvellée, & comme mise dans un nouveau jour par ces Tableaux, dont le quatriéme represente Saint Bruno à genoux devant un Crucifix, & dans la posture d'un veritable penitent, qui paroist abbatu, & touché de ce qu'il a veû de si surprenant aprés la mort de ce Docteur.

Et parce que l'histoire rapporte que Saint

Bruno penetré de douleur, & rempli de la crainte des jugemens de Dieu, ne rentra plus dans les écoles pour donner des leçons, comme il faisoit auparavant; mais qu'il y alloit seulement pour imprimer dans l'esprit de ses auditeurs les sentimens dans lesquels il estoit luy-mesme, il est representé dans le cinquiéme Tableau environné de plusieurs personnes qui l'écoutent, & qui paroissent émeües par la force de ses paroles.

Dans le sixiéme qui suit, on voit qu'ayant resolu de se retirer du monde, il se joint à six de ses amis pour embrasser un mesme genre de vie; & dans le septiéme, trois Anges se presentent à luy pendant son sommeil, & semblent l'instruire de ce qu'il doit faire. Ce Tableau est un des plus beaux & des mieux peints de toute cette histoire.

Il y a davantage de travail dans le huitiéme. Si vous en avez conservé le souvenir, vous sçavez que c'est celuy où Saint Bruno & ses compagnons distribuënt leurs biens aux pauvres. La disposition du lieu & les bastimens en sont agréables, & l'ordonnance de toutes les figures bien entenduë.

Dans le neuviéme Hugues Evesque de Grenoble reçoit Saint Bruno chez luy. Ce

LE SUEUR. fut pour lors que ce Prélat comprit le songe qu'il avoit eû quelque temps auparavant, dans lequel il luy sembloit que Dieu se bastissoit une maison dans un endroit de son Evesché, nommé Chartreuse, & que sept étoiles d'une beauté & d'une clarté extraordinaire marchoient devant luy comme des guides qui luy montroient le chemin.

C'est aussi dans le 10. Tableau que l'on voit ce saint Evesque avec Saint Bruno & ses compagnons qui traversent des deserts affreux, & passent entre de hautes montagnes pour se rendre dans le lieu que Saint Bruno avoit prié l'Evesque de leur donner; mais qui n'accorda sa demande qu'aprés luy avoir representé & fait voir la situation & la sterilité du païs jointes aux incommoditez qu'on y souffre du froid & des neges pendant une grande partie de l'année.

En 1084. On voit dans l'onziéme Tableau comment sous le Pontificat de Gregoire VII. Saint Bruno & ses compagnons, avec l'assistance de l'Evesque, bastirent sur la croupe d'une montagne une Eglise qu'on appelle Nostre Dame *de Casalibus*, avec de petites cellules ou cabanes separées les unes des autres. Ce qui fut le premier établisse-

ET LES OUVRAGES DES PEINTRES. 29
ment de l'Ordre des Chartreux, qui paroif- LE SUEUR.
fant entre ces rochers plûtoft des Anges que
des hommes, vivoient dans un perpetuel filence. Leurs prieres éftoient continuelles
auffi-bien que leurs jeufnes : ils fe nourrif-
foient l'efprit de la lecture des faintes Lettres,
& fur tout confervant une grande pureté de
cœur fuioient l'oifiveté avec beaucoup de
foin, en s'occupant à des œuvres manuel-
les pour gagner leur vie par leur travail,
parce qu'ils ne s'eftoient rien refervé des
biens qu'ils poffedoient dans le monde.

Dans le douziéme Tableau l'Evefque Hugues leur donne l'habit blanc tel que les
Chartreux le portent. Je ferois trop long fi
je voulois vous faire fouvenir des belles parties de cette peinture, de mefme que de celles du treiziéme Tableau, où le Pape Victor II. paroift en plein Confiftoire qui
confirme l'inftitut de l'Ordre des Chartreux. Ce Tableau doit eftre regardé comme un des plus beaux, de mefme que le
quatorziéme qui fuit, où Saint Bruno donne l'habit à quelques Religieux ; & le quinziéme encore, dont vous avez parlé, où le
mefme Saint reçoit une lettre d'Urbain II.
Ce grand Pape qui avoit efté à Paris difci-

D iij

ple de Saint Bruno, desirant établir dans l'Eglise un gouvernement conforme aux obligations d'un veritable Pasteur du troupeau de Jesus-Christ, crut qu'il ne pouvoit prendre de meilleurs conseils que ceux de Saint Bruno qu'il connoissoit capable de luy rendre de grands services par sa doctrine & par sa pieté, & pour cela il luy écrivit de se rendre à Rome.

Dans le seiziéme Tableau le Saint se presente au Pape, & luy baise les pieds; & dans le dix-septiéme où le Pape luy offre une mitre, & veut le pourvoir de l'Archevesché de Rioles, on voit de quelle maniere le Saint refuse cette dignité dont il se croit indigne. Ce fut à peu prés dans ce temps-là que le Pape quitta Rome pour venir en France, & que Saint Bruno supplia S. S. de luy permettre de se retirer dans un desert de la Calabre accompagné de quelques personnes qui vouloient le suivre, & y vivre comme luy dans la penitence. C'est pourquoy on a peint dans le dix-huitiéme Tableau Saint Bruno dans ces deserts d'Italie, où pendant qu'il est en priere, quelques-uns de ses Religieux commencent à remüer la terre pour s'éablir. Bien que ce

ET LES OUVRAGES DE PEINTRES. 31

lieu fuſt fort éloigné du commerce des hommes, Dieu permit qu'un jour Roger Comte de Sicile & de Calabre eſtant à la chaſſe ſe rencontra par haſard dans la ſolitude de Saint Bruno & de ſes compagnons. Les ayant trouvez en prieres, il s'informa qui ils eſtoient; & s'eſtant enquis de leur façon de vivre, il en fut ſi ſurpris & ſi édifié, qu'il leur fit preſent de l'Egliſe de Saint Martin & de Saint Eſtienne, & leur donna un fonds pour ſubvenir à leur nourriture, & meſme depuis ce temps-là, il alloit ſouvent viſiter le Saint, luy demandoit conſeil dans ſes affaires, & ſe recommandoit toûjours à ſes prieres. Elles luy furent d'un grand ſecours envers Dieu, ayant eſté miraculeuſement delivré d'un peril où il eſtoit preſt de tomber: car comme il aſſiégeoit Capoüe, où l'un de ſes Capitaines le trahiſſoit, il eût en ſonge un avertiſſement du Ciel qui le ſauva de ſes ennemis. C'eſt dans le dix-neuviéme Tableau que l'on voit comme Roger rencontre Saint Bruno dans le deſert, & dans le vingtiéme le meſme Roger eſt peint couché dans ſa tente, & le Saint qui luy aparoiſt, luy donnant avis de la conjuration faite contre luy.

LE SUEUR.
Le vingt-uniéme est traité d'une maniere sçavante, tant pour la noble disposition des figures, que pour les differentes expressions des Religieux qui regardent leur pere qui expire. Dans l'un de ces Religieux on voit de la fermeté & une soumission aux ordres de Dieu; dans un autre une devotion simple & tranquille: L'un s'attache à considerer Saint Bruno avec plus d'attention; un autre le regarde sans faire paroistre trop de douleur; l'un leve les yeux & les mains au Ciel, comme pour le suivre en esprit. Il y en a qui baissent la teste, & qui se prosternent contre terre; enfin ils font tous voir des actions differentes de tristesse, de constance & de resignation à la volonté divine, mais conformes aux divers temperamens des hommes, & aux sentimens particuliers que Dieu inspire dans de pareilles rencontres.

Ce qui paroist traité dans ce Tableau avec beaucoup de science, & une entente admirable est la lumiere des flambleaux, laquelle est répanduë sur tous les corps avec une conduite si judicieuse qu'on ne peut rien voir de mieux executé.

Le dernier de tous les Tableaux represente Saint Bruno enlevé au Ciel par les Anges.

ET LES OUVRAGES DES PEINTRES. 33
Anges. La disposition en est merveilleuse : LE SUEUR.
mais c'est vous avoir arresté assez long-temps
sur le sujet de ces Peintures.

Je ne me souvenois pas, dît Pymandre,
de toutes les particularitez dont vous venez
de parler, quoy-que ce grand ouvrage m'ait
paru admirable toutes les fois que je l'ay
veû. Aussi bien loin que le recit que vous
en venez de faire m'ait esté ennuyeux, vous
l'avez fini plûtost que je ne desirois. Cependant il me semble qu'on ne parle point assez
de Sueur, ni de ce qu'il a fait.

Il faut pourtant avoüer, repartis-je, qu'il
estoit un grand Peintre : je ne dis pas que
ce fust un esprit extraordinaire, dont les
pensées sublimes & merveilleuses égalassent
celles des plus grands hommes : mais combien sont-ils rares ces grands hommes ? Et
si nous cherchons seulement les principales
qualitez necessaires à un Peintre, en avons-
nous beaucoup comme luy, lesquels depuis
que le bon goust s'est rétabli en France ayent
composé des Tableaux avec plus de noblesse, & si j'ose dire, de gravité ? qui ayent exprimé les actions avec plus de bienséance,
qui ayent donné à leurs figures des mouvemens plus naturels ; fait paroistre un rai-

Tome V.   E

sonnement plus sage, une conduite plus judicieuse, & enfin qui ayent representé de grands sujets dans des especes aussi resserrez? Plutarque dit de Phocion, qu'il avoit dans tous ses discours une briéveté d'un General d'armée & d'homme de commandement; ce que Tacite appelle *imperatoriam brevitatem*. On peut remarquer quelque chose qui a raport à cela dans les ouvrages dont je viens de parler. L'ordonnance est serrée; il y a mesme quelques sujets qui sont traitez d'une maniere moins élevée que les autres, parce que les hautes & sublimes pensées ne sont pas toûjours propres à gagner créance dans les ames, mais bien à les transporter d'admiration & d'étonnement. Or il faut dans la Peinture que la vraysemblance y paroisse la premiere. C'est pourquoy un des plus grands soins du Peintre est de ne rien representer qui s'en éloigne, de crainte de blesser les yeux, ou d'offenser le jugement de ceux qui regardent ses ouvrages; de mesme qu'Antoine, un des exellens Orateurs de son temps, observoit de ne rien laisser échaper dans ses discours qui fust capable de nuire à sa cause.

Il ne faut pas que les Etrangers nous ac-

ET LES OUVRAGES DES PEINTRES. 35
cufent de loüer avec excés les Peintres de LE SUEUR.
noftre Nation, comme quelques-uns d'eux
ont fait ceux de leur païs: c'eft pourquoy
je ne vous diray pas que le Sueur ait égalé
Raphaël & le Titien dans la correction du
deffein & la beauté du coloris, ni qu'il ait
fceû comme le Pouffin toutes les belles parties neceffaires à la perfection de la Peinture. Mais s'il n'eft pas arrivé à un fi haut degré de doctrine, il s'eft bien élevé, & n'eft
pas tombé dans beaucoup de fautes qu'on
peut remarquer en plufieurs des Peintres qui
ont travaillé de fon temps. Il eft vray encore qu'il n'a pas toûjours traité fes fujets avec
tous les accommodemens de bienfeance qui
leur font neceffaires: Et fi en parlant des ouvrages de Raphaël nous avons remarqué
qu'il n'avoit pas efté éxact en reprefentant
des Cardinaux avec des chapeaux & des habits rouges long-temps avant que cét ufage
fuft dans l'Eglife, on peut bien reprendre
le Sueur d'avoir fait la mefme faute lors qu'il
a reprefenté le Pape Victor & le College des
Cardinaux.

Mais il faut confiderer que ce Peintre
n'avoit pas fait affez d'étude dans l'hiftoire,
ni mefme d'aprés les Antiques & les plus
E ij

Le Sueur. excellens Maiſtres d'Italie; & qu'ainſi ſon ſeul genie luy a fourni tout ce qu'il a produit. On doit l'eſtimer d'avoir par luy meſme ſuivi une maniere ſi ſage, & marché ſans guide ſur les pas des plus grands hommes; de telle ſorte qu'il ſemble s'eſtre inſtruit dans l'école de Raphaël ſans avoir eſté à Rome. Et on peut l'admirer quand on conſidere la beauté de ſes diſpoſitions, les attitudes ſi aiſées de ſes figures, & avec quelle ſageſſe il ſe contentoit de ſuivre ſon ſujet où il le menoit, & non pas où il le convioit d'aller: ce qui eſt une prudence que tous les Peintres n'ont pas, qui vont ſouvent plus loin qu'ils ne doivent.

Quò ducit materia ſequendum eſt, non quò invitat. Senec, l. 5. de Benef.

Il ne faut pas croire auſſi que ſes Tableaux de l'hiſtoire de Saint Bruno ſoient les ſeuls témoins de ce qu'il ſçavoit faire. Il y en a beaucoup d'autres de luy à Paris, dans leſquels on voit encore plus de force de deſſein, & de beauté de couleurs. On peut dire meſme que ceux qu'il a peints aux Chartreux font bien connoiſtre ſon genie; mais que par les choſes qu'il a faites depuis on juge encore mieux de ſes études, de ſon application, & de ce qu'il auroit pu faire dans la ſuite. Car outre la correction du deſſein, on remarque beaucoup plus d'art dans ſa derniere maniere de peindre. Auſſi fit-il les Tableaux du Cloiſtre des Chartreux en fort peu de temps, & pour un prix trés-mediocre. Il diſoit luy-meſme qu'il ne les conſideroit que comme des eſquiſſes, & les premieres penſées de ce qu'il auroit ſouhaité de faire plus à loiſir. Lors qu'il eût fini ce travail, il fit quelques ouvrages pour M. de Nouveau dans ſa maiſon à la Place Royale, & pour pluſieurs autres particuliers.

En 1650. il fit le Tableau qu'on a de couſtume de preſenter tous les ans à Noſtre Dame de Paris le premier jour de May. Saint Paul y eſt peint qui preſche dans la ville d'Epheſe, & convertit pluſieurs Juifs & pluſieurs Gentils, dont quelques-uns renonçant aux ſciences curieuſes portent leurs livres pour les jetter au feu. La premiere penſée, ou plûtoſt l'original de ce Tableau, eſt, comme vous ſçavez, dans le Cabinet de M. le Normand Greffier en chef du grand Conſeil & Secretaire du Roy.

J'ay veû cét original, interrompit auſſi-toſt Pymandre: noſtre ami qui le poſſede, prétend qu'il y a des choſes plus belles que

LE SUEUR. dans celuy qui eſt à Noſtre-Dame. Les premieres penſées des grands hommes, luy dis-je, ſont ſouvent les meilleures, non-ſeulement parce que la force de ce premier feu qui échaufe leur imagination s'y trouve toute entiere, mais auſſi à cauſe qu'ayant beaucoup d'eſprit & de lumiéres, ils ſont capables de juger par eux-meſmes de la bonté de ce qu'ils produiſent, & diſcerner le bien d'avec le mal. Cependant comme ils n'ont pas moins de ſageſſe & de prudence que de capacité, ils écoutent tous les avis qu'on leur donne, & il arrive quelquefois qu'aimant mieux déferer au jugement des autres qu'à leur propre ſens, ils quittent leur opinion particuliére, & prennent le plus mauvais parti. Si vous avez bien conſideré le Tableau de M. le Normand, vous y aurez reconnu dans toutes ſes parties la force de l'eſprit & de l'imagination du Peintre. La diſpoſition en eſt grande & noble ; les attitudes des figures aiſées & naturelles ; les airs de teſtes tous differens, & pleins de majeſté ; les draperies ſimples, mais bien diſpoſées ; les plis faciles, & bien étendus ; les lumiéres répanduës ſi judicieuſement, & ſi à propos ſur tous les corps, que l'on ne voit dans tout l'ouvrage aucune confusion. Saint LE SUEUR. Paul, qui est la principale figure, paroist avec un air majestueux, & plein de ce zele tout divin dont il estoit rempli. Plusieurs ou Juifs ou Gentils sont autour de luy qui l'écoutent avec étonnement pendant que quelques-uns de ses disciples imposent les mains, font des aumosnes, & travaillent à la conversion des peuples. On voit de ces nouveaux Chrestiens prosternez & dans une posture humble & penitente gouster les douceurs de la Grace que l'esprit de Dieu répand en eux. Il y a un homme qui semble écrire avec soin ce qu'il entend prescher, & un autre qui paroist luy expliquer ce que Saint Paul dit. Ces sçavans dont il est parlé dans les Actes qui avoient éxer- 35. 19. cé les arts curieux, apportent leurs livres, & les bruslent devant tout le monde. La quantité en fut si considerable, que quand on en eût supputé le prix, on trouva qu'il montoit à cinquante mille deniers*. Je ne *C'est environ 19000. m'étends pas à vous marquer plus particu- livres. liérement toutes les beautez de cét ouvrage, parce que vous le connoissez.

La derniére fois que je vis ce Tableau, dît Pymandre, c'estoit avec une personne qui l'eſtimoit aſſez: mais ſoit qu'il n'euſt de la Peinture qu'une connoiſſance mediocre, ou qu'il n'euſt pas d'amour pour les ouvrages du Sueur, il me ſouvient qu'il y avoit neanmoins quelques parties qui ne luy plaiſoient pas tant que d'autres.

Il ne faut pas s'étonner de cela, luy dis-je: il n'y a point d'ouvrages où il ne s'en doive rencontrer qui ayent ou plus de force, ou plus d'agrémens. Et puis ne vous ay-je pas dit pluſieurs fois que les maniéres de peindre ſont differentes dans tous ceux qui travaillent, parce que les gouſts ne ſont point ſemblables, & que chacun croit voir les choſes, & en juger mieux qu'un autre. C'eſt ainſi que les caracteres des lettres, qui ſont les veritables ſignes des paroles, & les paroles meſmes ſont differentes, & n'ont pu eſtre communes à toutes les Nations par une certaine contrarieté d'avis & d'humeurs qui leur eſt ſi ordinaire, que chacun croit avoir la raiſon de ſon coſté, & veut commander aux autres. Le ſigne & la marque de cét orgueil fut cette ſuperbe Tour que les hommes éleverent juſqu'au Ciel: Entrepriſe inſolente & hardie, s'écrie un grand Saint! impieté inſupportable, qui fut cauſe que les hommes

ET LET OuvraGes des Peintres. 41
hommes ne furent pas feulement differens LE SUEUR. de fentimens & d'opinions, mais encore de voix & de langage.

Le Sueur fit aufli pour les Capucins de la ruë Saint Honoré un Chrift mourant, & dans l'Eglife de Saint Germain de l'Auxerrois un Tableau de la Magdelaine & le Martyre de Saint Laurent.

En 1651. il peignit pour les Religieux de Marmouftier deux Tableaux de l'hiftoire de Saint Martin. Il fit aufli dans le mefme temps quelques ouvrages dans une Chapelle de l'Eglife de Saint Gervais à Paris, aux Carmelites du grand Convent, & en plufieurs autres lieux. Mais ce qu'il a peint de plus confiderable fur la fin de fa vie font les bains de M. le Préfident de Torigny dans fa maifon de l'Ifle Noftre Dame, & un grand Tableau pour fervir de Patron à une tenture de tapifferie que la Paroiffe de Saint Gervais vouloit faire faire pour reprefenter l'hiftoire & le martyre de Saint Gervais & de Saint Protais. Il avoit mefme commencé un fecond Tableau du mefme fujet: mais n'ayant pu l'achever, il a efté fini par Thomas Gouffe fon éleve & fon beaufrere.

Tous ces ouvrages font fuffifans pour fai-

LE SUEUR. re connoiſtre le merite du Sueur. Les deſſeins que l'on voit de luy, & dont le ſieur Girardon Sculpteur en conſerve avec beaucoup de ſoin une grande partie de trés-conſiderables, font juger de la peine qu'il prenoit à bien faire. Auſſi l'on peut dire que s'il euſt veſcu plus long-temps, ſes études continuelles l'auroient rendu capable de perfectionner entierement ſes ouvrages, & on l'auroit veû éclater parmi les premiers Peintres du temps : Car n'eſtant âgé que de trentehuit ans lors qu'il mourut, & ayant un eſprit auſſi ſage & auſſi aiſé qu'eſtoit le ſien, il auroit tiré de la pratique de ſon art tous les avantages qu'on en peut deſirer. Mais ſa trop grande paſſion pour ce meſme art, le deſir de la gloire, & une application trop aſſiduë au travail pour ſurpaſſer les autres Peintres qui avoient alors le plus de reputation, luy firent faire de ſi grands efforts d'eſprit, qu'il épuiſa bientoſt toutes ſes forces, & trouva une mort veritablement glorieuſe pour luy, mais pleine de douleurs pour les ſiens & pour les amateurs de la Peinture. Il mourut au mois de May 1655. & ſon corps fut porté à Saint Eſtienne du Mont où il a ſa ſepulture.

D'où vient, dît Pymandre, qu'eſtant ſi LE SUEUR. aimé & ſi eſtimé pendant ſa vie, il a eû aprés ſa mort des ennemis aſſez jaloux de ſa reputation pour gaſter ſes Tableaux des Chartreux, où l'on a eſté pluſieurs fois, comme j'ay ſceû des Religieux meſmes, effacer & défigurer en diverſes manieres ce qu'il y avoit de plus beau; & c'eſt pourquoy ils ont eſté obligez de les couvrir de volets qui ferment preſentement à clef.

Je ne puis m'imaginer, luy repartis-je, que cela ſoit arrivé par des perſonnes de la profeſſion dont eſtoit le Sueur. Je ſçay bien que la pluſpart des hommes ſont envieux de leurs égaux; que c'eſt un vice commun & répandu dans toutes les profeſſions; & qu'une fortune, quoy-que mediocre, lors qu'elle eſt accompagnée d'honneur, ne manque jamais de faire des jaloux. Mais cela eſt arrivé long-temps aprés la mort du Sueur: ſa fortune ne pouvoit eſtre ſouhaitée de perſonne; & quand ſa reputation auroit eſté encore plus grande, nous ne voyons point d'exemples d'autres Peintres qui ayent eſté outragez dans leurs Tableaux d'une maniere ſi cruelle & ſi laſche: au contraire, ceux qui les ont ſurvécus les ont regardez avec

F ij

eſtime ; & s'ils ont eû des concurrens pendant leur vie, ils n'ont plus eû que des admirateurs aprés leur mort. Mais continuons à parler des Peintres de l'Academie. LOUIS TESTELIN de Paris eſtoit auſſi du nombre des Anciens, & fut Profeſſeur aprés que les premiers Statuts eûrent eſté changez, & qu'on eût fait de nouveaux Reglemens. Les Tableaux qu'on voit de luy dans l'Egliſe de Noſtre Dame de Paris ſont des meilleurs qu'il ait faits.

THOMAS PINAGER & ARMAND SUANVERT eſtoient contemporains, & faiſoient du païſage.

FRANÇOIS PERIER natif de Saint Jean de Laune, ou de Salins, dans la Franche-Comté, & fils d'un Orfévre, eſtoit fort jeune lors qu'il ſe débaucha pour aller en Italie avec un aveugle qu'il conduiſoit. Quand il fut arrivé à Rome, il s'obligea à un de ces Peintres qui tiennent boutique, avec lequel il demeura juſques à ce que ſon maiſtre eſtant venu à mourir, & ſes Tableaux ayant eſté vendus, le Marchand qui les acheta le prit avec luy ; & voyant que Perier ſe donnoit beaucoup de peine à travailler, il empruntoit de ſes amis des Tableaux des meil-

ET LES OUVRAGES DES PEINTRES. 45
leurs Peintres pour les luy faire copier, & PERIER.
mesme le fit connoistre à Lanfranc, duquel
il receût dans la suite de bonnes instructions.
Aprés que Perier eût travaillé assez de temps
à Rome, il vint en France. En passant à Lyon,
il y trouva Sarazin Sculpteur, qui l'arresta,
& luy fit donner le Cloistre des Chartreux
à peindre. Quand il eût fini cét ouvrage, il
alla à Macon où il avoit deux freres, l'un
Peintre, & l'autre Sculpteur. Il y sejourna
quelque temps, & ensuite dans d'autres
Villes de la Bresse, où il fit quantité de Tableaux, & grava plusieurs planches à l'eau forte. En 1630. il vint trouver Voüet qui travailloit à Chilly, & qui l'arresta pour peindre dans la maison de M. Defiat. Il fit luy seul la Chapelle d'aprés les desseins de Voüet: c'est ce qu'il y a de mieux peint dans toute cette maison. Il entreprit encore plusieurs Tableaux à Paris, entre-autres ceux que l'on voit de luy dans l'Eglise de Sainte Marie de la ruë Saint Antoine. Peu de temps aprés il retourna à Rome, où il demeura jusqu'en l'année 1645. qu'estant revenu à Paris, il peignit la Gallerie de l'Hostel de la Vrilliere, travailla au Rincy, & aprés avoir fait plusieurs autres

F iij

PERIER.

ouvrages mourut Professeur de l'Academie.

Que dites-vous, dît Pymandre, de la Gallerie dont vous venez de parler? Ne trouvez-vous pas que c'est un ouvrage confiderable?

Perier, reparris-je, ordonnoit bien, travailloit avec facilité, & l'on ne peut pas dire qu'il ne cherchast le bon goust dans sa maniere de dessiner. Il avoit beaucoup de feu, mais il est vray qu'il est souvent peu correct. Ses airs de testes sont secs, peu agreables, & son coloris un peu noir. Il ignoroit la Perspective & l'Architecture; ce qui cause beaucoup d'irrégularitez dans le plan de ses figures : cependant il peignoit assez bien le païsage suivant la maniere des Caraches.

HANSE.

HANSE fut aussi un des anciens dans l'Academie. Il faisoit des Portraits de Miniature, & pour cela il estoit en vogue à

GUILLAIN.

la Cour. SIMON GUILLAIN en faisoit au Pastel, & mourut au mois de Decembre 1658.

Ce fut dans la mesme année que l'Academie perdit aussi LAURENT DE LA

LA HIRE.

HIRE, l'un de de ses Anciens. Il estoit de

ET LES OUVRAGES DES PEINTRES 47

Paris où il a toûjours travaillé avec reputa- L'A HIRE. tion. Il couchoit ſes couleurs avec tant de propreté, qu'elles frapoient la veûë. L'ordonnance de ſes ſujets n'eſtoit point embaraſſée. Il entendoit parfaitement l'Architecture & la Perſpective. Il peignoit toutes choſes avec beaucoup d'amour & de ſoin, accompagnant ſes figures de baſtimens & de païſages agreables. L'on ne peut pas dire qu'il y ait dans ſes ouvrages cette proportion, cette beauté naturelle & non fardée, ce ſang pur, & s'il faut ainſi dire, une force dans les membres, & un embonpoint dans les carnations, qu'il n'avoit jamais bien étudiées dans la nature & dans les Tableaux des grands Maiſtres.

Cependant il a eſté heureux pendant ſa vie, car il a trouvé des perſonnes qui le cheriſſoient juſques au point de ne faire pas tant d'eſtat de la force que de la delicateſſe, & qui ne ſe ſoucioient pas qu'il paruſt de la foibleſſe dans ſes ouvrages, pourveû qu'il y euſt un air agreable. Ce n'eſt pas que dans quelques figures il n'ait fait paroiſtre des muſcles; mais à conſiderer ſon gouſt de peindre en géneral, il y a de la moleſſe & de la langueur: toutefois il a eû ſes

LA HIRE. approbateurs, & a travaillé dans les principales Eglises, dans les Palais, & les plus grandes maisons de Paris, où ses Tableaux sont encore considerez, principalement par les gens qui cherissent cette delicatesse de pinceau dont il s'est servi. Il a laissé un fils qui a suivi un autre goust de peindre pendant qu'il s'y est appliqué ; mais qui s'estant trouvé avec une inclination & un genie tout particulier pour les Mathematiques, tient aujourdhuy un rang considérable entre les plus sçavans.

DU GUERNIER. Aprés m'estre un peu aresté, il faut, continuay-je, que je vous parle de LOUÏS DU GUERNIER, l'un des Anciens dans l'Academie, & qui a esté un des plus habiles pour bien faire des Portraits en miniature. Quoy-que vous l'ayez connu assez particulierement, vous ne serez pas fasché que je vous en entretienne, puis que l'estime que vous aviez pour son merite & pour sa vertu vous fera écouter favorablement ce que je vous diray de luy. Vous m'avez souvent témoigné que vous ne voyez personne qui eust une plus belle phisionomie, & qui sentist plus son homme de naissance. Vous souvient-il que me parlant quelquefois

ET LES OUVRAGES DES PEINTRES. 49

fois de sa bonne mine, de sa douceur, & de son affabilité, vous me disiez qu'il falloit necessairement qu'il logeast une belle ame dans un corps si bien fait, & que vous n'estiez pas surpris que je me fusse lié d'amitié avec luy, bien qu'il fust d'une Religion differente de la nostre.

Du Guernier.

Il est vray aussi que si je ne craignois pas que vous crussiez que je me laisse trop emporter à mon affection, & que je le loûë avec trop d'excés, le plaisir que j'ay de me souvenir de luy me pourroit faire étendre sur les belles qualitez de son ame, & oubliant ce que j'ay à dire de sa science, je ne vous parlerois que de ses vertus, car je n'ay jamais connu aucune personne de son âge qui eust une moderation & une sagesse égale à la sienne.

J'estois fort jeune lors que je le vis la premiere fois, & il n'estoit pas encore beaucoup avancé en âge. J'entrois dans la curiosité de la Peinture, & je cherchois à connoistre les plus habiles en cét art, particulierement ceux qui travailloient de miniature, parce que je n'estois pas encore capable de juger de la difference qu'il y a dans toutes les manieres de peindre. Jeus beaucoup de joye d'avoir sa connoissance, voyant qu'il estoit en reputation pour bien faire des Portraits, & on peut dire celuy qui réussissoit le mieux pour la ressemblance. Car bien qu'il en fist qui estoient d'un si petit volume qu'on les mettoit dans des bagues, cependant ils ne laissoient pas d'estre fort ressemblans, & j'admirois alors dans ces petits ouvrages la merveilleuse industrie de l'ouvrier bien plus que la force d'esprit des plus sçavans Peintres.

En effet, interrompit Pymandre, si la nature est si admirable dans les plus petits animaux, que Pline considerant les differentes formations des insectes, ne peut s'empescher de dire qu'il n'y a rien de si merveilleux que l'industrieuse composition de ces petits corps; & si un grand Saint n'a pas fait difficulté de dire que Dieu n'avoit créé les plus petits animaux avec un sens trés-subtil qu'afin de nous faire considerer avec plus d'étonnement & d'application l'agilité d'une mouche qui vole, que la grandeur du mouvement d'un cheval qui marche; & nous faire admirer davantage le travail d'une fourmi que la force d'un chameau; je ne suis pas surpris que vous eussiez tant d'estime pour ces sortes d'ouvrages, dont j'en ay veû quelques-uns qu'on ne pouvoit trop priser. Du Guernier.

Quelque plaisir, repris-je, que je receusse à voir travailler Du Guernier, ma joye fut encore bien plus grande quand aprés l'avoir frequenté quelque temps, je m'apperceûs que son sçavoir & son habileté à bien peindre estoient en luy les qualitez les moins estimables, & qu'il avoit une beauté d'ame qui surpassoit de beaucoup tout ce que j'en pourrois dire. De sorte que si l'excellence de son travail m'avoit fait rechercher à le connoistre, ses bonnes mœurs & son merite personnel m'engagerent à l'aimer, & à le voir souvent. Sa conversation estoit douce & agreable, ses divertissemens innocens: tout estoit serieux en luy; il n'y avoit rien de chagrin; on respectoit son abord, & on ne l'apprehendoit pas; il paroissoit extrémement froid & retiré, mais civil & honneste; ennemi des vices, sans estre ennemi des honnestes divertissemens. Il aimoit la Musique, touchoit fort bien le Theorbe, se plaisoit à la lecture des bons livres, en jugeoit fort bien, ne parloit jamais de sa Religion: s'il parloit de la nostre, ce n'estoit jamais que d'une maniere sage & honneste; & dans

G ij

toutes ses actions on voyoit toûjours quelque chose de noble & de genereux. Il est vray qu'il n'estoit pas d'une naissance basse & obscure. Son grand-pere avoit possedé une charge considerable dans le Parlement de Roüen: mais pendant les guerres de la Religion il y perdit la vie, pour vouloir soustenir un mauvais parti. Il ne laissa qu'un fils, nommé Alexandre, qui avoit étudié, & qui sçavoit un peu dessiner. Estant encore jeune, & voyant tous les biens de son pere au pillage, il alla en Angleterre, où il fut contraint de se mettre à enseigner les Langues.

Aprés que les troubles furent un peu appaisez, il revint en France, & n'ayant ni Papiers ni Titres pour rentrer dans son bien, il vint à Paris, obligé de se mettre à peindre de miniature. Il épousa Marie Dophin fille d'un Peintre de Troye, de laquelle il eût plusieurs enfans. Loüis fut l'aisné, & naquit le 14. Avril 1614. Ayant perdu son pere d'assez bonne heure, il se vit chargé du soin de sa famille, qui s'adonna comme luy à travailler de miniature. Il eût une sœur qui en secondes nopces épousa Bourdon Peintre, laquelle dessinoit fort bien. Alexandre son frere puisné s'appliqua particulierement au païsage, & mourut trois ans avant luy. Pierre le plus jeune de ses freres a réussi dans les Portraits de miniature, & lors qu'il mourut il y a peu d'années, il estoit en reputation pour la beauté de son travail.

Du Guernier.

Quant à Loüis, il resista long-temps à se marier par l'attache qu'il avoit à demeurer avec sa mere, & la nécessité dans laquelle il se trouvoit de soustenir le reste de ses freres & sœurs, qui n'estant point encore pourveûs, avoient besoin de son assistance : enfin il épousa vers l'année 1649. une fille de son voisinage & de sa Religion, qu'il considera plus pour sa vertu que pour son bien. J'estois alors en Italie, & à mon retour je le trouvay engagé dans le mariage, mais toûjours le mesme, je veux dire toûjours sage, toûjours moderé, & sans ambition. Il s'estoit mis à faire des Portraits en émail ; & comme il avoit de l'esprit & un esprit de Philosophe, il avoit beaucoup médité sur cette nouvelle maniere d'employer les émaux, & y avoit mesme fait de grandes découvertes ; Outre qu'il égaloit dans la beauté du travail les autres ouvriers qui s'adonnoient alors dans ce genre de peindre, il avoit cét avantage fur eux de mieux deſſiner, & d'atraper heureuſement la reſſemblance. Et il avoit encore aquis des connoiſſances ſi particulieres pour la beauté des émaux, qu'il eſt certain que s'il euſt veſcu plus long-temps, il auroit pouſſé l'excellence de ce travail plus loin que nous ne le voyons. Mais comme il eſtoit d'une complexion aſſez delicate, qu'il avoit la poitrine & l'eſtomach foibles; ſa vie ſedentaire, & une grande aſſiduité au travail abregerent ſes jours, en ſorte qu'aprés une longue & langoureuſe maladie, il mourut le 16. Janvier 1659. Ce fut dans ces derniers momens qu'il fit paroiſtre encore plus de vertu, & je vous avoûë que ce me fut une douleur extrordinairement ſenſible de me voir privé d'une perſonne que j'avois beaucoup cherie, & de voir une perte entiere de tant de rares qualitez que j'avois admirées en luy, & dont j'eſperois toûjours qu'il feroit un bon uſage dans une autre Religion que celle où il eſt mort.

Ne renouvellons pas, interrompit Pymandre, nos douleurs, par le ſouvenir de afflictions paſſées. Vous ſçavez combien je reſſentis ſa perte, & combien de fois nous en

ET LES OUVRAGES DES PEINTRES. 55
avons parlé depuis, croyant qu'enfin un es- Du Guer-
prit si reglé se laisseroit toucher aux lumie- NIER.
res de la foy & de la raison. Mais finissons
nos plaintes, & continuez, je vous prie, de
parler de ses ouvrages, ou d'examiner les talens des autres Peintres qui sont morts aprés
luy.

Quoy-que Du Guernier, repartis-je, eust
des concurrens trés-habiles, il est vray que
pour la force & la ressemblance d'une teste
il l'emportoit sur tous les autres, dont les
manieres estoient assez differentes de la sienne. Il ne se servoit point de blanc, & poin-
tilloit tout son ouvrage sur le velin, comme faisoit aussi en ce temps-là le Pere Sail-
lant Augustin, qui avoit de la reputation.
Hanse couchoit du blanc sur son velin, &
cherchoit à imiter la maniere d'Olivier &
de Coupre qui travailloient avec estime en
Angleterre. Du Guernier a fait plusieurs Portraits du Roy & de toutes les personnes de
la premiere qualité. Lors que le Duc de
Guise alla à Rome, il emporta un livre de
prieres où Du Guernier avoit representé en
Saintes toutes les plus belles Dames de la
Cour peintes au naturel.

Mais passons aux autres Peintres qui ont

encore eû place dans l'Academie; & afin d'avoir le temps d'achever ce que j'ay à vous en dire, ne nous arreſtons qu'à ceux dont vous voulez eſtre informé d'avantage.

MICHEL CORNEILLE.

MICHEL CORNEILLE Eleve de Voûët conſervoit beaucoup de la maniere de ſon maiſtre. Il avoit eſté des Anciens dans l'Academie, & faiſoit la charge de Recteur lors qu'il mourut en 1664. Il y a des ouvrages de luy dans l'Egliſe des Jeſuites de la ruë Saint Antoine, & en pluſieurs autres lieux. L'on voit auſſi pluſieurs tapiſſeries executées d'aprés ſes deſſeins.

DORIGNI.

MICHEL DORIGNI eſtoit de Saint Quentin. Aprés avoir travaillé long-temps ſous Voûët, il épouſa une de ſes filles. Il a peint dans les appartemens du Chaſteau de Vincennes, & a beaucoup gravé d'aprés les Tableaux de ſon beaupere. Il exerçoit la charge de Profeſſeur dans l'Academie lors qu'il mourut en 1665. âgé de 48. ans 6. mois.

LE BICHEUR.

L'année ſuivante mourut LE BICHEUR, qui eſtoit auſſi Profeſſeur. Il peignoit fort bien les Perſpectives, & en a fait imprimer un Traité.

SARAZIN.

JACQUES SARAZIN de Noyon mourut

ET LES OUVRAGES DE PEINTRES. 57

rut dans la mefme année. Il eſtoit Peintre & Sculpteur. Il fut un des plus anciens dans l'Academie, & exerça la charge de Recteur. Ses ouvrages de Sculpture font confiderables, & l'on eſtime beaucoup un Crucifix qu'il a fait à Saint Jacques de la Boucherie. SARAZIN.

NICOLAS DE PLATE-MONTAGNE mourut dans ce temps-là. Il faiſoit fort bien des Mers & du Païſage. MONTAGNE.

Pluſieurs autres Peintres ne le furveſcurent pas long-temps; comme JEAN BLANCHART qui travailloit à l'Hiſtoire; VANMOL qui faiſoit des Hiſtoires & des Portraits; LANSE habile pour le païſage, les fleurs, & les fruits; LE MOYNE qui peignoit auſſi des fleurs & des fruits. BLANCHART. VANMOL. LANSE. LE MOYNE.

LES NAINS freres faiſoient des Portraits & des Hiſtoires, mais d'une maniere peu noble, repreſentant ſouvent des ſujets ſimples & ſans beauté. LES NAINS.

J'ay veû, interrompit Pymandre, de leurs Tableaux; mais j'avoûë que je ne pouvois m'arreſter à confiderer ces ſujets d'actions baſſes & ridicules.

Les ouvrages, repris-je, où l'eſprit a peu de part deviennent bientoſt ennuyeux. Ce n'eſt pas que quand il y a de la vrayſem-

Tome V. H

LES NAINS. blance, & que les choses y sont exprimées avec art, ces mesmes choses ne surprennent dabord, & ne nous plaisent pendant quelque temps avant que de nous ennuyer: C'est pourquoy comme ces sortes de peintures ne peuvent divertir qu'un moment & par intervale, on voit peu de personnes connoissantes qui s'y attachent beaucoup.

MOUELLON. MOUELLON travailloit à des histoires pour des tapisseries, de mesme que CHAR-
PERSON. LES PERSON Lorrain, qui a esté Recteur, & dont la maniere tenoit de celle de Voüet, sous lequel il avoit beaucoup peint. Il mourut en 1667.

POISSAN. THIBAULT POISSAN d'Abeville,
VANOBSTAT. & GIRARD VANOBSTAT de Bruxelles Sculpteurs moururent en 1668. Vanobstat faisoit la fonction de Recteur dans l'Académie. Il estoit particulierement recommandable pour bien faire des Basreliefs. Il travailloit aussi sur l'yvoire, & il y a plusieurs pieces de sa façon dans le cabinet du Roy. Ce fut pour luy que Monsieur de Lamoignon, aujourd'huy Avocat General, plaida dans la Grande Chambre une cause celebre le 1. Decembre 1667. où avec une éloquence admirée de tout le monde,

il releva avantageusement la Peinture & la Sculpture, comme vous pouvez avoir veû par le Plaidoyer qui en fut imprimé alors

NICOLAS MIGNARD, qui mourut dans la mesme année, estoit un des Peintres dont nous cherchons à examiner les bonnes qualitez. Si nous considerons bien les derniers qui sont morts, nous en trouverons de deux sortes. Les uns, pour exprimer leurs pensées, se sont servis d'une maniere simple & serrée. Les autres qui ont eû un genie plus élevé ont peint avec plus d'éclat & plus d'étenduë : Mais quoy-que les productions d'esprit sublimes & magnifiques soient les plus considerables, les autres neanmoins peuvent estre excellentes dans leur genre, & d'une bonté qui les doit faire estimer. Dans ces deux differentes manieres il y a des extrémitez à éviter. Un Peintre naturellement simple & serré dans ses ouvrages, doit prendre garde à ne pas tomber dans l'indigence & dans la pauvreté, & un esprit plus vif & plus élevé doit se défendre de l'enflure & des mouvemens trop forts & trop agitez. Nicolas Mignard inventoit facilement, peignoit avec grace ; & comme il n'avoit pas un genie propre à exprimer de fortes

MIGNARD. paſſions, il s'abſtenoit de repreſenter des actions violentes. Il paroiſſoit toûjours doux & moderé dans ſes Tableaux où il n'y a rien qui ne ſoit correct & agreable; Et quoyque l'on n'y voye pas un caractere vehement qui jette le trouble dans les ames, & qu'il y ait meſme ſouvent dans les actions de ſes figures plus de tranquillité qu'il ne faut pour émouvoir puiſſamment les eſprits : toutefois les nobles expreſſions, les beaux airs de teſtes, & l'excellence de ſon pinceau, touchent les yeux avec tant de douceur qu'on ſe trouve auſſitoſt emporté par les graces differentes dont ſes ouvrages ſont remplis.

Il eſtoit né à Troye en Champagne, & iſſu d'une honneſte famille. Son pere nommé Pierre, aprés avoir porté vingt ans les armes pour le ſervice du Roy, ſe maria, & de ſon mariage eût trois garçons, dont deux firent paroiſtre dés leur jeuneſſe une inclination extraordinaire pour la Peinture. Auſſi dans la ſuite ſe ſont-ils fait aſſez connoiſtre, & ſe ſont diſtinguez, l'aiſné nommé Nicolas, par le nom ne Mignard d'Avignon; & l'autre nommé Pierre, qui travaille encore aujourd'huy avec tant de re-

putation, par celuy de Mignard de Rome. MIGNARD.
Nicolas fit ses premieres études sous le plus habile Peintre qui fust alors à Troye. Il y demeura quelque temps : mais comme son pere connut la force de son genie, ne voulant rien épargner pour son avancement, il l'osta de chez son premier maistre pour le faire instruire dans une meilleure école. Fontainebleau estoit celle où tous les jeunes hommes alloient pour s'instruire, tant à cause des ouvrages de Freminet que l'on regardoit alors avec estime, qu'à cause de ceux du Primatice & de plusieurs autres Tableaux dont cette Royale Maison estoit décorée. Aprés s'estre attaché pendant quelques années à dessiner & à peindre, comme il avoit une forte passion de voir l'Italie, il alla à Lyon, où il s'arresta quelque temps à travailler pour des particuliers. De là il passa en Avignon, à dessein de s'embarquer à Marseille, ou à Toulon : mais il fut encore retenu pendant six semaines, & lors qu'il estoit sur le point d'en partir, M. de Montreal, l'un des principaux Seigneurs de ce païs, l'obligea par beaucoup d'honnestetez & des conditions avantageuses à retarder son voyage, & à demeurer chez luy pour

peindre la Galerie d'une maison considerable qu'il avoit nouvellement fait baſtir. Il eſt vray que Mignard s'engagea avec d'autant plus de facilité à ce Seigneur qu'il eſtoit déja attaché d'inclination à une jeune fille d'Avignon dont il eſtoit devenu amoureux, de ſorte qu'il entreprit cét ouvrage, où dans une ſuite de Tableaux il repreſenta le Roman de Théagene & de Cariclée. Les ſoins qu'il apporta à bien peindre, & en meſme temps à entretenir ſes nouvelles inclinations, luy aquirent l'eſtime de tout le monde, & la bienveillance du pere & de la mere de ſa maiſtreſſe. Mais ſa nouvelle paſſion n'empeſchoit pas celle qu'il avoit d'aller à Rome. Le deſir qu'il fit paroiſtre de vouloir ſe perfectionner dans ſon art obligea la fille qu'il aimoit & ſes parens à luy permettre de faire ce voyage, & à luy donner le temps qu'il leur demanda. Ce fut pour luy une occaſion favorable, qu'ayant achevé la Galerie, le Cardinal de Lyon paſſant en Avignon logea chez M. de Montreal, qui luy preſenta Mignard, & le recommanda à ſon Eminence qui en avoit déja conceû de l'eſtime, & qui le receût à ſa ſuite pour aller à Rome. Lors que Mignard y fut arrivé, & qu'il se vit au milieu de tant de beautez aprés lesquelles il avoit soupiré, il ne songea qu'à en joüir: mais d'un autre costé pensant à ce qu'il avoit laissé en Avignon, & qui partageoit ses affections, c'estoit avec un empressement extraordinaire qu'il taschoit de dérober, s'il faut ainsi dire, l'art & la science qu'il voyoit dans tous les plus beaux ouvrages qui se presentoient à luy. Il travailla pendant deux ans, qui ne luy semblerent pas un temps trop long pour ses études: mais les tendresses de son cœur s'opposant aux plaisirs de l'esprit, luy firent attendre avec impatience le terme qu'il s'estoit prescrit, qui ne fut pas sitost arrivé qu'il sortit de Rome pour retourner en Provence, où il conclut son mariage au grand contentement de tous ses amis, qui souhaitoient avec passion de le voir arresté en ce païs-là. Il y avoit déja vingt ans qu'il y estoit établi, & qu'il travailloit avec reputation, lors que le Roy passa par Avignon en 1659. pour son mariage avec l'Infante d'Espagne. Comme toute la Cour y sejourna trois semaines, le Cardinal Mazarin, qui avoit esté Vicelegat d'Avignon, & qui pendant son gouvernement avoit connu Mignard, & l'avoit

MIGNARD. honoré de son affection, se souvint de luy, & l'envoya chercher. Aprés luy avoir donné beaucoup de marques d'estime, il desira de voir ses derniers ouvrages. Il s'apperceût bientost du progrés qu'il avoit fait, & fut si content qu'il souhaita d'avoir une seconde fois son Portrait de sa main. Je vous laisse à penser si Mignard fut bien-aise d'une occasion si avantageuse, qui ne pouvoit que le rendre encore plus considerable dans la Province. Il ne manqua pas aussi d'obéïr ponctuellement aux ordres de son Eminence, & à faire ses efforts pour se surpasser dans ce dernier ouvrage. Il le fit en effet, & le Roy & la Reine qui le virent des premiers, avoûérent qu'il ne se pouvoit rien faire de mieux, & resolurent de faire venir Mignard à Paris aussitost que Leurs Majestez seroient de retour.

La reputation que le Portrait du Cardinal trouva parmi les Courtisans, donna envie à cinq ou six Seigneurs des plus curieux de se faire peindre : mais comme le temps de leur sejour n'estoit pas assez long pour pouvoir faire achever entierement leurs Portraits, il finit seulement les testes, termina le reste à son loisir, & les envoya ensuite à Paris.

Cepen-

ET LES OUVRAGES DES PEINTRES. 65

Cependant sitost que le Roy fut de retour MIGNARD. de son voyage, le Cardinal n'oublia pas à faire souvenir Sa Majesté du dessein qu'Elle avoit fait d'appeller Mignard à Paris. Elle luy envoya une lettre de cachet, & de quoy fournir aux frais de son voyage; & Mignard de son costé se rendit à Fontainebleau, où il eût l'honneur de saluër le Roy, & de remercier le Cardinal des bontez qu'il avoit pour luy. Il se préparoit à travailler lors que son Eminence tomba malade; & bien que d'abord on ne crust pas sa maladie dangereuse, toutefois elle continua pendant tout l'hyver, & augmenta de sorte qu'il mourut au Bois de Vincennes au mois de Mars 1661. Cette mort mit le deüil à la Cour qui revint à Paris, où quelque temps aprés Mignard commença de travailler aux Portraits du Roy & de la Reine. Leurs Majestez en furent si satisfaites, que le Roy luy ordonna d'en faire plusieurs pour envoyer dans les Païs étrangers. La pluspart des grands Seigneurs voulurent aussi en avoir des copies, & à l'envi les uns des autres desirerent d'estre eux-mesmes peints de sa main: ce qui fut cause qu'il demeura quelque temps sans faire autre chose que des Portraits, con-

Tome V. I

tre son inclination, qui le portoit beaucoup plus à peindre des sujets d'histoires. Aussi ne laissoit-il pas de travailler de temps en temps à des Tableaux d'Autel, & à quelques autres qu'on luy demandoit pour envoyer en Provence. Il fit deux grands Tableaux pour la Chartreuse de Grenoble, où il representa le Martyre que plusieurs Chartreux endurerent en Angleterre sous le regne du Roy Henry VIII. qui les fit cruellement mourir à Londres ; Et comme son merite & sa reputation augmentoient tous les jours, il fut un des Peintres que l'on choisit pour peindre aux Tuilleries. Il eût en partage le petit appartement bas du Roy qui ragarde sur le jardin. Vous sçavez quelle est la disposition de tous ces lieux, & je ne doute pas mesme que vous ne vous souveniez bien de ce qu'il y a representé.

Je vous avoüe, repartit Pymandre, que je n'ay presentement qu'une idée confuse des Peintures qu'on y a faites, & vous me ferez plaisir de me faire souvenir de celles de Mignard.

Il faut donc vous dire, répondis-je, que le Platfond de la Chambre du Roy semble estre percé, & que par cette feinte ouverture qui eſt de figure ovale, l'on croit voir le Ciel; MIGNARD. & ſur des nuages pluſieurs figures. La principale eſt Apollon. Il eſt aſſis ſur un ſiege d'or fait à l'antique. D'une main il tient une Lyre, & de l'autre le Plectre pour me ſervir de ce mot, qui ſert d'archet, & avec lequel on touche les cordes. L'air de ſon viſage eſt doux & agreable, & ſa chevelure blonde, & environnée de lumiere, repand autour de luy un certain éclat qui le diſtingue des autres Dieux.

Comme le Peintre a prétendu qu'Apollon & le Soleil ne ſont qu'une meſme Divinité, Apollon eſt environné du Zodiaque, & derriere luy, dans une diſtance aſſez éloignée, l'on apperçoit ſes chevaux que de belles jeunes filles atellent à ſon char.

Au deſſous ſont quatre figures de femmes, qui repreſentent les quatre Saiſons.

Sous ces differentes images l'on a voulu figurer Apollon, c'eſt à dire le Soleil, dans le plus bel endroit de ſa courſe, & lors qu'élevé au plus haut du Ciel il répand ſes rayons ſur la terre: & de meſme que le Soleil eſtant dans le Solſtice de l'Eſté & dans ſon midy, ſemble eſtre arreſté & comme aſſis dans ſon Troſne pour conſiderer toute la nature, le

MIGNARD. Peintre a éloigné ces chevaux que les heures accommodent, parce qu'en effet dans la saison de l'Esté, & principalement sur le milieu du jour, il semble que le Soleil s'arreste, & que les heures soient plus long-temps à venir qu'en une autre saison.

Apollon a le corps presque nud, à cause qu'il n'y a rien de plus découvert & de plus visible à tout le monde que le Soleil. Il est seulement environné d'un manteau de pourpre rehaussé d'or, pour representer le feu & la lumiere dont le Soleil est la source. Sa Lyre marque l'harmonie avec laquelle le Soleil dispose les saisons: c'est pourquoy on les voit rangées autour de luy dans l'ordre qu'elles gardent inviolablement.

Celle qui est couronnée de fleurs, & qui en repand sur la terre, represente le Printemps. Comme le Printemps inspire de l'amour à toute la nature, il est peint sous l'image d'une jeune fille si belle & si agreable qu'elle charme tous ceux qui la regardent. Il n'y a personne qui d'abord ne la prenne pour Venus, la voyant si accomplie, & de plus accompagnée d'un jeune enfant qui a des ailes au dos, & qui porte une corbeille pleine de fleurs. Cependant le dessein du

ET LES OUVRAGES DES PEINTRES. 69

Peintre a esté de representer la Déesse Flore, MIGNARD qui préside à cette saison, & par cét enfant le vent Zephire dont les aisles sont semblables à celle d'un papillon, & differentes de celles qu'on donne d'ordinaire à l'amour. Et parce que le Zephire est un vent doux & frais qui contribuë à la naissance de toutes choses, & qui semble luy-mesme naistre avec l'année, il est peint sous la forme d'un jeune enfant.

Aussi l'on peut remarquer que les habits, les parures, & l'estat auquel on a representé Flore conviennent admirablement bien à ce qu'on a voulu exprimer par cette figure. Car on voit qu'elle a presque toute la gorge découverte, parce que dans cette saison la terre commençant à s'éveiller, & à se lever, s'il faut ainsi dire, paroist comme à demi nuë. Le reste est caché d'une robe blanche, qui figure le Printemps, qu'un Poéte Grec Theocrite. appelle Blanc, lors qu'il veut signifier la plus belle saison de l'année. Son manteau est vert, mais il est fait de telle maniere qu'il semble tissu de differentes sortes de verts, pour representer comme dans cette nouvelle saison la terre est couverte d'herbes & de plantes dont le different vert fait une agreable variété.

I iij

La figure qui reprefente l'Efté eft audeffous du Lion qui paroift dans le Zodiaque: elle eft la plus proche d'Apollon, parce qu'en effet c'eft elle qui reffent plus que toutes les autres les effets de fa lumiere & de fa chaleur.

Elle n'a qu'une petite robe de gaze blanche que les rayons du Soleil jauniffent fur les extrémitez. Cette robe tombe negligemment de deffus fes épaules, & en découvre une partie auffi-bien que de fes bras. La faucille qu'elle tient, & la gerbe de bled qui eft proche d'elle, fignifient le temps de la moiffon, qui eft comme fon appanage. Ce manteau de drap d'or fur lequel elle eft affife, & dont l'inégalité des plis caufe differens jours & divers reflais, reprefente la campagne qui en Efté paroift comme une Mer doucement agitée, & dont les petites ondes femblent eftre d'un or liquide.

L'autre figure, qui a l'air d'une Baccante, eftant faite pour reprefenter l'Automne, le Penitre luy a donné des marques qui luy conviennent parfaitement. Car comme dans ce temps là le Soleil commence à s'éloigner, & que les vapeurs qu'il a élevées de la terre pendant l'Efté s'épaiffiffent en l'air, & nous privent souvent des rayons de cét Astre, on voit que cette femme n'est fortement éclairée qu'en certaines parties, & que le reste est d'une demi-teinte qui sert à faire paroistre dans la disposition de tout le Tableau un agreable contraste d'ombres & de lumieres.

MIGNARD.

Elle est couronnée de feüilles de vigne : d'une main elle presse des raisins dans une coupe d'or qu'elle tient de l'autre main. Son habit est de pourpre violet approchant de la couleur des fruits de la saison.

Pour l'Hyver, on l'a representé par cette vieille qui est plus éloignée d'Apollon que les autres figures. Au lieu que celle de l'Esté est toute éclairée de la lumiere du Soleil, celle-cy en est presque privée, & ne paroist qu'à mi-corps, pour marquer les jours de l'Hyver si courts & si sombres.

Mais s'il y a de l'opposition entre ces deux figures en ce qui regarde la lumiere & les ombres, il n'y a pas moins de difference entre les traits du visage de cette vieille & ceux de la jeune Flore. Cependant le Peintre n'a pas moins fait paroistre son sçavoir à bien representer une vieillesse décrepite, que lors qu'il a repandu sur le visage de cette autre figure les charmes d'une jeune beauté. Et

MIGNARD. comme la terre, lors que le Soleil en est éloigné pendant l'Hyver, n'a de chaleur que ce qu'elle en conserve dans ses entrailles, on a representé cette figure tenant du feu dans un brasier.

Dans le mesme Platfond de cette chambre & à costé de cette ouverture feinte dont je viens de parler, il y a deux Tableaux qui sont comme attachez & peints sur un fond d'or. Celuy du costé de la porte represente Apollon sur un amas de nuées, qui d'une main tenant un arc, & de l'autre une fleche, tire sur des Cyclopes qui fuyent, & taschent à se sauver sous une roche. Il y en a trois de morts sur le devant du Tableau, & deux autres que l'on voit dans le lointain qui semblent courir du costé de la Mer.

Ces figures estant presque toutes nuës, & d'une couleur convenable à des forgerons, le Peintre a pris soin de bien representer toutes les parties d'un corps fort & robuste, & d'exprimer dans le dos, dans les bras, & dans les autres membres les differens effets des nerfs & des muscles selon la disposition de ses figures, & les actions qu'il leur fait faire.

Il n'a pas gardé cette conduite dans ce seul Tableau, mais encore dans celuy qui

est

ET LES OUVRAGES DES PEINTRES. 73
est à l'autre bout du Platfond du costé des MIGNARD
fenestres, où il a representé Apollon &
Diane qui exercent leur vengeance sur les
enfans de Niobé, que sa beauté & ses prosperitez avoient renduë si pleine de vanité
& d'orgueil, qu'elle avoit eû l'insolence de
se comparer à Latone.

Apollon & Diane paroissent en l'air sur
des nuages. Diane est vestuë d'un habit
blanc avec un carquois sur les épaules & un
arc à la main, toute preste à décocher une
fleche. Pour Apollon, il en vient de tirer
une, & le coup paroist dans un des fils de
Niobé, qui blessé à mort tombe de dessus son
cheval.

C'est là qu'on voit des expressions douloureuses, & de quelle sorte ces Divinitez
jalouses de leur gloire punissent l'injure qui
leur a esté faite. Cependant on ne laisse pas
d'appercevoir de la beauté parmi le sang &
les blessures. La douleur qui est si fortement
peinte sur le visage de Niobé, & la mort
mesme si bien exprimée sur celuy de sa fille,
n'ont point encore effacé les traits qui rendoient si agreable cette jeune fille, & qui
donnoient à cette malheureuse mere tant de
vanité & de présomption.

Tome V. K

MIGNARD. Comme ces deux Tableaux sont faits pour parer cette chambre, & pour honorer, s'il faut ainsi dire, Apollon qui y préside, & qui semble y répandre sa lumiere par l'ouverture du Platfond ; c'est encore avec le mesme dessein qu'on a orné l'alcove de deux autres sujets qui sont peints d'une semblable maniere. Dans l'un on a representé le supplice de Marsyas, & dans l'autre le chastîment de Midas qui avoit donné son jugement en faveur de Pan.

Toutes ces Peintures tirées de l'Histoire d'Apollon conviennent au Soleil, & outre cela elles sont des images emblematiques des belles actions du Roy. C'est Sa Majesté qu'on doit considerer dans le Tableau du milieu sous la figure d'Apollon : c'est Elle qu'on voit environnée de gloire ; c'est Elle qui paroist élevée audessus de toutes choses, & qui par sa dignité, & par ses hautes qualitez répand ses lumieres sur la terre, & se fait admirer dans toutes les parties du monde.

Par les quatre Tableaux particuliers qui sont peints sur un fond d'or, le Peintre a prétendu donner quatre enseignemens considerables. Car par les Cyclopes qu'Apollon ne punit de la sorte que pour avoir forgé les

ET LES OUVRAGES DES PEINTRES. 75
foudres dont Jupiter se servit contre Escu- MIGNARD.
lape, on peut voir dans quel peril se trouveroient de semblables temeraires dont l'im-
prudence les porteroit à donner secours, &
à fournir des armes aux ennemis de Sa Majesté.

L'Histoire de Niobé montre la perte iné-
vitable de ceux qui manqueroient au respect
qu'ils doivent à la personne sacrée d'un si
puissant Monarque.

Le chastiment de Marsyas est une image
de la punition que meriteroient ces personnes grossieres & présomptueuses qui ose-
roient s'égaler en l'art de conduire les peuples, à un Prince qui sçait s'en aquiter avec
cette prudente harmonie qui n'est bien entenduë que par ceux qui l'ont receuë du
Ciel.

Et par l'exemple de Midas, on peut remarquer combien ceux-là se rendroient ridicules qui par ignorance ou par envie vou-
droient faire des comparaisons desavanta-
geuses à la gloire de Sa Majesté.

Au Platfond de l'alcove on a feint une
ouverture semblable à celle qui est au Platfond de la chambre. Comme c'est le lieu
destiné à prendre le repos aprés que le Soleil

K ij

MIGNARD. s'est retiré, on y a representé la nuit sous la figure d'une femme vestuë d'une robe rouge & d'un manteau bleu semé d'étoiles. Elle a de grandes aisles au dos : elle est couronnée de pavots, & tient deux enfans qui dorment entre ses bras.

Ces enfans sont les songes des Rois. Les Poëtes en ont feint une infinité, comme en effet il y en a un grand nombre de differentes especes. Mais on peut dire qu'un grand Prince qui veille incessamment au bien de ses sujets n'en reçoit que de deux sortes, dont l'un luy represente continuellement ce qui regarde sa propre gloire, & l'autre les choses qu'il est obligé de faire pour l'avantage de l'Estat.

En effet, si les songes ne sont, selon quelques Philosophes, que des mouvemens de l'ame qui se font en diverses manieres, & par lesquels les biens & les maux nous sont quelquefois montrez avant qu'ils arrivent, il y a bien apparence que si les choses futures estoient découvertes aux hommes, ce devroit estre aux Rois, & principalement à un grand Roy, qui n'ayant l'esprit rempli que des douces pensées qu'il a d'augmenter le bonheur de son Royaume, n'a pendant le

ET LES OUVRAGES DES PEINTRES. 77
repos de la nuit que des songes agreables & MIGNARD.
beaux, conformes à ses occupations.

Proche l'Alcove dont je viens de parler, il y a un Cabinet qui a veuë sur le Jardin. Dans le Platfond le Peintre a representé Apollon & les Muses : mais comme il n'a pas trouvé d'espace pour en placer neuf, il s'est contenté d'en representer trois, fondé aussi sur ce qu'il y a differens avis touchant le nombre des Muses. Car selon l'opinion de quelques Auteurs on n'en connoissoit au commencement que trois qui estoient filles de Jupiter, & ausquelles ils donnent des noms qui conviennent à la memoire, au travail, & au chant. Ce qui se rapporte assez à ce que Varron a écrit, que d'abord il n'y avoit que trois Muses, & qu'elles n'ont paru au nombre de neuf, que quand les habitans d'une Ville, qu'on croit estre Scycione, ayant un jour choisi trois excellens Sculpteurs, & ordonné à chacun d'eux de faire les images des trois Muses afin de pouvoir prendre parmi ce nombre de figures les trois plus parfaites pour les placer dans le Temple d'Apollon, ces ouvriers réussirent si heureusement qu'il n'y eût pas une de toutes les figures qu'ils firent qu'on ne trouvast

K iij

admirable & digne d'estre conservée. Ainsi elles furent toutes les neuf dédiées à Apollon, ce qui a esté cause qu'on l'a consideré depuis comme celuy qui commande aux neuf Muses.

Or le Peintre ayant pris la chose dans son origine, n'en a representé que trois, ausquelles il a donné des marques convenables aux noms qu'elles avoient: Car comme Apollon & les Muses président aux Sciences & aux Arts, & que c'est par leur moyen que les grands hommes & leurs ouvrages reçoivent une gloire immortelle, il represente ces trois Muses comme celles qui ont l'intendance & le pouvoir sur la Poésie, sur la Peinture, & sur la Musique. En effet, n'est-ce pas la Poésie qui la premiere conserve la memoire des belles actions des Heros, qui est comme la dépositaire de leurs hauts faits, & qui les apprend à la posterité?

Combien la Peinture de son costé releve-t-elle la grandeur des demi-Dieux par l'excellence de son travail? C'est elle qui leur erige des images, qui leur bastit des monumens éternels, & qui par un artifice surprenant & tout divin les fait revivre par ses couleurs.

Sur ce que la Poésie rapporte, & sur ce

que la Peinture represente, la Musique prend sujet d'élever sa voix, & d'un ton qui charme les hommes, & qui est agreable aux Dieux, elle chante leurs loüanges & celles des Heros.

La figure qui est apuyée sur les œuvres d'Homere & de Virgile, & qui tient une trompete à la main, represente la Poésie. Elle est vestuë d'une robe de couleur de citron, & d'un manteau de pourpre violet rehaussé d'un jaune doré.

Celle qui est de l'autre costé, & dont l'on ne voit que fort peu du visage, est la Peinture. Sa robe est d'une étofe verte & aurore : elle est ceinte d'une écharpe bleuë ; son manteau est rouge. Il y a auprés d'elle une palette & des pinceaux ; & c'est par là, aussi-bien que par la toile & le crayon qu'elle tient, que le Peintre a prétendu la faire connoistre.

Il a placé la Musique au milieu de ces deux figures, parce que c'est la Poésie & la Peinture qui luy font connoistre ceux de qui elle doit chanter les loüanges. Elle est vestuë de blanc pour marque de cette grande simplicité, & de cette union qui forme une douce harmonie que le Peintre a doctement signifiée par la Harpe dont elle joüé.

Ces trois figures reçoivent toutes leurs lumieres d'Apollon, qui d'une main tient sa Lyre, & de l'autre main leur distribuë des couronnes de laurier.

Si dans le Platfond de la Chambre on a peint cette Divinité audessus des quatre Saisons, pour signifier de quelle sorte le Roy répand ses graces sur les peuples en général, la maniere dont on l'a representée dans ce Cabinet fait voir comment Sa Majesté récompense en particulier les personnes d'un merite extraordinaire, & qu'il connoist s'estre distinguez du commun des hommes par leur valeur, par leur science, & par leur vertu. Car Apollon ne met des couronnes de laurier entre les mains des Muses, qu'afin de les donner à ceux de qui elles doivent ellesmesmes marquer les belles actions.

Si l'on veut encore regarder l'invention de cette Peinture dans un autre jour, l'on verra que ces trois Muses representent cét accord, & ce concert de tous les grands hommes qui paroissent aujourd'huy dans les Sciences & dans les Arts, lesquels unanimement celebrent les vertus de Sa Majesté,

ET LES OUVRAGES DES PEINTRES. 81

jesté, & travaillent à rendre sa gloire immortelle. MIGNARD.

Il y a deux Païsages sur les portes de ce Cabinet. Dans l'un on a figuré le lever du Soleil qui paroît à l'extremité de l'Horison, & comme sortant du sein de la Mer sur un char tout rayonnant d'une nouvelle lumiere. Sur le devant on a representé cette fleur que l'on nomme Girasol, qui regarde sans cesse le Soleil.

Les Poëtes ont feint que Clytie avoit un amour si violent pour Apollon, qu'elle negligea le soin mesme de se nourrir pour ne le pas perdre de veuë: de sorte qu'estant tombée dans une extreme langueur, elle en mourut. Mais Apollon l'ayant changée en fleur, elle conserva toûjours ses premieres inclinations, & sous la forme de cette plante elle ne cesse de regarder l'objet de ses desirs.

Ce changement qui fut la récompense de ses nobles affections, marque la faveur du Roy pour ceux qui demeurent fidellement attachez à son service, ausquels il donne des privileges, & des marques d'honneur qui ne periront jamais.

C'est encore dans ce mesme sens que l'au-

MIGNARD. tre Tableau a efté fait, où l'on a peint le coucher du Soleil. Il y a fur le devant un manteau de couleur de pourpre, & tout auprés on voit du fang répandu à terre, d'où fort une petite fleur violette. C'eft le fang de l'infortuné Hyacinthe, qu'Apollon a changé en fleur aprés qu'il eût malheureufement tué ce jeune homme avec un Difque en joûant au palet.

Par ce Difque la fable n'a voulu fignifier autre chofe que la figure du Soleil, dont l'ardeur extréme fit mourir Hyacinthe pour s'y eftre trop expofé.

Le grand amour & le zele violent qu'on doit avoir pour fon Prince, expofe fouvent les jeunes courages aux perils de la mort: mais lors qu'ils la rencontrent dans de glorieufes occafions, elle ne leur eft qu'honorable & avantageufe, & pour du fang qu'ils perdent, ils aquerent un honneur & une réputation dont l'odeur fe répand par toute la terre.

M'eftant arrefté, & Pymandre s'appercevant que j'eftois diftrait, & comme fongeant à autre chofe: Qu'eft-ce, me dît-il, qui vous retient? Il femble que quelque nouvelle penfée vous ait interrompu? Il eft vray, luy répondis-je, que les dernieres paroles que je vous ay dites m'ont remis tout d'un coup dans l'esprit la vie & la mort du sçavant Peintre dont je vous parle, qui porté d'un noble desir d'aquerir de la gloire en servant son Prince, augmentoit tous les jours ses fatigues, par ses veilles & par les peines qu'il prenoit à perfectionner encore davantage ses ouvrages. Tout le monde applaudissoit à ceux qu'il venoit de faire, & le Roy satisfait de la beauté de ses Peintures, luy avoit ordonné de se préparer à peindre sa grande Chambre de parade. Comme c'estoit un lieu où il pouvoit encore mieux faire voir ce qu'il sçavoit, il travailloit aux desseins, & ils estoient tous finis lors qu'il tomba dans une maladie qui ne paroissoit point dangereuse, mais qui s'estant enfin changée en hydropisie, luy causa la mort bientost aprés, au grand regret de sa famille & de tous les honnestes gens, qui n'avoient pas moins d'estime pour sa personne que pour ses Peintures. Son corps fut porté dans l'Eglise des Petits Augustins du Fauxbourg Saint Germain, où il est enterré. L'Académie Royale des Peintres, dont il avoit esté Directeur, luy fit faire un Servi-

MIGNARD.

En 1668.

ce solennel dans l'Eglise des Peres Feuillans, où les amateurs des beaux Arts ne manquerent pas de se trouver. Il a laissé deux fils. L'aisné est Architecte du Roy, & l'autre Peintre dans son Academie.

Il y a une chose remarquable en Nicolas Mignard, c'est qu'il peignoit de la main gauche: semblable en cela au Chevalier Romain, dont il est parlé dans l'Histoire. Il estoit fort habile à tirer de la mesme main; car il avoit beaucoup aimé la chasse, & en faisoit son divertissement pendant qu'il demeuroit en Avignon: mais on peut dire de luy ce que Pline le Jeune a dit de soy-mesme en écrivant à Tacite, que quand il alloit à la chasse il y portoit toûjours des Tablettes, afin de ne revenir jamais les mains vuides, & sans avoir fait quelque chose.

L'année suivante moururent NOEL QUILLERIE', qui a peint dans un Cabinet de l'appartement haut des Tuilleries, & qui estoit Adjoint à Professeur. BARTHELEMY de Fontainebleau, NICOLAS DU MOUSTIER de Paris, & VANLO Hollandois.

CLAUDE VIGNON de Tours s'est beaucoup distingué entre les Peintres de son

ET LES OUVRAGES DES PEINTRES. 85

temps par sa maniere toute particuliere, & VIGNON.
si facile à connoistre. Le nombre de ses ouvrages est trés-grand, parce qu'il travailloit avec une merveilleuse promptitude. Il mourut Professeur en 1670. & dans la mesme année mourut aussi GERVAISE, qui a GERVAISE. peint aux Tuilleries. LOUÏS LERAM- LERAMBERT. BERT & LE GENDRE Sculpteurs & LE GENDRE. Professeurs, & GREGOIRE HURET HURET. Graveur.

Bientost aprés ceux-cy mourut un des anciens & des principaux de l'Academie, & qui exerçoit alors la charge de Recteur. Il estoit de vostre connoissance, c'est SEBASTIEN BOURDON de Montpellier. BOURDON.

Hé bien, interrompit aussitost Pymandre, en quel rang le mettez-vous, car vous aviez de l'estime pour luy ?

C'est un des Peintres de ce siecle, luy repartis-je, qu'on doit le plus regarder par differens endroits. Lors qu'il arriva à Paris à son retour d'Italie où il n'avoit pas demeuré long-temps, & qu'il commença à faire voir ses ouvrages, il eût une approbation assez universelle. Il fit plusieurs Tableaux de grandeurs mediocres pour des Orfévres ; & pour des curieux ; & lors qu'on

L iij

luy eut procuré le Tableau du May pour Noſtre Dame, où il a repreſenté Saint Pierre que l'on crucifie, on jugea qu'il eſtoit capable d'entreprendre de plus grands ouvrages que ceux que l'on avoit veûs de luy. Les Peintres meſme qui eſtoient en reputation à Paris eſtimoient ſa maniere, & en concevoient de grandes eſperances, parce qu'il eſtoit encore fort jeune. Il avoit un beau feu & une grande liberté de pinceau dans ce qu'il faiſoit. Il cherchoit à imiter l'Ecole Lombarde; & bien qu'il ne fuſt pas correct, & ne peigniſt pas ſes ouvrages autant qu'il euſt eſté à deſirer, toutefois il ſembloit que dans la ſuite il pourroit aquerir par l'étude & par le travail les parties qu'il ne poſſedoit pas encore. Auſſi commença-t-il à étudier davantage le deſſein.

Bourdon avoit épouſé, comme je vous ay dit, la ſœur de Du Guernier, dont les conſeils ne pouvoient luy eſtre que tres-avantageux; car ſon temperament vif & impetueux le portant à travailler avec beaucoup de promptitude, les avis de ſon beaufrere ne luy eſtoient pas inutiles. Outre cela Du Guernier, qui eſtoit connu à la Cour, & qui avoit quantité d'amis, luy procuroit des

ET LES OUVRAGES DES PEINTRES. 87
ouvrages en differens endroits.

BOURDON.

Bourdon avoit beaucoup de feu, difpofoit aifément, donnoit à fes couleurs un éclat & une fraifcheur qui plaifoit : mais avec tout cela, foit qu'il y euft trop de mouvement dans fon efprit qui luy empefchaft de pouvoir fixer fes penfées & fon imagination, foit qu'il n'euft pas affez étudié la nature, & fait un fond affez grand des parties néceffaires à fon art, il ne pouvoit fe faire une maniere arreftée. Tantoft il cherchoit à imiter la couleur des Peintres Lombards, tantoft la difpofition & les ordonnances du Pouffin, comme il avoit fait celle de Benedette, fans faire choix d'un gouft particulier, & prendre affez de foin à fe fortifier dans toutes les parties les plus effentielles de la Peinture. Cependant il avoit aquis de l'eftime parmi les curieux. Un des Tableaux les plus agreables qu'il fit dans fes commencemens, fut celuy que j'ay veû autrefois chez M. l'Evefque de Lizieux, où il avoit repréfenté L. Alvanius, qui fortant de Rome avec fa femme & fes enfans, aprés que les Gaulois eûrent pris la Ville, & rencontrant en fon chemin le Grand-Preftre & les Veftales qui s'en alloient à pied emportant les Vafes fa-

Val. Max. l. 1.

crez, fit defcendre toute fa famille de fon char pour y faire monter les Veftales, qu'il conduifit au lieu où elles alloient. Il avoit fait ce Tableau avant que j'allaffe à Rome, & ce fut aprés que je fus de retour qu'il fit ceux qui font à Chartres ; qui eft au grand Autel de l'Eglife de Saint André, où le Martyre de ce Saint eft reprefenté ; & l'autre, dans une des Chapelles baffes de la grande Eglife, dans lequel la Vierge tient l'Enfant Jefus. Vous pouvez vous fouvenir auffi-bien que moy de ce qu'il faifoit en ce temps-là.

Il eft vray, dît Pymandre, mais nous fufmes quelque temps fans le voir lors qu'il quitta Paris pour aller en Suéde.

Ce fut vous, luy repartis-je, qui en fuftes la caufe, en luy procurant ce voyage.

Je le fis, comme vous fçavez, répondit Pymandre, dans un temps où tous les Arts fembloient comme abandonnez : les travaux de Peinture, auffi-bien que beaucoup d'autres, eftoient interrompus par nos defordres & nos Guerres Civiles. Franchefque Grimaldi qui eftoit venu de Rome avec moy, ne fçavoit que faire à Paris. La Reine de Suéde attiroit alors auprés d'elle de tous les

endroits

ET LES OUVRAGES DES PEINTRES. 89
endroits de l'Europe ceux d'entre les excel- BOURDON.
lens hommes dans les Sciences & dans les
Arts qui vouloient bien aller dans cette partie du Nort, & la reputation qu'elle avoit
d'aimer les belles choses, & d'estre fort liberale, porta plusieurs personnes de merite
à chercher quelque fortune auprés d'elle.

Bourdon crut qu'en attendant que les affaires se fussent retablies en France, il pourroit faire un voyage en Suéde : qu'il y seroit d'autant mieux receû qu'il estoit de la
mesme Religion que la Reine, & qu'il avoit
auprés d'elle des amis assez grands Seigneurs
pour le proteger.

Comme pendant son sejour en Suéde je
fus aussi absent de Paris, je n'eûs de ses
nouvelles que celles que vous me fistes sçavoir.

Je vous auray donc mandé, luy dis-je, de
quelle sorte il fut receû de la Reine : qu'il
commença en faisant son Portrait, à luy faire
voir ce qu'il sçavoit, & que sur les inten-
tions qu'elle témoignoit avoir de vouloir faire des choses extraordinaires en bastimens
& en Peintures, il meditoit quelque ouvrage par lequel il pust se signaler. Ce fut ce qui
porta un de ses amis à luy envoyer un dessein

Tome V. M

acccompagné d'une lettre que vous avez pu voir, dans laquelle il faisoit une ample description de ce qu'il avoit imaginé pour un superbe monument où il trouveroit de quoy faire en Architecture, en Sculpture, & en Peinture des choses assez considerables.

Il est vray, interrompit Pymandre, que Bourdon m'a entretenu quelquefois de cette Lettre, mais je ne l'ay jamais leûë.

Peut-estre, luy repartis-je, ne vous en souvenez-vous plus : en tout cas, vous pourrez la lire quand il vous plaira, car j'en ay gardé une copie.

Si vous pouvez me la montrer presentement, repliqua Pymandre, vous me ferez plaisir de ne pas differer à un autre jour.

Aussitost, pour satisfaire la curiosité de Pymandre, je me levay, & ayant tiré d'un Portefeuille l'écrit qu'il demandoit, Lisez, luy dis-je, vous-mesme ce que vous desirez voir.

Pymandre ayant pris la lettre, commença à lire tout haut.

„ Je vous envoye le dessein d'un superbe édi-
» fice que la Reine pourroit faire bastir dans
» sa Ville Capitale pour servir de Mausolée
» aux cendres du Roy son pere. La forme en
» est ronde. L'on monte d'abord vingt-cinq ou

ET LES OUVRAGES DES PEINTRES. 91

trente marches, au haut defquelles eft une « BOURDON
Terraſſe entourée d'une Baluſtrade de mar- «
bre, où l'on mettra, ſi l'on veut, pluſieurs de «
ces belles ſtatuës dont on dit que la Reine «
a un ſi grand nombre. Le Temple, placé au «
milieu de cette Terraſſe eſt entouré d'un Por- «
tique ſouſtenu de colonnes, & pour y en- «
trer il y a un Portail avancé, & compoſé de «
ſix grandes colonnes d'ordre Dorique, parce «
que les Anciens dédioient particuliérement «
aux grands hommes cette maniere de baſtir. «
Audeſſus de la Corniche regne une autre «
Baluſtrade, ſur laquelle on mettra d'eſpace en «
eſpace quelques figures, ou bien des enfans «
qui porteront differens Trophées. Sur le haut «
du Dome ſera une Renommée de bronze «
doré, qui tenant une trompette à la main, «
ſemblera annoncer à toute la terre la gloi- «
re du Grand Guſtave. Je ne détermine point «
la grandeur de ce Temple, & je ne m'ar- «
reſte pas à en marquer les proportions. L'on «
ne peut gueres s'éloigner de celles que les «
Anciens ont ſuivies. Je diray ſeulement que «
plus le baſtiment ſeroit grand & ſpacieux, «
& plus auſſi toutes les parties auroient de «
majeſté. Je ne conſidere point encore de «
quelle matiere ſeront tous les dehors : mais «

M ij

BOURDON. » pour le dedans, je le voudrois tout de mar-
» bre blanc, ou du moins d'un ſtuc bien poli;
» que toute la hauteur fuſt diviſée en deux
» ordres l'un ſur l'autre, à prendre du rez de
» chauſſée juſqu'au commencement de la cou-
» pe. Le premier ordre ſeroit Ionique, pour
» eſtre plus agréable & délicat. Les colonnes,
» ou les pilaſtres ſeroient de marbre blanc vei-
» né de noir. Entre les colonnes il y auroit des
» niches pour mettre les Statuës des Rois pré-
» deceſſeurs de la Reine, au pied deſquelles
» ſeroit un baſrelief de bronze, repreſentant
» leurs principales actions; ou bien des tables
» de marbre noir, ſur leſquelles leurs éloges
» ſeroient gravez en lettres d'or. Les chapi-
» teaux des colonnes ſeroient de bronze doré,
» & toutes les moulures & les filets de l'Ar-
» chitecture dorez. Quant à l'ornement de la
» friſe, je voudrois que ce fuſſent quantité de
» jeunes enfans, qui avec des branches de lau-
» rier & de palme, s'occuperoient à former des
» lettres d'or, en ſorte qu'on puſt lire autour
» du Temple, GUSTAVO PATRI CHRIS-
» TINA FILIA HOC MAUSOLEUM
» EREXIT. Et il me ſemble que cela ne fe-
» roit pas un effet deſagréable, parce qu'on
» verroit un ou deux enfans attentifs à faire

ET LES OUVRAGES DES PEINTRES. 93
une lettre, & que pendant qu'ils feroient « BOURDON.
diverfement occupez à noüer ces branches «
de palme & de laurier avec des rubans noirs, «
il fe trouveroit que travaillant à toutes les «
lettres enfemble, elles ne laifferoient pas «
d'eftre vifibles : car l'un acheveroit le bas, «
l'autre le milieu, & ces enfans difpofez agréa- «
blement en diverfes attitudes, cette compo- «
fition paroiftroit affez ingénieufe lors que le «
Sculpteur auroit pris foin de faire qu'il n'y «
euft rien de confus. «

Audeffus de ce premier ordre, il y au- «
roit un fecond ordre Corinthien, dont la cor- «
niche feroit fouftenuë par des pilaftres, & «
entre les feneftres qui feroient percées pour «
éclairer le Temple, on y feroit de grands Ta- «
bleaux en forme de tapifferies. «

Pour remplir ces Tableaux, vous choifi- «
rez entre le grand nombre des plus belles «
actions dont la vie du feu Roy de Suéde «
eft compofée, les plus remarquables, ou plû- «
toft celles qui font les plus propres pour «
le lieu, & les plus avantageufes pour fai- «
re paroiftre l'excellence de la Peinture. Par «
exemple, vous pourriez dans la derniere re- «
prefenter cette fameufe journée de Lutzen, «
où ce grand Prince finit fa vie en rempor- «

M iij

BOURDON. » tant la victoire sur ses ennemis. Il ne seroit
» pas à propos de le peindre combatant à la
» teste de son armée, parce que le principal
» de cette action, & qui semble l'avoir im-
» mortalisée, n'arriva qu'aprés sa mort. Il ne
» faudroit pas aussi qu'il parust expirant dans
» le sang & dans la poussiere, tandis que les
» siens seroient encore dans la chaleur du com-
» bat, & que son nom porteroit la terreur
» dans le cœur des ennemis, car la veûë d'un
» objet si funeste est toûjours desagréable, &
» un Heros ne doit jamais toucher l'esprit ni
» d'horreur ni de pitié. Il seroit donc necessaire
» dans cette rencontre de se servir du privile-
» ge qu'ont les Peintres & les Poëtes, de quit-
» ter le vraysemblable pour prendre le merveil-
» leux, principalement lors qu'ils traitent leurs
» sujets d'une maniere qui peut souffrir l'alle-
» gorie, & faire que le Roy parust en l'air con-
» duit par la main de la victoire, qui luy mon-
» treroit le champ de bataille couvert des
» corps de ses ennemis, quelques-uns étendus
» morts sur la place, d'autres respirans encore,
» d'autres qui ne seroient que blessez; plus
» loin une armée en fuite, & les troupes Sué-
» doises qui renverseroient comme un torrent
» tout ce qui s'opposeroit à elles.

ET LES OUVRAGES DES PEINTRES 95

« On pourroit representer tous les acci- « BOURDON.
dens qui arrivent dans une bataille, comme
la pouſſiere & la fumée des canons confon-
duës enſemble ; le brillant des armes meſlé
avec le feu, & l'éclair des mouſquetades ;
des gens acharnez les uns contre les autres ;
quelques-uns qui tombent de cheval, d'autres qui déja tombez réſiſtent, & ſe défen-
dent encore. Sur le devant on verroit quelques figures conſiderables, comme des Capitaines & des principaux Officiers de ce
Conquerant qui tiendroient ſes armes avec
un viſage qui exprimeroit la triſteſſe & la
douleur qu'ils reſſentent de ſa perte. Quelques-uns pourroient regarder en haut, &
le montrer à d'autres avec admiration. Il paroiſtroit ſur un nuage environné de lumiere. La victoire qui l'accompagne ſera une
femme, qui d'une main le couronnera d'une
guirlande de laurier, & de l'autre tiendra
une branche de palme. Elle aura deux grandes aiſles au dos, & ſa robe ſera toute blanche, ayant pardeſſus un manteau jaune qui
ſemblera voltiger en l'air.

Enfin ſi la conduite de ce travail vous eſtoit donnée, vous ſçavez aſſez & ce qui
ſe peut faire en telles occaſions, & de quel-

BOURDON. " le forte il faut l'executer excellemment.

" Quant à la coupe qui commenceroit au-
" deſſus de ces feintes tapiſſeries, tout ſon mi-
" lieu, c'eſt à dire le plus haut du Dome, ſe-
" roit éclairé d'une grande lumiere, & à l'en-
" droit le plus éminent paroiſtroit une belle
" femme aſſiſe ſur un Troſne d'or, ayant la teſ-
" te environnée d'une clarté trés-brillante. Sa
" robe ſeroit d'un vert d'émeraude, mais dont
" on ne verroit que fort peu, parce qu'elle
" auroit un grand manteau de drap d'or qui la
" couvriroit entierement. Sa contenance ſe-
" roit grave, & l'air de ſon viſage majeſtueux.
" D'une main, elle tiendroit un ſerpent, qui en
" ſe mordant la queuë formeroit un cercle.
" De l'autre main elle ſembleroit recevoir le
" Grand Guſtave qui luy ſeroit preſenté par
" une fille, en qui la jeuneſſe, la beauté & la
" grace ſeroient parfaitement exprimées. Elle
" ſeroit veſtuë en Amazone, ayant un caſque
" en teſte, & une lance à la main, pour ſigni-
" fier la Vertu héroïque qui conduit le Roy de
" Suéde dans le Ciel, & le preſente à l'Eter-
" nité.

" Auprés du Roy ſera la Gloire ſous la figure
" d'une jeune femme, qui d'une main luy oſte-
" ra ſa couronne d'or pour luy en mettre ſur la

teſte

ET LES OUVRAGES DES PEINTRES. 97

teste une d'étoiles trés-brillantes, & de l'au- « BOURDON.
tre donnera ses armes à la Renommée. La «
Renommée sera vestuë legerement, & en «
estat de voler & de descendre en terre. D'une «
main elle tiendra une trompette, & de l'au- «
tre les armes du Roy. «

Autour du siege de l'Eternité paroistront «
plusieurs belles femmes. La plus proche sera «
la Felicité. Elle doit estre assise sur un nuage. «
Ses cheveux blonds seront environnez d'u- «
ne branche de laurier, tenant une palme «
d'une main, & de l'autre une flamme de «
feu, regardant l'Eternité avec un air agrea- «
ble. D'un autre costé paroistra une jeune fille «
vestuë de blanc, & appuyée sur une massuë. «
Elle aura le corps à demi découvert, faisant «
voir dans ses bras & dans ses épaules quel- «
que chose de vigoureux, pour representer «
la Force. La Pieté y sera peinte comme une "
belle femme parfaitement blanche, les yeux «
vifs, le nez aquilin, vestuë d'une couleur «
rouge, ayant une flamme sur la teste, & son «
bras droit appuyé sur un Autel à l'antique. «

Plus bas, audessous du Roy de Suéde, à «
l'endroit de la Coupe qui regardera la por- «
te, seront assises les trois Parques vestuës de «
blanc, ayant des couronnes d'or sur leurs tes- «

Tome V. N

98 ENTRETIENS SUR LES VIES

BOURDON. » tes. Au milieu d'elles paroistra une femme
» d'un maintien grave & severe, couverte d'un
» manteau rouge, & tenant entre ses genoux
» un fuseau de Diamant : c'est la Nécessité, que
» Platon dit estre mere des Parques, & que
» les Anciens ont adorée comme une Divini-
» nité. Ces trois filles luy aident à tourner le
» fuseau : l'une le tient de la main droite, l'au-
» tre de la gauche, & la troisiéme y met les
» deux mains.
»   Autour des Parques il y aura huit jeu-
» nes filles qui tiendront des instrumens de
» Musique, & dont les habits seront de diver-
» ses couleurs. Ces filles sont les Sirenes qui
» habitent le haut des Cieux ; c'est à dire les
» Muses, ou les huit Spheres qu'elles repre-
Plutarque. » sentent, qui chantent avec les Parques les
» choses passées, les presentes, & les futures,
» car la neuviéme est retenuë icy-bas en terre.
»   Assez prés de la Déesse Necessité doit estre
» un enfant tout nud, beau, & agréable de vi-
» sage. D'une main il tiendra deux clefs, &
» de l'autre conduira le fil que les trois Sœurs
» tournent autour du fuseau, & qui semble
» venir du haut du Ciel. Cét enfant represen-
» te l'Amour ; & parce que les Platoniciens
» veulent que ce soit par son moyen que les

ET LES OUVRAGES DES PEINTRES. 99

« ames descendent dans les corps, & retournent
« de la terre au Ciel: que pour cela il y a deux
« portes pour en sortir, & pour y entrer; l'une
« qu'ils appellent la porte des Dieux, & l'au-
« tre la porte des hommes. C'est par cette rai-
« son que l'Amour sera representé tenant deux
« clefs, & conduisant le fil de la vie de la
« Reine de Suéde; Et comme c'est une vie de
« bonheur & de felicité, Minerve sera auprés
« de la Necessité, qui luy donnera de l'or, & de
« la soye pour mesler parmi son fil. Car quoy-
« que les Dieux mesme soient obligez d'obéir
« à cette Divinité, qui ne change rien dans
« ce qui est arresté pour la durée de la vie des
« hommes; néanmoins ils l'adoucissent, ou y
« meslent de l'amertume comme il leur plaist.

« En suite, & à main gauche, un peu plus
« haut que les Parques, doivent paroistre deux
« femmes. L'une tient une clef d'or, & ouvre un
« grand livre que l'autre soustient d'une main,
« pendant que de l'autre main elle frape avec
« une torche ardente une femme qui se glisse
« entre les nuages pour regarder dans ce livre.
« Celle qui tient la clef est la Déesse Themis,
« à qui est donné en dépost le secret de l'ave-
« nir, & qui se prépare à l'ouvrir au Roy de
« Suéde, pour luy montrer tout ce que doit

BOURDON.

BOURDON. » faire la Reine sa fille. Cette femme qui sous-
» tient ce livre est la Connoissance. Le flam-
» beau qu'elle a dans la main signifie que rien
» ne luy est caché : mais elle s'en sert aussi
» pour éblouïr la Curiosité qui veut penetrer
» dans les mysteres divins. Cette Curiosité se-
» ra representée avec des aisles au dos, & ves-
» tuë d'un habit rouge & bleu. Elle aura les
» cheveux droits, & mal ordonnez, taschant
» avec ses mains d'éloigner cette torche qui
» l'éblouït, & ces nuages qui l'offusquent.
»   Dans un autre endroit de la voute, con-
» tinuant toûjours sur la gauche, & comme
» à l'oposite des Parques, paroistra un vieil-
» lard dans un chariot tiré, si vous voulez, par
» deux cerfs, qui sembleront courir trés-viste.
» Ce vieillard aura deux grandes aisles au dos,
» le corps assez décharné, les cheveux & la bar-
» be blanches ; enfin tel qu'on peint le Temps,
» car c'est luy qu'il faut representer avec une
» faulx à la main, dont il arrachera un grand
» voile noir qui cachoit une belle femme pres-
» que nuë, & dont une partie du corps est
» environné seulement d'un crespe blanc &
» fort délié. D'une main elle tient un miroir,
» & de l'autre une branche de palme. Dans
» ce miroir on verra la figure du Roy de

Suéde de la mesme sorte qu'elle est peinte « BOURDON.
vis à vis. C'est la Verité qui la fait voir «
aprés que le Temps la découverte: l'Envie «
la cachoit avec ce voile qu'elle semble en- «
core s'efforcer de retenir : mais un hom- «
me armé à l'antique, couronné de laurier, «
tenant un javelot d'une main, & de l'autre «
un bouclier, renverse l'Envie, & chasse une «
infinité de monstres qui accompagnent cette «
malheureuse passion. Ce Heros represente le «
Merite, qui ne souffre pas que ni la Médi- «
sance, ni la Jalousie, ni les autres vices dé- «
robent aux yeux de tout le monde les bel- «
les actions : Et parce que le Merite est un «
acte de vertu qui ne s'aquiert qu'avec pei- «
ne, il faudra le representer déja un peu «
âgé, & armé de toutes pieces, pour mon- «
trer qu'il faut combatre long-temps avant «
que de recevoir quelque recompense. Quant «
à l'Envie, les anciens l'ont toûjours repre- «
sentée comme une vieille femme seche, dé- «
charnée, & vestuë d'un méchant habit de «
couleur de roüille, tout dechiré; les yeux «
de travers, les cheveux environnez de ser- «
pens; & il me semble qu'ils ont si bien réussi «
dans cette peinture, qu'il ne seroit pas be- «
soin d'y rien changer. Pour les autres vices, «

BOURDON. ,, il faut les peindre en forme de Harpies, &
,, d'autres Monstres qui se précipitent dans
,, des nuages obscurs, en jettant le feu par
,, les yeux & le venin par la bouche.
 ,,   Audessous du Merite sera assis un jeune
,, homme vestu de couleur de pourpre, ayant
,, une couronne de laurier sur la teste. D'une
,, main il tiendra une corne d'abondance plei-
,, ne de fleurs & de fruits. Dans l'autre main il
,, aura des guirlandes de laurier, parce qu'il re-
,, presente l'Honneur, & que c'est luy qui dis-
,, tribuë les récompenses. Devant eux parois-
,, tra la Reine de Suéde vestuë d'un manteau
,, Royal. Elle sera appuyée sur une belle fem-
,, me qui aura des aisles à la teste, & qui tien-
,, dra dans sa main une boule, où sera mar-
,, qué la figure d'un triangle, afin de faire
,, connoistre que c'est la Science qu'on a vou-
,, lu representer. Un peu plus bas seront as-
,, sises plusieurs autres femmes qui sembleront
,, obéir aux ordres de la Reine. Ces femmes
,, sont l'Histoire, la Poésie, la Peinture, & la
,, Sculpture, qui considerent avec attention
,, l'image du Roy.
 ,,   L'Histoire sera vestuë de blanc, & aura
,, auprés d'elle quantité de papiers. La Poésie
,, sera representée avec une couronne de lau-

rier sur la teste, couverte à demi d'un grand « BOURDON.
manteau bleu semé d'étoiles. D'une main «
elle tiendra un livre, de l'autre, elle appuye- «
ra sa teste avec une action réveuse. Assez «
proche d'elle seront trois petits enfans qui «
se joüeront, l'un tenant une fluste, l'autre «
un luth, & le troisiéme une trompette, pour «
representer les trois sortes de Poémes, le «
Bucholique, le Lyrique, & l'Héroïque. «

La Peinture sera une femme parfaitement «
belle, vestuë d'un habit de diverses couleurs, «
ayant quelque chose de grand & de ma- «
jestueux sur le visage, les cheveux noirs, «
& ajustez d'une maniere noble & agreable. «
Elle tiendra son pinceau d'une main, & de «
l'autre sa palete. Un petit enfant qui sous- «
tiendra sa toile representera le Genie de la «
peinture, parce que sans luy il est difficile «
de bien faire, & qu'il faut estre né avec «
beaucoup d'inclination à cét art pour y pou- «
voir réussir. Cét enfant aura les yeux vifs «
& penetrans, des aisles au dos de diverses «
couleurs, pour faire voir avec combien de «
promptitude le Peintre doit remarquer les «
changemens de la nature. «

La Sculpture sera aussi peinte comme une «
femme, vestuë d'un habit blanc, mais plus «

104 ENTRETIENS SUR LES VIES

BOURDON. ,, gris & plus éteint que celuy de l'Histoire,
,, ayant une Couronne de laurier fur la tefte,
,, & à fes pieds divers inftrumens neceffaires
,, à fon art : il femblera mefme qu'elle com-
,, mencera à ébaucher en marbre la Statuë du
,, Roy.

,, Aux pieds de la Reine de Suéde fera af-
,, fife une belle fille, tenant d'une main un
,, grand vafe rempli de chaifnes d'or, de mé-
,, dailles, & d'autres chofes de prix qu'elle dif-
,, tribuëra à ces jeunes enfans qui font à l'en-
,, tour de la Poéfie & de la Peinture : c'eft la
,, Liberalité ; & par ce qu'il y a du plaifir à bien
,, faire, la couleur de fon habit fera d'un beau
,, vert, qui eft le fymbole de la joye.

,, Un peu devant la Reine, fera une au-
,, tre femme affife fur un monceau d'armes
,, tenant un fceptre & une épée. Elle fera ri-
,, chement veftuë, ayant le front ceint d'un
,, bandeau royal pour reprefenter la Majefté ;
,, & derriere la Reine fera la Clemence, la
,, Charité, la Prudence, & la Vigilance, qui
,, font des qualitez dignes de la fuite de cette
,, Princeffe.

,, Vous fçavez comme chacune de ces fi-
,, gures doit eftre reprefentée, & c'eft de vous
,, que toutes ces chofes doivent tirer leur plus

grande

ET LES OUVRAGES DES PEINTRES. 105
grande beauté, tant pour les attitudes diffe- « BOURDON.
rentes, pour la diverſité des mouvemens, «
pour la beauté des airs de teſtes, l'expreſſion «
des viſages, l'agencement des habits, que «
pour la riche diſpoſition de tous ces corps, «
& de leurs differentes parties. «

Je vous ay marqué que Themis paroiſtra «
tenant le livre des choſes futures; & par ce «
que cet eſpace de lieu où elle ſera placée ne «
me ſemble pas aſſez rempli de figures, il ſe- «
roit à propos qu'elle fuſt accompagnée de «
la Juſtice, de la Loy, & de la Paix, qu'on «
dit eſtre ſes trois filles, quoy-qu'elle ſoit ſou- «
vent priſe elle-meſme pour la Juſtice. Mais «
je voudrois auſſi qu'il paruſt comme elle «
envoye la Paix vers la Reine de Suéde, éta- «
blir le repos dans ſes Eſtats, & l'aſſeûrer d'une «
parfaite tranquillité. Pour cét effet vous re- «
preſenteriez une femme veſtuë d'un habit «
incarnat, tenant d'une main une corne d'a- «
bondonce, & de l'autre une branche d'oli- «
vier : mais il faudroit qu'elle fuſt dans une «
action qui ſembleroit la faire deſcendre vers «
ſa Majeſté. «

Je ne ſçay ſi je me ſuis expliqué aſſez «
nettement dans la deſcription de ces Peintu- «
res, & ſi le long recit que j'ay cru devoir «

Tome V. O

BOURDON „ faire pour en mieux marquer toutes les par-
„ ticularitez ne vous en fera point paroistre
„ l'ordonnance ou confuse, ou remplie de trop
„ d'ouvrage. Je vous diray neanmoins qu'il
„ me semble, selon l'idée que je m'en suis fai-
„ te, qu'il n'y a point de figure qui ne puisse
„ estre mise chacune en son lieu : Car vous
„ sçavez que l'excellence de vostre art consiste
„ en ce que par le moyen des enfoncemens,
„ que la Perspective vous aide à bien repre-
„ senter, l'on trouve la place à beaucoup de
„ choses qui embarasseroient si on les mettoit
„ sûr un mesme plan : Mais comme vous sça-
„ vez parfaitement bien cette partie d'ordon-
„ nance, ainsi que toutes les autres, il n'est
„ pas necessaire que j'en parle davantage.
„   Au milieu de ce Temple seroit la Sepul-
„ ture du Roy ; & pour faire un Tombeau di-
„ gne d'un si grand Monarque, sans m'arrester
„ à parler icy des mesures qui seroient toû-
„ jours proportionnées à celles du Bastiment,
„ je voudrois qu'il fust de marbre blanc; que
„ la forme en fust quarrée en maniere de pié-
„ destal élevé sur trois grandes marches de
„ marbre noir : mais qu'entre les marches &
„ la base du piédestal il y eust un quarré aussi
„ de marbre noir en forme de Dé, qui servi-

roit à relever davantage le piédestal, & luy «Bourdon.
donner plus de grace. Que sur la base du «
piedestal il y eust deux Statuës de bronze «
doré à chaque face du Tombeau, qui en fa- «
çon de Termes en suporteroient la corniche. «
Ces figures representeroient les principaux «
Estats du Royaume de Suéde. Elles tien- «
droient comme enchaisnées quelques autres «
Statuës aussi de bronze, ou de marbre blanc, «
assises à leurs pieds, qui seroient des Provin- «
ces conquises. Leurs postures paroistroient «
contraintes, comme celles des Esclaves que «
l'on represente ordinairement. «

Aux quatre faces du piédestal seront qua- «
tre Basreliefs de cuivre representant quel- «
ques-unes des plus belles actions du feu Roy, «
comme des Villes prises, ou des Batailles «
gagnées, ou bien quelques Emblêmes tail- «
lez en demi-bosse sur le marbre blanc. Sur «
le haut de ce Tombeau doit estre élevé un «
Trophée de differentes armes, du milieu des- «
quelles & parmi des flâmes d'or sortira un «
Phœnix aussi d'or, & dans un drapeau sera «
écrit d'un caractere assez gros, CLARIOR «
RESURGO. A la face qui regarde l'entrée du «
Temple sera fait une ouverture pour une des- «
cente de cave. Il y aura une porte dont les «

O ij

jambages & le linteau feront de marbre noir. " Les deux batans ou fermetures feront de " bronze, où paroiftront élevez en boffe plu- " fieurs feftons faits de branches de Pin, de " Cyprés, & de Peuplier, arbres lugubres, & " confacrez aux funerailles. Aux deux coftez " de la porte feront affifes deux figures de " marbre blanc, reprefentant les Genies des " deux principaux Royaumes que poffedoit le " Roy de Suéde; & fur le frontifpice de la " porte tombera un grand rouleau de cuivre, " où fera écrit l'Epitaphe du Roy. Une fem- " me affife doit tenir ce rouleau tout déployé. " Cette figure de femme fera de marbre blanc, " couverte d'un grand voile, ayant auprés " d'elle une de ces manieres d'Urnes antiques. " Sa contenance abbatuë, & l'air de fon vi- " fage trifte la fera affez connoiftre pour la " Douleur.

" Pour defcendre dans ce Tombeau il y " aura plufieurs degrez. La figure en fera ron- " de par dedans, la voute fans ornement, mais " faite d'un marbre noir femé de larmes d'or " en boffe autant plein que vuide; & au fond " du caveau, vis-à-vis la porte, paroiftra la fi- " gure du Roy couchée fur un lit de repos, " auffi de marbre noir. Cette figure fera de

ET LES OUVRAGES DES PEINTRES, 109
marbre blanc, vestuë d'une cuirace à l'anti- «Bourdon.
que, & couverte d'un grand manteau Royal, «
ayant la teste appuyée sur un carreau que «
souftiendront deux jeunes Enfans aussi de «
marbre blanc, & assez ressemblans par les «
traits de leurs visages. Ces Enfans represente- «
ront le Sommeil & la Mort. Le premier pa- «
roistra assoupi, ayant des aisles au dos, & te- «
nant une corne d'abondance d'où sortiront «
quelques pavots & une espece de vapeur. «
L'autre sera dans une action éveillée, foulant «
aux pieds des Sceptres & des Couronnes, & «
tenant à la main un dard, pour témoigner son «
pouvoir. Dans ce caveau & sur une maniere «
de Socle de marbre noir qui regneroit tout «
autour, seront assis douze Amours de mar- «
bre blanc, qui d'une main tiendront cha- «
cun un flambeau éteint & renversé, & de «
l'autre une lampe à l'antique, qui represen- «
tant ce feu inextinguible que l'on mettoit «
autrefois dans les tombeaux, signifiera aussi «
l'amour des peuples qui conserveront à ja- «
mais la memoire d'un si grand Prince. «

Encore que je sois assez exact à represen- «
ter toutes les figures des Tableaux, & que «
j'en aye marqué l'ordonnance & la dispo- «
sition; néanmoins je ne prétens pas lier les «

O iij

BOURDON. » mains pour ainsi dire aux Ouvriers, & em-
» pescher qu'ils n'employent la force de leur
» imagination dans une si noble entreprise, soit
» pour augmenter les choses qui ne seroient pas
» assez remplies, soit pour diminuer celles où
» l'excés apporteroit de la confusion. Je leur
» laisse de plus une liberté entiere d'embellir le
» Tombeau d'ornemens & de richesses que je
» n'ay pas décrites.

Pymandre ayant achevé de lire, Il est vray, dit-il, que voilà le projet d'une entreprise bien grande & bien considerable. Mais comme on peut croire que la Reine de Suéde avoit deslors un dessein plus important, & qu'elle pensoit déja au changement que l'on a veû depuis, il y a bien apparence que quand on luy auroit proposé un si grand ouvrage, elle n'auroit pas songé à le faire excuter. Il auroit fallu employer bien du temps, & faire beaucoup de dépense, supposé mesme que l'on eust trouvé sur les lieux des materiaux & des ouvriers capables d'executer un édifice si magnifique.

On n'auroit pas deû, repartis-je, executer une pensée aussi peu digerée que celle-là. Comme ce n'estoit qu'une imagination vague, ne croyez pas qu'il n'y eust dans la

ET LES OUVRAGES DES PEINTRES. 111
composition, des defauts que je pourrois bien BOURDON. vous faire remarquer si nous venions un jour à examiner de semblables sujets. Mais pour reprendre mon discours, je vous diray que Bourdon, bien éloigné de travailler en ce païs-là à de grands Tableaux, il ne fit que quelques Portraits pendant le peu de temps qu'il y demeura, car il ne fut pas long-temps à son voyage; & ce fut aprés son retour qu'il travailla à des desseins de tapisseries, & à plusieurs Tableaux pour des Particuliers, & qu'il entreprit de peindre dans l'Isle de Nostre Dame la Galerie de M. le Président de Bretonvilliers. Cét ouvrage est le plus grand qu'il ait fait. Il y a une fraischeur & une vivacité de couleurs qui surprend d'abord, & pourveû que l'on n'y cherche que les parties de la Peinture dont Bourdon avoit le plus de pratique, l'on connoistra dans toutes les figures qui remplissent la voute, & dans les ornemens qui enrichissent le lambris, qu'il fit tous ses efforts afin que ce fust son chef-d'œuvre. Il est vray aussi que depuis ce temps-là il a fait beaucoup d'autres ouvrages qui n'en approchent pas; ce qu'on peut attribuer au peu de fond qu'il avoit fait dans sa jeunesse;

BOURDON. car pendant le peu de temps qu'il fut à Rome, il n'eût pas le loisir d'étudier tout ce qui regarde la theorie & la pratique de son art. Presque aussitost qu'il y fut arrivé, il eût un differend avec un Peintre nommé De Rieux, qui le menaça de le dénoncer au Saint Office, & de faire connoistre qu'il n'estoit pas Catholique; ce qui l'obligea de sortir en diligence des terres du Pape, de crainte d'estre aresté; de sorte que n'ayant fait que passer par Venise, il revint bientost en France pour travailler en liberté. Mais le besoin de pourvoir à sa subsistance ne luy donna ni le temps ni le moyen d'étudier assez tout ce qu'un Peintre doit sçavoir : joint à cela que la vivacité de son esprit, la facilité naturelle qu'il avoit à representer toutes sortes de sujets, soit des Histoires, soit des Païsages, dont il estoit trés-bien payé, le portoient aisément à ne penser qu'à satisfaire ceux qui se contentoient de ses Tableaux en l'estat où il les mettoit : Et il est vray mesme que ses premieres pensées, & ce qu'il finissoit le moins estoit souvent beaucoup meilleur que les choses qu'il vouloit terminer davantage, parce que dabord le feu de son imagination luy fournissoit de quoy satisfaire les yeux :

mais

ET LES OUVRAGES DES PEINTRES. 113
mais lors qu'il taſchoit de bien finir un ſujet, BOURDON.
il demeuroit court, & ne pouvoit pas le mettre au point où il euſt deû eſtre. Ainſi par un travail peu éclairé il obſcurſiſſoit plûtoſt ſes premieres idées qu'il ne les rendoit claires & belles. C'eſt ce qu'on a veû ſouvent dans des portraits de ſa main : car bien qu'il priſt tous les ſoins poſſibles à faire une teſte achevée, on remarquoit que plus il vouloit approcher du naturel & de la reſſemblance, plus il s'en éloignoit, faute de connoiſtre aſſez les principes de ſon art : ſemblable en cela à pluſieurs autres Peintres, qui pour bien peindre une teſte vont cherchant hors de leur ſujet des moyens pour faire paroiſtre la reſſemblance, & bien exprimer le naturel. Au lieu qu'un ſçavant homme ne ſe ſert que de la nature meſme pour en imiter tous les traits, & ne ſonge à mettre ſur ſa toile que l'image de ce qu'il voit, ſans rapeller dans ſa memoire les idées de quelques autres portraits pour en ſuivre les manieres ; ni croire que par le ſecours de certaines maximes, & de quelques obſervations qu'il aura faites ſur les ouvrages d'autres Peintres, il puiſſe arriver à faire quelque choſe plus parfait que ce que la nature, qu'il a preſente, luy enſeigne elle-meſme.

Tome V. P

BOURDON. C'estoit souvent ce souvenir de quantité de Tableaux que Bourdon avoit veûs, & qu'il vouloit imiter, qui affoiblissoit ses ouvrages. Car qu'un Peintre ait l'esprit plein de plusieurs choses qu'il aura veûes, ou mesme que son imagination luy fournisse un grand nombre de pensées, s'il n'a assez d'esprit & de jugement pour les bien ordonner, tout son ouvrage sera rempli de confusion. Il est d'une trop grande abondance de pensées comme d'une populace, dont Tacite dit, que n'ayant point de Conducteur, elle est toute tremblante, toute effrayée, & toute étourdie: Et comme l'âge diminuë beaucoup du feu de la jeunesse, & qu'il n'y avoit que ce feu qui brilloit dans ses premiers ouvrages, on voit que ses derniers ne sont pas les plus estimez. Pour ceux de sa premiere maniere, il s'en voit quantité que l'on considere. Il s'en trouve à Munich dans le cabinet du Baron de Mayer qui tiennent leur place parmi plusieurs autres d'excellens Maistres. A peine avoit-il achevé le Platfond d'une chambre de l'Apartement bas des Tuilleries, lors qu'il mourut Recteur de l'Académie. Il a laissé des filles qui peignent fort bien de Miniature.

Vulgus sine Rectore pavidum, socors.

En Mars 1671.

Entre les Peintres de l'Academie qui moururent en ce temps-là, je me souviens de SIMON FRANÇOIS beaucoup plus connu par sa vertu, & ses bonnes mœurs, que par ses Peintures: Il nasquit à Tours l'an 1606. Dés sa jeunesse Dieu luy donna une forte inclination pour la retraite, à quoy il auroit joint l'estat de pauvreté en se faisant Capucin, si ses parens ne l'en eussent point empesché. Ce refus luy fit former le dessein d'estre Peintre, auquel ils ne s'opposerent pas avec moins de violence. Il est vray que ce n'estoit point une inclination, & une pente naturelle qui le portast à choisir cette profession plûtost qu'une autre. Ce desir ne luy vint qu'aprés avoir veû un Tableau de la Nativité de Nostre Seigneur, dont il fut si touché qu'il résolut d'apprendre un Art qui par la force de ses expressions sçavoit fraper le cœur aussi vivement que les yeux. Son pere estoit particulierement connu du Mareschal de Soûvré, qui sçachant les loûables inclinations de ce jeune homme, le prit chez luy, & l'ayant mené à Paris, luy fit apprendre à dessiner. L'application avec laquelle il se mit à étudier le rendit bientost capable de peindre. Dabord il fit des Portraits, & ensuite, par le credit du Mareschal de Souvré, il copia plusieurs des meilleurs Tableaux qui fussent à Paris. Aprés la mort du Mareschal, il trouva un nouveau Protecteur en la personne du Comte de Béthune, qui s'en allant Ambassadeur à Rome, le mena avec luy, & luy procura une pension du Roy. Il y demeura jusqu'en l'année 1638. Mais avant que de quitter l'Italie, il passa à Bologne, où il fit connoissance avec le Guide, qui fit son Portrait. Il s'arresta aussi à Turin à faire quelques Tableaux. Estant arrivé à Paris dans le temps que la Reine venoit de donner un Dauphin à la France, il fut assez heureux pour estre le premier Peintre qui eût l'honneur de faire son Portrait. La Reine en fut si contente qu'elle luy ordonna de faire un Tableau pour mettre auprés de son lit, où elle fust representée en Vierge avec le petit Jesus ressemblant à Monseigneur le Dauphin. Il y travailla aussitost, & son travail auroit eû un favorable succés sans une rencontre inopinée qui renversa toutes ses esperances. La Reine estoit dans l'impatience d'avoir son Tableau; & François l'ayant fait porter à Saint Germain, & mis dans la chambre de

Monseigneur le Dauphin, une personne de qualité, qui avoit beaucoup d'estime pour François, croyant que le Cardinal de Richelieu qui sçavoit reconnoistre le merite de tous les sçavans hommes, récompenseroit plus avantageusement son travail que ne pouvoit alors faire la Reine, luy voulut persuader d'en faire present à son Eminence, & sur le refus qu'il en fit luy arracha des mains le Tableau, & aussitost le fut presenter au Cardinal, qui le donna à M. de Cinq-Mars, & ce Favori le donna au Roy.

La Reine qui sceût cela bientost aprés, mais qui ignoroit la violence qu'on avoit faite au Peintre, fut si indignée contre luy, qu'elle n'en voulut plus entendre parler, ni regarder ses ouvrages.

Le Cardinal de Richelieu luy fit faire quelques Tableaux dans un de ses Cabinets. M. de Noyers vouloit aussi le faire travailler pour le Roy: mais la mort du Cardinal, & en suite celle du Roy, rompirent tous les desseins que François pouvoit avoir faits sur les esperances qu'on luy donnoit. De sorte qu'ayant résolu de quiter la Cour où il avoit eû plus d'applaudissement que de bonne fortune, il se disposa à mener une vie retirée,

& en s'occupant paifiblement à fon travail, penfer en mefme temps à fon falut.

Pour cela il ne voulut plus faire que des Tableaux de dévotion, & quelques portraits de fes plus particuliers amis. Il peignoit avec beaucoup de grace & de douceur. La fainteté des fujets qu'il choififfoit, & la fraîcheur de fon coloris les faifoient rechercher particulierement des perfonnes pieufes, qui n'ayant pas une grande connoiffance de la perfection de la Peinture, ne defirent que des chofes agreables. On voit plufieurs de fes ouvrages dans des Cabinets & dans des Eglifes de Paris, comme au grand Autel des Jefuites, à celuy de l'Inftitution des Peres de l'Oratoire, aux Incurables, aux Minimes, & aux Religieufes de la Vifitation. Il y en a auffi à Tours en differens endroits.

Ayant dés fa jeuneffe vefcu avec beaucoup de piété, il a continué jufques à la fin de fes jours fes mefmes exercices de dévotion qui pouvoient fervir d'exemples à de tres-parfaits Religieux. Il eftoit extrémement fobre, patient dans toutes les afflictions d'efprit & de corps, humble, fincere, charitable aux pauvres qui le regardoient comme leur Pere, ennemi de toute médi-

ET LES OUVRAGES DES PEINTRES 119
fance, & mefme de toutes paroles vaines & FRANÇOIS.
inutiles. Pendant les huit dernieres années
de fa vie il fut affligé de la pierre ; & quoy-
que ce mal luy caufaft des douleurs horri-
bles, il les fouffroit avec une patience in-
croyable, jufqu'à ce qu'enfin ne pouvant
plus y réfifter, il mourut le 22. May 1671.
Aprés fa mort on luy tira du corps une pierre
pefant feize onces. Il fut enterré dans le Ci-
metiere des pauvres de Saint Sulpice, comme il l'avoit ordonné luy-mefme par un fen-
timent d'humilité, & un amour tout particulier qu'il avoit toûjours eû pour la pauvreté de Jefus-Chrift.

NOCRET, qui eftoit de Lorraine, & dif- NOCRET.
ciple du Clerc, dont je croy vous avoir parlé, peignoit d'une maniere fraîche & agréable. Il avoit long-temps travaillé en Italie
à faire des Portraits. Quoy-que ce fuft fon
principal talent, vous avez veû qu'il a fait
neanmoins d'affez grands ouvrages à Saint
Cloud dans la Maifon de Monfieur, & aux
Tuileries dans l'Apartement de la Reine, où il
a reprefenté cette Princeffe en divers endroits
fous la figure de Minerve. Il eftoit Recteur de
l'Academie lors qu'il mourut en 1672.

Ce fut dans la mefme année que mourut

Monsieur le Chancelier Seguier. L'Academie Royale de Peinture & de Sculpture, qui depuis plusieurs années l'avoit toûjours consideré comme son Pere & son Protecteur, n'ayant pu souffrir la perte de ce grand homme sans en ressentir une douleur extréme, résolut de luy faire un Service autant solennel qu'il seroit en sa puissance. Comme il me semble que vous n'estiez pas alors à Paris, je vous feray, si vous le desirez, une relation de ce qui se passa dans les honneurs funébres que l'Academie crut devoir rendre à la memoire de son illustre Protecteur, pourveû qu'un discours qui sera peut-estre un peu long ne vous soit pas ennuyeux.

Au contraite, dît aussitost Pymandre, je seray bien-aise d'apprendre de vous quel fut le succés de cette ceremonie.

L'Academie, repris-je, ayant choisi l'Eglise des Reverends Peres de l'Oratoire de la ruë Saint Honoré comme la plus commode pour élever une Representation funebre, & M. le Brun Premier Peintre du Roy en ayant fourni le principal Dessein, plusieurs des autres Peintres & Sculpteurs de l'Academie contribuérent par leurs differens ouvrages à mettre cette Eglise en l'estat que je vas décrire.

ET LES OUVRAGES DES PEINTRES. 121

Au milieu de la Nef paroiſſoit le Tombeau, & ce qu'on appelle Catafalque.

La baſe de tout ce Tombeau eſtoit un grand Zocle de marbre blanc & noir, de figure quarrée, mais plus long que large, ſur lequel s'élevoient ſix degrez garnis d'une infinité de lumieres. Sur ce Zocle, & dans ſes angles, il y avoit quatre piédeſtaux de marbre noir. Dans le tympan de chacune de leurs faces eſtoient les armes de M. le Chancelier, & au deſſus quatre figures de Mort aſſiſes. Elles tenoient d'une main les maſſes qu'on porte ordinairement devant les Chanceliers de France, mais veritablement briſées par le haut qui eſtoit environné de Cyprés, & ſe terminoit en une torche ardente. De l'autre main Elles ſoûtenoient les marques des Dignitez dont le défunt a eſté honoré pendant ſa vie.

Elles eſtoient couvertes de grands manteaux, qui leur donnant plus de majeſté, ſervoient en meſme temps à cacher une partie du ſquelette, qui euſt eſté un objet trop affreux & deſagreable à voir.

Entre ces figures, mais plus bas, eſtoient quatre autres figures de femmes aſſiſes & dans une contenance abbatuë & toute de-

Tome V. Q

folée. Elles repreſentoient l'Eloquence, la Poéſie, la Peinture, & la Sculpture ; & dans les faces des piédeſtaux ſur leſquels elles eſtoient poſées, on avoit écrit en lettres d'or, ſçavoir audeſſous de l'Eloquence ces paroles, DEFICIT INGENIUM.

Audeſſous de la Poéſie, ARS MIHI NON TANTI EST VALEAS MEA TIBIA.

Audeſſous de la Peinture, ET CEDENT ARTI TRISTIA FATA MEÆ.

Et ſous la Sculpture, ET AFFLICTIO SPIRAT REVERENTIA.

Sur le plus haut des degrez & ſur les quatre angles paroiſſoient quatre autres figures de femmes debout, & dans une action triſte & déplorée. Leurs habits eſtoient ſemez d'Etoiles d'or. Elles repreſentoient la Juſtice, la Science, la Fidelité, & la Pieté. D'une main elles tenoient les marques qui les font connoiſtre, & de l'autre elles ſoûtenoient audeſſus de leurs teſtes un Zocle de marbre noir. Sur ce Zocle eſtoit un Tombeau de porphire travaillé d'une maniere antique & ſçavante, enrichi dans tous ſes angles de teſtes de Mort avec des aîles, & d'autres ornemens de marbre blanc & de bronze doré.

Audeſſus de ce Tombeau eſtoit la repre-

ET LES OUVRAGES DES PEINTRES. 123
sentation dont l'on a accoustumé de couvrir les corps des défunts lors qu'ils sont exposez à l'Eglise, c'est à dire un grand Poile de velours noir traversé d'une croix de toile d'argent, enrichi des armes du défunt, & rebordé d'Hermine.

Cette representation estoit sous un dais aussi de velours noir. Au dessus de ce funeste appareil paroissoit une grande pyramide dont la base avoit une étenduë égale à celle du Catafalque, & formoit une espece de corniche proportionnée à son exhaussement.

Cette pyramide couverte d'Etoiles d'or, & chaque Etoile garnie d'un cierge de cire blanche, estoit soûtenuë en l'air par quatre figures de jeunes hommes, ayant des aîles au dos, & qui portoient les marques qu'on donne à l'Eloquence, à la Poésie, à la Peinture, & à la Sculpture.

Ces mesmes figures soûtenoient aussi un grand pavillon noir semé d'Etoiles d'or, & de larmes d'argent, qui sortoit de dessous une large campane dont la base de la pyramide estoit couronnée. Cette campane estoit ornée de testes de Belier d'argent, & au lieu de houpes qui sont attachées aux extrémitez des campanes ordinaires, il y avoit à celle-

Q ij

cy des larmes d'argent.

Au haut de la pyramide paroissoit une Urne de bronze doré, d'où sembloit sortir de la flâme & de la fumée, & audessus une figure de femme soûtenuë en l'air par de grandes aîles qu'elle avoit au dos. Elle estoit couronnée d'Etoiles d'or, & vestuë d'un grand manteau semé d'Etoiles aussi d'or. D'une main elle tenoit un Sceptre, & de l'autre un Bouclier environné d'Etoiles sur lequel estoit le nom de M. le Chancelier en lettres d'or.

Vous sçavez que dans toutes sortes d'ouvrages la disposition est une des principales parties, & celle où l'on reconnoist d'abord la force d'esprit, & le jugement de ceux qui en sont les Auteurs. Dans l'Ouvrage dont je parle, la disposition estoit d'autant plus digne de consideration que toutes choses y gardoient entre elles une juste proportion, & que non seulement de toutes les differentes parties qu'on y voyoit il s'en formoit un beau tout, mais encore à cause du rapport qu'il y avoit entre ce Tombeau & le lieu où il estoit élevé : car quoy-que l'Eglise fust remplie de cét appareil funebre, elle ne se trouvoit point neanmoins embarassée par la quantité des fi-

-gures qui eſtoient diſpoſées de maniere qu'elles n'empeſchoient point que du bas de la Nef tout le peuple ne puſt voir juſques ſur l'Autel.

Outre que cette diſpoſition de figures contribuoit infiniment à la belle ordonnance de ce Mauſolée, & à la commodité des ſpectateurs, elle convenoit encore plus parfaitement à l'expreſſion de tout le ſujet, qui eſt une des choſes que l'on doit davantage conſiderer dans de pareilles rencontres. Car les quatre figures de femmes qui repreſentoient l'Eloquence, la Poéſie, la Peinture, & la Sculpture, n'avoient eſté placées audeſſous de toutes les autres que pour marquer davantage les effets de la douleur & de la triſteſſe qui abbatent de telle ſorte les perſonnes qui en ſont fortement touchées, qu'elles ne trouvent point de lieu aſſez bas où elles puiſſent deſcendre, la premiere impreſſion qu'une extréme douleur fait ſur les hommes, eſtant de les humilier, & comme les anéantir. C'eſt ce qui paroiſſoit parfaitement bien dans ces quatre figures qu'on n'avoit repreſentées de la ſorte que pour marquer la douleur des deux celebres Academies dont M. le Chancelier eſtoit Protecteur.

On voyoit l'Eloquence au pied du tombeau, se serrant les genoux de ses mains, élevant les yeux au Ciel, comme si elle eust perdu l'usage de la voix, & ne luy restant plus que des soupirs pour exprimer son affliction.

La Poésie qui estoit à l'un des costez, avoit les yeux baissez, la teste appuyée sur une de ses mains, & à ses pieds un Systre qu'elle abandonne dans l'excés de sa douleur.

La Peinture estoit en face de l'Autel, abbatuë, & comme sans aucun sentiment. Elle tenoit une palete & des pinceaux dont il sembloit qu'elle n'eust plus la force de se servir.

De l'autre costé estoit la Sculpture. Elle avoit auprés d'elle un Buste de Monsieur le Chancelier qui estoit l'objet de son travail. Mais comme si la lumiere du jour luy eust esté funeste, elle estoit toute couverte de son manteau, & à peine pouvoit-on voir son visage. Cependant quelque caché qu'il fust, l'on y appercevoit & beaucoup de douleur, & beaucoup de tristesse.

Les figures de Mort qui estoient sur les quatre piédestaux, n'estoient pas dans de sem-

ET LES OUVRAGES DES PEINTRES. 127
blables actions : elles paroissoient comme triomphantes. Leur contenance estoit fiére, & le grand manteau qui les couvroit tenoit quelque chose de ceux dont les Empereurs Romains se paroient aux jours de leurs triomphes. Aussi avoient-elles comme eux la teste couronnée de laurier, & pour marque de leur victoire portoient, comme j'ay dit, les dépouïlles de celuy qu'elles avoient surmonté. Car il y en avoit une qui tenoit le Mortier de Chancelier, l'autre une Couronne de Duc, la troisiéme avoit sous ses pieds la cassette des Sceaux, & la quatriéme portoit à la main une table où estoit écrit le nom & l'âge de feu M. le Chancelier audessous des noms de ses Ayeux. C'estoit une espece de leçon à tous les assistans pour les faire souvenir qu'il n'y a rien sur la terre qui ne soit soumis à l'empire de la Mort ; Que la noblesse du Sang, les grandeurs, les plus hauts emplois, & les dignitez les plus élevées sont de sa dépendance comme les moindres fortunes ; Que toutes choses passent & succedent les unes aux autres. M. le Chancelier a succedé à ses peres, & il est passé comme eux. Son âge de 84. ans marqué comme une

chose considerable audessous de son nom, n'estoit que pour montrer qu'à quelque âge qu'on puisse arriver, il faut tomber entre les mains de la Mort. Que la plus longue vie se termine comme la plus courte. Que la longueur de nos jours est l'Eternité, & qu'il n'y a rien de long que ce qui est éternel, selon le langage de l'Ecriture.

Ces Masses brisées, & dont on voyoit une partie aux pieds de la Mort, estoient là pour marquer encore plus particulierement qu'elle fait ce qu'elle peut afin qu'il ne reste rien de toutes les grandeurs & de toutes les dignitez que les hommes ont possedées. Cependant quelque effort qu'elle employe pour établir un pouvoir si absolu, elle ne peut toutefois l'étendre que sur les biens de la fortune, principalement à l'égard des grands personnages qui se sont distinguez des autres hommes par des vertus, & des qualitez extraordinaires; Et c'est ce qu'on avoit representé par les quatre principales vertus que Monsieur le Chancelier possedoit, lesquelles s'élevant audessus de la Mort, élevent en mesme temps son corps, & ne souffrent pas qu'elle en triomphe, comme elle semble faire de ses grandeurs temporelles.

Ces

Ces jeunes hommes repréfentez comme des Anges avec des aifles au dos, & qui fembloient fouftenir la Pyramide de feu & de lumiere dont tout le Monument eſtoit couvert, marquoient, ainfi que j'ay déja dit, les Genies de l'Eloquence, de la Poéſie, de la Peinture, & de la Sculpture aſſiſes au pied du Tombeau comme mourantes & outrées de douleur. Car bien que d'ordinaire les figures allegoriques, telles qu'eſtoient celles de ces quatre Arts, foient faites pour reprefenter tout enſemble les Arts & le Genie de ceux qui travaillent, l'on peut bien auſſi ſous des figures particulieres diſtinguer les Sciences & les Arts d'avec les Genies des hommes ſçavans. C'eſt ainfi que les Anciens en ont uſé, lors qu'ils ont repreſenté des Villes, des Provinces, & d'autres choſes femblables, comme on peut voir par pluſieurs de leurs Médailles, où dans les unes la ville de Rome eſt figurée d'une maniere, & dans les autres le Genie du peuple Romain eſt repreſenté d'une autre ſorte.

C'eſt pourquoy ceux qui avoient donné leurs ſoins à la compoſition de tout cét ouvrage, ayant cru que ſi par les figures des femmes qui eſtoient au bas du Tombeau,

Tome V. R

l'on pouvoit bien repreſenter l'Academie de l'Eloquence, & celle des Peintres & des Sculpteurs accablez de douleur par la mort de leur illuſtre Protecteur, l'on pouvoit bien auſſi par ces autres figures des jeunes hommes qui avoient des aiſles, marquer les Genies de ces ſçavans hommes, qui par la force de leur eſprit travaillent à élever un Monument éternel à la mémoire de leur Bienfaicteur. Et c'eſt ce qu'on avoit prétendu figurer par cette Pyramide toute de feu & élevée en l'air, où premierement on vouloit faire voir par cette élevation que leur reconnoiſſance eſt toute ſpirituelle, c'eſt à dire encore plus grande par les ſentimens de leur ame que par les actions exterieures de leurs corps. Secondement, par la lumiere & le feu, marquer l'ardeur de l'amour qui les enflamme. Et en troiſiéme lieu, par cette figure pyramidale, ſymbole de l'Eternité, ſignifier que leur reconnoiſſance & leur amour n'auroit point de fin.

Au plus haut de la Pyramide eſtoit l'Urne dont j'ay parlé, & de laquelle ſortoit une flamme, qui eſt toûjours le hierogliphe de la Vertu qui éleve les hommes au Ciel. On voyoit audeſſus de cette flamme une figure qui repreſentoit l'Immortalité, qui empor-

ET LES OUVRAGES DES PEINTRES. 131
toit avec elle le nom de M. le Chancelier écrit sur le bouclier qu'elle tenoit.

L'Eglise toute tenduë de noir, & qui n'avoit de lumiere que celle d'une infinité de cierges allumez, paroissoit bien un lieu de tristesse & de douleur. Il n'y avoit point d'endroit où les armes du Défunt ne fussent attachées comme autant de Trophées que la Mort avoit arborez pour marque de sa victoire. La frise qui regne autour de l'Eglise avoit pour ornement les pieces qui composent les armes de M. le Chancelier. Sur la corniche du Chœur il y avoit des figures de Mort qui tenoient les instrumens qui servent aux Funerailles & aux Pompes funebres; & sur la corniche de la Nef, au lieu de plaques, & des chandeliers pour porter les cierges, on avoit mis des horloges de sable avec des aisles & des étoiles d'or entre deux.

Mais comme l'intention de ceux qui avoient conduit cét ouvrage estoit de representer une diversité d'actions dans toutes les figures, pour rendre le sujet plus grand & plus ingenieux, on voyoit que si d'un costé la Mort faisoit montre de son pouvoir, & sembloit triompher des Dignitez de M. le Chancelier, les Sciences & les

R ij

132 ENTRETIENS SUR LES VIES
Arts s'empreſſoient auſſi à relever la gloire de ce digne Miniſtre.

Pour cela ſur l'arcade qui fait l'ouverture du Chœur on avoit peint au naturel deux Figures de Femmes, qui repreſentoient la Peinture & la Sculpture. Elles eſtoient toutes éplorées, & comme ſurpriſes au bruit de la mort de M. le Chancelier, que deux figures de Mort ſembloient leur annoncer avec des trompettes qu'elles tenoient à la bouche. Les deux femmes eſtoient accompagnées de pluſieurs petits enfans, qui eſtoient comme les Amours de la Peinture & de la Sculpture. Et audeſſous de ce Tableau eſtoit écrit en lettres d'or ſur une table de marbre noir:

QUID SPECTAS GALLIA?
NON HOMINIS MAUSOLEUM EST,
SED VIRTUTIS TROPHÆUM.
NE MORTUUM CREDAS, CUIUS IN
AUGUSTISSIMO
REGIS PECTORE FELIX MEMORIA
ASSERVATUR ET VIGET.
HIC VIR, HIC EST ILLUSTRISSIMUS
PETRUS SEGUERIUS,
QUI IN PURPURA NATUS, IN THE-
MIDIS SINU EDUCATUS,

QUADRAGINTA FERME ANNIS GAL-
LIARUM CANCELLARIUS,
REGNIQUE INDEFESSUS ADMI-
NISTER FUIT.
MAGNIFICENTISSIMO LIBERA-
LIUM DISCIPLINARUM PROTECTORI,
NOBILES IN ARTE PINGENDI
ET SCULPENDI MAGISTRI
PIISSIMÆ GRATITUDINIS MO-
NIMENTUM HOC FECERE.
M. DC. LXXII.

C'estoit par cét éloge que les Sciences paroissoient comme s'opposer aux insultes de la Mort, & qu'en suite on voyoit les Amours de la Peinture qui s'efforçoient de leur costé à relever le nom & la memoire de leur Protecteur dans ce mesme lieu où ses grandeurs sembloient comme renversées. Car tout autour de l'Eglise ils estoient occupez à soustenir son Nom & ses Armes qui pendoient en forme de festons avec des Devises faites à l'honneur du Défunt, & qui avoient rapport au sujet representé dans les Tableaux qu'elles accompagnoient.

Ces Tableaux estoient peints en maniere de basreliefs, ébauchez seulement avec une seule couleur, & faits avec précipitation, comme si les Amours des Arts les eussent seulement tracez & relevez d'or pour les rendre plus durables. Les principales actions de M. le Chancelier estoient si bien exprimées dans chacun de ces ouvrages, que malgré la Mort mesme qui présidoit en ce lieu, on croyoit voir encore vivant celuy dont on celebroit les funerailles.

I. TABLEAU. Dans le premier de ces Tableaux, M. Seguier paroissoit fort jeune ; & avoit auprés de luy trois figures de Femmes, qui par les marques qu'on leur avoit données representoient les trois differens Estats dans lesquels il pouvoit alors s'engager. Celle qui estoit vestuë d'une longue robe, & qui d'une main portoit un petit Temple, figuroit l'estat Ecclesiastique. L'autre, qui estoit armée comme une Pallas, representoit celuy des Armes. Et la troisiéme, qui tenoit des Balances & une Epée, se faisoit assez connoistre pour la Justice.

Au dessus de ces Figures il y en avoit une autre assise sur des nuages, ayant sur sa teste une Colombe. Elle sembloit faire déterminer M. le Chancelier à prendre le parti de la Justice, qui luy presentoit son Epée & ses Balances pour en estre comme le dépositaire.

ET LES OUVRAGES DES PEINTRES, 135
Par cette Femme qui estoit ainsi sur des nuages, on avoit voulu marquer la Grace divine, qui dés l'année 1608. le fit résoudre à embrasser une profession dont il s'est aquité si dignement ; ce qui estoit expliqué au bas du Tableau par un écrit en lettres d'or, en ces termes :

DUBITANTI SEGUERIO QUOD VITÆ GENUS AD MAJOREM DEI GLORIAM ET REIPUBLICÆ BONUM AMPLECTERETUR, AN MILITIAM ARMATAM, AN TOGATAM, AN VERO SACRAM, GRATIA DIVINA AD JUSTITIÆ TEMPLUM VIAM OSTENDIT.

Les deux Devises qui accompagnoient ce Tableau, & qui estoient meslées avec les chifres & les armes du Défunt, avoient pour corps ; l'une, un jeune Aiglon qui sort de son aire pour voler vers le Soleil, & pour ame ces paroles :

ARDUA PRIMA VIA EST. *Ovid. Metamorph. l. 2.*

L'autre, un petit Agneau qui suit de loin un Troupeau de Moutons, avec ces mots de Juvenal :

PATRUM VESTIGIA DUCUNT. *Sat. 14.*

II. Tableau.

Dans le second Tableau on voyoit M. le Chancelier, qui aprés avoir dignement exercé la Charge de Conseiller au Parlement de Paris, & s'estre heureusement aquité des Commissions extraordinaires où le Roy l'employa, comme celle qu'il eût en Guyenne en 1616. fut receû en survivance dans la Charge de Président à Mortier, au lieu de Mre Antoine Seguier son oncle, qu'on voyoit aussi peint, & presentant son Neveu à la Cour de Parlement assemblée dans la Grand' Chambre du Palais, de la maniere que cela se passa en 1624. Ce qui estoit encore expliqué au bas du Tableau par ces paroles:

POST ALIQUOT IN SUPREMO SENATU EXACTOS ANNOS, MISSUS PETRUS A REGE IN AQUITANIAM DELEGATUS, ANNO SCILICET 1616. DEINDE AD MUNUS PRÆSIDIS INFULATI IN EODEM SENATU PROMOVETUR IN LOCUM ANTONII AMANTISSIMI PATRUI POST OBITUM IPSI SUCCESSURUS.

Les Devises qui avoient rapport à ce sujet estoient; sçavoir la premiere, un Rejeton

ET LES OUVRAGES DES PEINTRES. 137
ton qui repouſſe au pied d'un arbre demi-
mort, avec ces mots :

SIC ALIUM EX ALIO. *Stat. Theb. lib. 6.*

La ſeconde, un Cadran au Soleil, & pour
ame ces paroles :

LEX MIHI LUX.

Dans le troiſiéme Tableau M. le Chance- *III. TABLEAU.*
lier eſtoit repreſenté comme il préſidoit dans
la Chambre de la Tournelle au milieu de
tous les Conſeillers. Devant luy paroiſſoit
d'un coſté un Criminel condamné au ſuppli-
ce ; & de l'autre, un Innocent fauſſement ac-
cuſé, auquel on oſte les fers des pieds & des
mains. Ces paroles eſtoient au bas du Tableau :

IN CAPITALIUM DISQUISITIO-
NUM CAMERA PRÆSES, INNO-
CENTES BENIGNISSIME FOVET,
ET IN LIBERTATEM ASSERIT; SCE-
LESTOS VERO GRAVIBUS POENIS
ADDICIT, SEVERITATEM UT DE-
CEBAT MANSUETUDINE TEMPE-
RANS.

Les Deviſes qui accompagnoient cette
Peinture avoient pour corps ; l'une, un Ni-

Tome V. S

veau dreſſé en forme de chevron rompu, qui eſt une piece des armes de feu M. le Chancelier, & pour ame :

RECTUM DISCERNIT.

Et l'autre, une Horloge avec ſon balancier & ſes poids, & ces paroles :

Ovid. Faſt.   ALIOS QUOD MONET, IPSE FACIT.

IV. TABLEAU.   Dans le quatriéme Tableau l'on voyoit le Roy Loüis XIII. aſſis, & proche de luy le Cardinal de Richelieu debout, avec pluſieurs Seigneurs & Officiers de Sa Majeſté. Devant le Roy eſtoit M. le Chancelier, ayant auprés de luy Mercure le Dieu de l'Eloquence, que le Peintre avoit ainſi repreſenté pour marquer l'Eloquence de ce grand Homme, laquelle parut avec un heureux ſuccés, lors qu'en l'année 1632. quelques Cours Souveraines ayant eſté calomnieuſement accuſées de ne vouloir pas obéïr aux ordres du Roy, il alla à Nancy, où Sa Majeſté eſtoit alors ; & là, par la force & la douceur de ſes paroles, il effaça de l'eſprit du Roy les mauvaiſes impreſſions qu'on luy avoit fait concevoir contre le Parlement de Paris ; ce qui eſtoit ainſi expliqué au bas du Tableau :

ET LES OUVRAGES DES PEINTRES. 139
IN NANCEO CASTRO QUO A
REGE CUM PLURIBUS ALIIS COL-
LEGIS EVOCATUS FUERAT, CA-
LUMNIAM QUAM MALIGNI OB-
TRECTATORES SUPREMÆ CURIÆ
IMPEGERANT, QUASI ILLA REGIIS
MANDATIS OBSTITERET, APUD
BENIGNUM PRINCIPEM SUAVIS-
SIMA ELOQUENTIÆ VI FELICI-
TER DILUIT.

 Les Devises faites sur ce sujet estoient ; l'une, une Horloge avec ses poids, & le marteau levé pour fraper sur le timbre, avec ces mots :

DICTAQUE PONDUS HABENT. Ovid. 1. Fast.

 L'autre, une balance en équilibre, & pour ame ces paroles tirées des Proverbes : 31.

LEX IN LINGUA EJUS.

 Le cinquiéme Tableau representoit encore v. TABLEAU. le Roy Loüis XIII. assis au bout d'une Table, & mettant les Sceaux entre les mains de M. le Chancelier, derriere lequel il y avoit deux Figures de Femmes ; l'une, tenant des balances & une épée, pour representer la Justice ; & l'autre, vestuë, & armée com-

S ij

me Minerve pour figurer le sçavoir de ce grand Homme, qui par sa prudente conduite dans les Negociations les plus importantes, & par son integrité à rendre la Justice, fut élevé à cette haute Dignité en l'année 1633. Au bas de cette Peinture estoient ces paroles :

REX JUSTUS LUDOVICUS XIII. PROBATÆ MULTIS IN NEGOTIIS PRUDENTIÆ ET INTEGRITATI SACRUM SIGILLUM COMMITTIT.

La premiere Devise de ce Tableau avoit pour corps l'Agneau de l'Apocalypse sur le livre fermé des sept Sceaux, & pour ame ces paroles de Virgile :

2. Æneid.   MIHI FAS SACRATA RESOLVERE JURA.

La seconde estoit un Miroir opposé au Soleil, & dont il representoit l'image, & allumoit en mesme temps du feu au point de son foyer, avec ces paroles :

Man. lib. 1.   NON SPECIES TANTUM, SED IPSA POTENTIA.

VI. TABLEAU.   Dans le sixiéme Tableau l'on voyoit comme M. le Chancelier entrant dans la Ville de Roüen, les Eschevins luy apporterent les Clefs à la porte, lors qu'en l'année 1639. il alla dans la Normandie où il pacifia les troubles, & mit le calme dans cette Province par sa prudence, sans se servir de la force des Armes, ni des Troupes que le Colonel Gassion conduisoit sous son autorité; ce qui estoit marqué par ces paroles écrites au bas :

SEDITIONUM TUMULTUS IN NEUSTRIA EXTINGUIT, NON TAM ARMORUM VI, QUAM CONSILIO ET PRUDENTIA: IN HAC EXPEDITIONE COPIARUM DUX GASSIO, AB ILLO TESSERAM POSCIT. ROTHOMAGENSES SCABINI CLAVES URBIS ET OBSEQUIUM OFFERUNT.

La premiere Devise de ce Tableau avoit pour corps un foudre en l'air, avec ces mots :

JOVE MISSUS AB IPSO.   Virg. Æneid. 4.

La seconde estoit un Arc-en-Ciel, avec ces paroles :

LUCEM INFLUXUSQUE BENIGNOS.

Aprés la mort du Cardinal de Richelieu, qui arriva en 1642. l'Académie Françoise se voyant privée de son Protecteur, jetta les yeux sur M. le Chancelier pour remplir une place que ce grand Cardinal avoit tenu à

VII. TABLEAU.

honneur de posseder. Comme il eût pris la Protection de cette illustre Compagnie, il voulut que sa maison fust le lieu ordinaire des assemblées de ces sçavans hommes; où présidant à leur teste, il ne paroissoit pas moins élevé audessus de tous par son éloquence & son grand sçavoir, que par l'éclat des hautes Dignitez dont il estoit revestu. Le septiéme Tableau le faisoit voir au milieu de cette celebre Assemblée remplie de personnes de differentes conditions, mais toutes éminentes en doctrine. Au haut du Tableau estoit l'Eloquence sous la Figure d'une belle Femme tenant un Caducée, & assise sur des nuages. Ces paroles latines estoient écrites au bas du quadre:

QUI MAGNO RICHELIO IN OMNIBUS SUCCEDERET DIGNISSIMUS, POST EJUS OBITUM CLARISSIMÆ LITTERARUM ACADEMIÆ PROTECTOR ELIGITUR, ET INTER ERUDITOS LONGE ERUDITISSIMUS PRÆSIDET.

Les deux Devises qui accompagnoient ce sujet, estoient; sçavoir la premiere, le Roy des Abeilles avec son essaim, & ces paroles:

Virg. Georg. EXERCET SUB SOLE.

ET LES OUVRAGES DES PEINTRES.

Et la seconde, un Niveau avec un grand baſtiment non encore achevé, & pour ame ces mots de Virgile Georg. 3.

Virg. Georg.

TE SINE NIL ALTUM MENS INCOHAT.

Le huitiéme Tableau repreſentoit le feu Roy au lit de la mort, qui recommande Monſeigneur le Dauphin & ſon Eſtat à ce fidele Miniſtre. La Reine paroiſſoit aſſiſe auprés le lit du Roy, tenant devant elle Monſeigneur le Dauphin. M. le Chancelier eſtoit debout, qui recevoit les dernieres volontez du Roy. Ces paroles latines eſtoient au bas du Tableau.

VIII. TABLEAU.

IN EXTREMIS AGENS REX LUD. XIII. FIDISSIMO MINISTRO CARISSIMUM FILIUM, REGNUMQUE COMMENDAT, JUBETQUE SUPREMÆ VOLUNTATIS EDICTO, UT AD SANCTIORA REGIMINIS CONSILIA ADMITTATUR.

L'une des Deviſes qui eſtoient au coſté de ce Tableau avoit pour corps le Phoſphore, ou l'étoile du matin auprés du Soleil, & pour ame ces paroles:

PRÆFICITUR LATERI CUSTOS.   *Claudian.*

Le corps de l'autre Devife eſtoit une main qui fixoit un compas pour former un cercle, avec ces mots:

Horat. lib. 1. Od. 12.

REGET ÆQUUS ET ORBEM.

Dans le neuviéme Tableau, pour repreſenter le ſoin que M. le Chancelier a eû de conſerver les droits & les privileges de l'Egliſe Gallicane, & empeſcher que la Foy Orthodoxe ne receuſt aucune atteinte, il eſtoit peint debout, donnant des Lettres du Roy aux Eveſques de France pour ſe ſervir de l'autorité royale dans les occaſions où ils en auroient beſoin. Derriere ſa chaiſe, la Religion & le zele eſtoient repreſentez par deux figures allegoriques.

Les paroles écrites au bas de cét ouvrage eſtoient: ORTHODOXAM FIDEM MAGNO ANIMO TUETUR; ECCLESIÆ JURA ET PRIVILEGIA IN OMNIBUS SALVA ESSE PRÆCIPIT; PRO ARIS ET SACRIS PUGNARE SEMPER PARATUS.

Pour Deviſe, la premiere eſtoit un Autel, dont les quatre cornes eſtoient ornées de quatre teſtes de belier, & la baſe ſouſtenuë auſſi de quatre pieds de belier. Sur l'Autel eſtoit

ET LES OUVRAGES DES PEINTRES. 145
eſtoit un Belier, avec ces mots :

ARIS IMPONIT HONOREM. Virg. Æn. 1.

La ſeconde avoit pour corps un Belier au Ciel, qui eſt le Signe de l'Equinoxe, avec ces mots :

ET COELO SERVAT SUA JURA.

Pour marquer ce qui ſe paſſa en l'année X. Tableau. 1650. lors que pendant les troubles de nos guerres, on oſta les Sceaux à M. le Chancelier, on avoit peint dans le dixiéme Tableau ce Miniſtre aſſis au bout d'une table, & comme travaillant dans ſon cabinet. Au-deſſus de luy eſtoit la Diſcorde repreſentée avec un viſage affreux, tenant d'une main un flambeau allumé, & de l'autre la caſſette des Sceaux qu'elle emportoit. Tout ce qui eſtoit ſur la table paroiſſoit en confuſion, & renverſé ; & l'on voyoit ſeulement derriere M. le Chancelier le Zele & la Fidelité qui demeuroient fermes auprés de luy, & qui en ont toûjours eſté inſeparables. L'explication de ce Tableau eſtoit conceûë en ces termes :

ECCE UT ILLI INTER CIVILES
MOTUS ANIMOSA DISCORDIA

REGIA SIGILLA DUABUS VICI-
BUS VIOLENTER ABSTULIT.

Les deux Devises que l'on avoit faites pour accompagner ce Tableau avoient raport au malheur de ces fascheux temps, & à la fermeté inébranlable de M. le Chancelier.

La premiere avoit pour corps une ruche renversée avec des abeilles dispersées & armées les unes contre les autres, & pour ame ces paroles :

Stac. lib. 10. Theb.

PERIIT REVERENTIA REGIS.

Et la seconde un Dé, qui est toûjours ferme & solide, de quelque costé qu'il tombe, avec ces paroles :

Horac. Sat. 2.

AD DUBIOS CASUS.

XI. Tableau. L'onziéme Tableau faisoit voir M. le Chancelier assis dans son cabinet, & accompagné des mesmes vertus qui paroissoient dans le sujet précedent. Audessus de luy, il y avoit sur des nuages trois Figures representant l'Autorité royale suivie de la Justice & du bon Genie de la France, qui luy rapportoient les Sceaux que la Discorde luy avoit enlevez; ce qui estoit expliqué au bas du Tableau en ces termes :

SED POSTMODUM AUTORITAS REGIA SIMUL ET JUSTITIA, COMITANTE BONO GALLIARUM GENIO, AD IPSUM NEC POSCENTEM, NEQUE ETIAM SCIENTEM, RETULERE.

Les deux Devises avoient un heureux raport au sujet de cette Peinture. Le corps de la premiere estoit le Soleil qui s'éleve au Signe du Belier pour recommencer l'année, avec ces mots :

PRÆSCRIPTA AD MUNIA. Horac. Sat. 2.

Et la seconde estoit une Montre que l'on monte avec la clef, & ces paroles :

SECUNDIS USQUE LABORIBUS.

L'on sçait l'amour que M. le Chancelier a toûjours eû pour les Lettres, & l'estime qu'il faisoit de tous les hommes sçavans, jusques à dépenser des sommes considerables pour faire étudier plusieurs jeunes hommes dans toutes sortes d'Arts & de Sciences, & mesme contribuër à élever à de plus hautes Charges ceux qu'il reconnoissoit dignes de les posseder. Comme ces nobles inclinations relevoient en luy l'éclat de ses autres

XII. TABLEAU

Vertus, on les avoit reprefentées dans le douziéme Tableau, où cét Homme extraordinaire eſtoit peint affis au bout d'une table chargée de bourfes, & environnée de ſes domeſtiques tenans des facs d'argent qu'il diſtribuoit luy - meſme à pluſieurs Religieux de differens Ordres pour pourſuivre leurs études, & avoir les livres qui leur eſtoient néceſſaires. Ces paroles latines exprimoient le ſujet de cette Peinture.

TOTO VITÆ TEMPORE LITTERATOS, DOCTOSQUE VIROS PRÆMIIS EXORNAT, AD EXIMIAS DIGNITATES PROMOVET: SI QUOS AGNOSCIT ACUTI INGENII BONÆQUE INDOLIS RELIGIOSOS ADOLESCENTES, ILLIS ANNUAM ALIMONIAM LIBROSQUE AD STUDIA LIBERALITER SUPPEDITAT.

La premiere Deviſe qui accompagnoit ce Tableau eſtoit une Grenade ouverte, & pleine des grains qu'elle envelope de ſon écorce, avec ces paroles:

Horac. Od. 1. PRÆSIDIUM ET DULCE DECUS.

Et l'autre, le Signe du Belier dans le Zo-

ET LES OUVRAGES DES PEINTRES. 149
diaque, avec ces mots:

TEMPORA LÆTA REDUCIT.

Les bordures de tous ces Tableaux avoient pour ornemens des testes de Mort, des Hiboux, & des Chauve-souris, oiseaux lugubres, & qui suivent les funerailles. Les testes de Mort estoient aux costez de la bordure, & les Hiboux tout en haut, dont les aisles déployées soustenoient les unes un mortier, & les autres une couronne ducale. Au bas du Tableau, il y avoit une Chauve-souris, qui avoit aussi les aisles étenduës, & qui dans son bec tenoit un rouleau en forme de cartouche, où estoient les Inscriptions que j'ay raportées.

Ces douze Tableaux estoient rangez des deux costez de l'Eglise audessous de la corniche, entremeslées d'Armes, de Chifres, & des Devises dont j'ay parlé.

Au bas de l'Eglise, & en face de l'Autel, il y avoit un autre Tableau travaillé de la mesme maniere que les précedens, mais plus grand, & disposé d'une autre sorte. Pour faire connoistre qu'en l'année 1 6 6 1. aprés la mort du Cardinal Mazarin, M. le Chancelier receût l'Academie Royale de Peinture & de

T iij

Sculpture en sa protection, & la gratifia des Privileges qu'il avoit obtenus du Roy en leur faveur; on avoit écrit comme sur une table:
EMINENTISSIMO JULIO MAZARINO E VIVIS SUBLATO, PICTORUM ET SCULPTORUM SCHOLAM IN SUÆ PROTECTIONIS SINUM RECIPIT, MULTAQUE IPSI A REGE PRIVILEGIA IMPETRAT.

Il y avoit autour de cette Inscription plusieurs Figures soustenuës sur des nuages. Les deux principales estoient assises au haut; l'une representoit l'Academie, & l'autre la Gratitude, qui tenoient le Portrait de M. le Chancelier. Au dessous & plus bas estoit d'un costé la Mort comme enchaisnée par de petits Amours; & de l'autre costé, le Temps sous la figure d'un vieillard, auquel d'autres Amours arrachoient les aisles. Cette composition de Figures qui servoient d'ornement à l'Inscription, avoit un sens misterieux: car par celles qui tenoient le Portrait de M. le Chancelier, on vouloit faire connoistre que l'Academie auroit toûjours devant les yeux l'Image de ce grand Homme pour conserver le souvenir des graces qu'elle en avoit receuës, & en donner à jamais des

ET LES OUVRAGES DES PEINTRES 151
marques de reconnoissance. Par ces petits
Amours qui sembloient se rendre maistres
du Temps & de la Mort, on prétendoit aussi
marquer les Genies des Eleves de tous les
illustres Artisans lesquels travailleront aussi
à l'avenir, pour empescher que la Mort ni le
Temps n'effacent de la memoire des hommes le nom de leur Protecteur.

Ces nobles sentimens estoient encore peints
d'une autre maniere dans un grand Tableau
élevé presque au haut de la voute. On y
voyoit les Genies des Sciences & des Arts,
peints sous la forme de jeunes hommes qui
arrachoient des mains de la Mort les marques de toutes les Dignitez que possedoit M.
le Chancelier, les uns s'emparant de l'Escu
de ses Armes, les autres de sa Couronne &
de son Mortier, & les autres de son Manteau Ducal.

Ce fut dans ce lieu si triste & si lugubre
par les Trophées que la Mort y sembloit arborer, mais pourtant éclatant & glorieux
par les marques de tant d'actions de vertu
que les Sciences & les Arts s'efforçoient à
l'envi d'y faire paroistre, que le cinquiéme
jour de May 1672. à dix heures du matin,
le Reverend Pere General & tous les Pres-

tres de l'Oratoire, tant de cette Maison que de leurs autres Maisons de Paris, commencérent la Messe, où M. l'Evesque de Tarbes officia. Le sieur De Luly, que l'Academie avoit prié de s'y trouver, & qui conduisoit toute la Musique du Roy, au nombre de plus de six-vingts, tant Musiciens que Joüeurs d'instrumens, se surpassa dans cette rencontre, faisant paroistre tout ce que la science des plus excellens Musiciens a jamais fait de plus beau dans une semblable occasion. Au milieu de la Messe, le Reverend Pere Laisné, Prestre de l'Oratoire, fit l'Oraison Funebre, où par la force de son éloquence il sembloit animer, s'il faut ainsi dire, toutes les Peintures dont j'ay parlé, formant les derniers traits aux Vertus que tant de sçavans Ouvriers, accablez de douleur, n'avoient pas eû la force de bien achever.

Cette action fut honorée de la presence de toutes les personnes de la famille de M. le Chancelier qui estoient alors en cette Ville. M. le Duc de Verneuil estoit à la teste de ceux qui s'y trouverent; & M. Colbert ayant succedé à M. le Chancelier dans la Protection qu'il avoit bien voulu prendre de l'Academie, estoit aussi à la teste de leur Corps.

Aprés

ET ET OUVRAGES DES PEINTRES. 153
Aprés que le Service fut achevé, tous sortirent également satisfaits, non seulement de ce qu'il n'avoit rien manqué à cette Pompe Funebre des choses qui pouvoient la rendre parfaitement accomplie, mais encore à cause du bon ordre qu'on y garda pour empescher la confusion qui arrive ordinairement dans de pareilles rencontres.

Comme j'eûs cessé de parler, Pymandre me dit, Vous m'avez fait plaisir de m'apprendre tout le détail de cette ceremonie par laquelle l'Académie non seulement donna des marques de son zele & de son affection à la memoire de son Protecteur, mais encore fit juger de ce qu'elle estoit capable de faire pour la décoration de ces sortes de Pompes Funebres. Cependant, pour ne vous pas engager dans un plus long recit, je croy que nous pouvons remettre à une autre fois ce que vous avez encore à me dire des Peintres de l'Académie.

Parmi tous les Peintres dont j'ay à vous parler, repartis-je, je ne croy pas qu'il en reste beaucoup qui puissent demander une longue attention: C'est pourquoy, sans remettre davantage à finir ce que j'ay à vous en dire, si vous voulez passer icy le reste du jour, qui auſſi-bien n'eſt guéres propre à la promenade, nous acheverons aprés midy ce qu'il y a aſſez long-temps que nous avons commencé. Pymandre y conſentit volontiers, & aprés le diſner nous rentraſmes dans mon cabinet, où je commençay par luy dire.

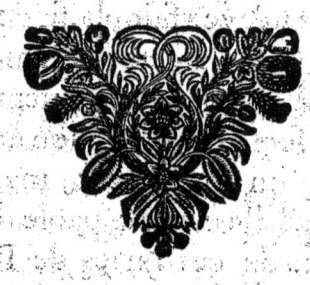

ENTRETIENS
SUR LES VIES
ET
SUR LES OUVRAGES
DES PLUS EXCELLENS PEINTRES
ANCIENS ET MODERNES.
CINQUIÉME PARTIE.

DIXIE'ME ET DERNIER ENTRETIEN.

CELUY d'entre les Académiciens qui s'est beaucoup distingué a esté JEAN VARIN Intendant des Bastimens, & Maistre de la Monnoye de Paris. Il a peint quelques Portraits assez beaux, & bien ressemblans; & dans le temps que le Cavalier Bernin vint en France, il fit le Buste du Roy, & en suite la Statuë de Sa Majesté. L'on voit l'un &

J. VARIN

l'autre dans les Appartemens de Versailles. Il excelloit principalement à bien faire les Poinçons & les Carrez pour les Medailles & pour les Monnoyes, comme l'on peut voir par celles qu'il a faites pendant qu'il a vescu.

Varin.

Il est mort en 1672.

Il me semble, dit Pymandre, que ce n'est pas un talent mediocre & peu avantageux de sçavoir graver parfaitement sur les metaux, puis que nous ne voyons gueres d'ouvrages plus anciens que les Medailles & les Monnoyes.

Il est vray, repartis-je, qu'il est bien plus facile de conserver les Monnoyes & les Medailles que les Statuës & les Tableaux, qui sont toûjours exposez non seulement aux injures du temps qui les gaste, ou les altere dans la suite des années ; mais encore à la barbarie des hommes, qui dans les révolutions des Estats semblent prendre plaisir à ruiner de telle sorte le païs ennemi, qu'ils n'épargnent pas mesme les choses les plus précieuses.

Combien dans ces derniers temps s'est-il perdu de riches ouvrages dans la prise de Mantouë, & dans le pillage de Prague ? Le soldat ignorant & brutal cassoit dans Mantouë des Vases de cristal & d'agathe d'un prix inestimable pour avoir seulement quel-

que petit cercle d'or, mesme de peu de va- VARIN.
leur. S'il s'est trouvé quelques Tableaux qui
ayent échapé dans ces desordres, c'est qu'ils
n'estoient enchassez ni dans de l'or, ni dans
de l'argent, & qu'ils tomberent entre les
mains de quelques Officiers qui les porterent
en Suéde & en Angleterre. Or comme les
Medailles & les Monnoyes sont plus aisées
à cacher, c'est ce qui fait que de tous les monumens antiques nous n'avons rien de si entier & en si grande quantité. C'est pourquoy
les Princes n'ont point de moyen plus asseuré
pour éterniser leur nom & leurs grandes
actions, que de faire batre quantité de Medailles, à quoy les Grecs & les Romains
jaloux de leur gloire n'ont pas manqué de
s'appliquer.

Je croy vous avoir déja dit comment dans
les derniers siecles on trouva le secret de conserver d'une maniere encore plus étenduë que
dans les Medailles l'histoire des Grands Hommes. Il est vray que cette representation ne
se fait pas dans un si petit volume ; mais
c'est par un moyen qui se répand par toute
la terre de mesme que les Medailles. Vous
jugez bien que j'entens parler de la Graveûre
sur le cuivre dont les estampes se multiplient

V iij

158 ENTRETIENS SUR LES VIES

VARIN.

presque à l'infini, & que chacun peut avoir sans beaucoup de dépense.

Aprés m'estre un peu arresté pour penser aux Peintres de l'Académie qui estoient morts depuis Varin, je repris mon discours, & je dis à Pymandre qui me donnoit beaucoup d'attention : Il me souvient que quand Bourdon eût fait son Tableau qui est à Nostre Dame, LOUÏS BOULOGNE en fit aussi un quelques années aprés pour le premier jour de May, & que depuis ce temps il en a fait plusieurs autres, & se mit en réputation. Il estoit particulierement habile à copier les Tableaux des anciens Peintres. Il y a mesme eû de ses copies où il a si bien sceû imiter les Originaux, & donner cét air d'antiquité, que bien des gens s'y sont trompez, n'estant pas moins adroit en cela que Pietre de la Corne que nous avons veû autrefois à Rome, qui passoit pour un grand Maistre à contrefaire les manieres des anciens Peintres. Entre-autres Tableaux que j'ay veûs de Boulogne, il me souvient de celuy qu'il copia autrefois pour M. Jabach, où estoit representé un Parnasse avec Apollon & les neuf Muses. L'original est de Perin del Vague, & d'une grandeur fort mediocre ; mais il s'étu-

BOULOGNE.

ET LES OUVRAGES DES PEINTRES. 159
dia si bien à choisir un fond de bois ancien BOULOGNE.
& pareil à celuy de l'original, & à donner
à ses couleurs des teintes qui eussent un air
antique, qu'il estoit presque impossible de
discerner l'original d'avec la copie.

Ce n'est pas le seul ouvrage qu'il ait fait
de cette maniere ; il en est sorti de sa main
beaucoup de semblables. Mais pour parler
de ce qu'il a fait de luy-mesme, je vous
diray que le plus grand ouvrage que j'en
aye veû est dans une Maison proche la ruë
de Richelieu. Pendant que M. le Menestrel
Grand Audiencier estoit Tresorier des Bastimens, il voulut faire orner le platfond de
son cabinet de quelques Peintures qui eussent raport aux fonctions de sa Charge.
Boulogne representa au milieu de ce platfond Jupiter assis sur un Aigle. A costé, mais
un peu plus bas, est Minerve, & audessous Mercure. Il semble que Jupiter ordonne
à Minerve d'envoyer Mercure faire des liberalitez, & distribuer des Couronnes de Laurier à ceux qui excellent dans les Arts &
dans les Sciences. Pour cét effet le Peintre
a representé plusieurs personnes audessus de
la Corniche qui regne autour du cabinet,
ausquelles, pour les bien faire connoistre, il a

donné des marques convenables aux Arts qu'ils professent, & aux Sciences dont ils font leur étude. Mais afin que son ouvrage ne fust pas moins agreable par la diverse disposition des Figures que par la difference de leurs actions, il a fait en sorte qu'il y a toûjours une Figure qui represente quelque habile Homme dans les Arts mécaniques, proche un de ceux qui s'appliquent aux Arts liberaux & aux Sciences les plus élevées. Et comme chacun d'eux envisage differemment l'honneur de la recompense, ceux qui travaillent de la main semblent interrompre leur travail, & font voir par leurs actions de l'empressement à recevoir les liberalitez que Mercure leur distribuë. Les Sçavans dans les Arts liberaux demeurant attachez à l'étude avec un repos & une gravité conforme à leur application, sont dans des attitudes tranquilles, & opposées à celles des autres, ce qui fait un agreable contraste d'actions. Il est vray neanmoins que parmi ces Sçavans on remarque un Poéte qui paroist quiter son ouvrage, & qui regarde en haut une Couronne de Laurier qui semble venir se poser sur sa teste. La joye qui est répanduë dans ses yeux & sur tout son visage,

est

ET LES OUVRAGES DES PEINTRES. 161
est exprimée d'une maniere qui fait voir que BOULOGNE.
ce n'est pas les pieces d'or & d'argent qu'il
considere le plus; mais bien cette Couronne
qu'il regarde comme la plus glorieuse récompense de ses veilles & de ses travaux.

Enfin tout ce qu'il y a de peint dans ce platfond est judicieusement ordonné, & l'on connoist que l'intention du Peintre a esté de marquer par cette Peinture la grandeur & la liberalité du Roy dans la récompense de la vertu.

Boulogne se fit aider dans les ornemens de cét ouvrage par Geneviéve & Magdelaine Boulogne ses filles, qui travaillent encore aujourd'huy de Peinture avec beaucoup d'estime, de mesme que deux fils qu'il a laissez. Il exerçoit la Charge de Professeur dans l'Académie lors qu'il mourut au mois de Juin 1674.

Mais parlons maintenant de PHILIPPES PHILIPPES
& DE BAPTISTE DE CHAMPAGNE, DE CHAMPAGNE.
Oncle & Neveu, dont nous avons quantité d'ouvrages.

Philippes, homme sage & vertueux, avoit un air venerable qui le faisoit considerer parmi les autres Peintres. Il nâquit à Bruxelles le 26. May 1602. de parens d'une fortune

Tome V. X

CHAMPAGNE. médiocre, mais gens de bien. Philippes fit paroiſtre dés ſon bas âge une forte inclination à la Peinture, s'appliquant plûtoſt à deſſiner quelque figure qu'à former des lettres lors qu'il eſtoit dans les Ecoles où ſon pere l'envoyoit pour apprendre à écrire. Bernard Van-Orlay, ce Peintre dont je vous ay parlé, & qui a fait les cartons pour les Tapiſſeries des douze mois qui ſont chez le Roy, avoit une fille parente de Philippes. Comme il alloit ſouvent la voir, elle l'entretenoit des ouvrages que ſon pere faiſoit; ce qui augmentoit encore davantage l'inclination que ce jeune enfant avoit déja pour la Peinture, en ſorte qu'à l'âge de huit à neuf ans, il ne faiſoit preſque autre choſe que copier tout ce qu'il pouvoit rencontrer d'Eſtampes & de Tableaux. Lors qu'il eût douze ans, ſon pere qui avoit toûjours eû de la repugnance à le voir engagé dans une profeſſion où peu de perſonnes réuſſiſſent, ne pouvant plus reſiſter à la forte paſſion qu'il faiſoit paroiſtre, le mit avec un Peintre de Bruxelles, nommé Jean Bouïllon. Il y demeura quatre ans, aprés leſquels il entra chez un certain Michel de Bourdeaux qui eſtoit en reputation de bien travailler en petit. Là il ſe mit à pein-

ET LES OUVRAGES DES PEINTRES. 163

CHAMPAGNE.

dre des figures d'aprés nature, & en mesme temps à dessiner, & à faire du Païsage. Fouquiere un des plus habiles Païsagistes de ce temps-là, & qui frequentoit souvent au logis de Bourdeaux, voyant l'inclination de ce jeune homme, l'exhorta à l'aller voir, & luy offrit de luy prester des desseins. Il ne manqua pas de profiter de cette occasion, car Fouquiere estoit de tous les Peintres celuy qui dessinoit le mieux les Païsages; de sorte mesme qu'il y a quantité de ses desseins qui sont plus estimez que ses Tableaux.

Lors que Philippes fut un peu plus avancé dans la pratique de son art, son pere l'envoya à Mons en Hainaut, où il demeura environ un an chez un Peintre d'une capacité mediocre. Estant de retour à Bruxelles il travailla un an entier sous Fouquiere, & se forma si bien dans la maniere de son maistre, que ce maistre faisoit assez souvent passer pour estre de luy les Tableaux de son Eleve, aprés les avoir legerement retouchez.

A la fin de l'année son peré voulut le mettre à Anvers auprés de Rubens, & pour cela payer une bonne pension comme faisoient tous les jeunes gens qui travailloient

X ij

CHAMPAGNE. ſous luy : mais Philippes, pour épargner la bourſe de ſon pere, & ſatisfaire au deſir qu'il avoit d'aller en Italie, le pria de trouver bon qu'il fiſt ce voyage. Il partit de Bruxelles en 1621. âgé pour lors de dix-neuf ans, & vint à Paris en intention de s'y arreſter quelque temps.

D'abord il demeura chez un Maiſtre Peintre qui l'employoit à faire des Portraits aprés nature, n'en pouvant faire luy-meſme. Laſſé de ce travail, il alla chez l'Alleman Peintre Lorrain, qui en ce temps eſtoit en reputation, mais qui travailloit plus de pratique que par une grande connoiſſance qu'il euſt de ſon Art. Auſſi le quitta-t-il, parce que l'Alleman ſe faſchoit contre luy de ce qu'il s'arreſtoit trop exactement à obſerver les regles de la Perſpective, & qu'il ſe ſervoit du naturel lors qu'il executoit en peinture les legeres eſquiſſes qu'il luy donnoit pour faire des Tableaux.

Champagne n'eſtant pas ſatisfait d'une telle conduite, travailla en ſon particulier à faire des Portraits, & fit celuy du General Mansfeld. Il ſe logea dans le College de Laon, où le Pouſſin eſtoit auſſi demeurant aprés qu'il fut revenu d'Italie pour la premiere

ET LES OUVRAGES DES PEINTRES. 165

fois. Ce fut là qu'ils commencerent à se CHAMPAGNE.
connoiſtre ; & le Pouſſin ayant témoigné à
Champagne qu'il ſouhaitoit avoir quelque
Tableau de ſa main, il luy fit un païſage.

Duchesne qui conduiſoit alors les ouvrages de Peinture qu'on faiſoit à Luxembourg pour la Reine Marie de Medicis, employa le Pouſſin à quelques petits ouvrages dans certains lambris des appartemens. Champagne eût auſſi occaſion de travailler dans le meſme Palais. Et comme Duchesne n'eſtoit pas un Peintre fort abondant en penſées, ni habile à les executer, & qu'il avoit besoin du ſecours de quelques perſonnes ſçavantes & pratiques, il ſe ſervit de Champagne pour faire pluſieurs Tableaux dans les chambres de la Reine. Le ſieur Maugis Abbé de Saint Ambroiſe, & Intendant de ſes baſtimens, fut bien-aiſe lors qu'il vit la maniere de peindre de Champagne. Elle luy parut agreable, & les ornemens qu'il faiſoit plus convenables dans les endroits où il les plaçoit, que tous ceux qu'on avoit fait auparavant. Mais cette approbation ne plut pas à Duchesne, & Champagne qui eût peur qu'il ne conceuſt quelque jalouſie contre luy,

X iij

aima mieux se retirer. Cela fut cause qu'il se rendit aux instantes prieres que son frere aisné luy faisoit de retourner à Bruxelles, avec intention néanmoins de n'y demeurer pas long-temps, mais d'aller bientost en Italie, & de passer par l'Allemagne. Estant sorti de Paris en 1627. à peine fut-il arrivé à Bruxelles que l'Abbé de Saint Ambroise luy fit sçavoir la mort de Duchesne premier Peintre de la Reine-Mere, & le pressa si fort de retourner promptement en France pour entrer dans sa place, & avoir l'entiere conduite des Peintures de Sa Majesté, qu'il fut de retour à Paris le 10. Janvier 1628. Il commença aussitost à travailler, & les soins & la diligence qu'il apporta à contenter cette Princesse firent qu'elle eût la bonté de luy témoigner combien elle estoit satisfaite de luy. Il avoit son logement à Luxembourg, avec douze cens livres de gages. La Reine le fit travailler aux Carmelites du Fauxbourg Saint Jacques, & ce fut encore par son ordre qu'il peignit pour le Cardinal de Richelieu au Bois-le-Vicomte, à Richelieu, & en d'autres endroits.

Sur la fin de l'année 1628. il épousa la fille aisnée de Duchesne, & dans ce mesme temps continuant les ouvrages des Carmelites, il fit travailler à la voute de l'Eglife, & y peignit luy-mefme quelques Tableaux, entre-autres le Crucifix accompagné de la Vierge & de Saint Jean. Ces figures qui font en racourci font un trés-bel effet, & font regardées comme des meilleures chofes qui foient de luy dans ce lieu-là. Il fit faire les camayeux & les autres ornemens par des Peintres peu intelligens, n'en trouvant pas de plus habiles pour le foulager dans la quantité d'ouvrages dont il eftoit chargé alors. Pour les grands Tableaux qui font à main droite en entrant dans l'Eglife, il les acheva en different temps. Il commença celuy de la Nativité de Noftre Seigneur en 1628. & le finit l'année fuivante. Quelque temps aprés il travailla à l'Adoration des Mages, & enfuite aux autres. Ceux de la Nativité de Noftre Seigneur, de l'Adoration des Mages, & de la Purification de la Vierge, font peints de fa main; mais pour les autres, il les fit executer par les Peintres qui eftoient fous luy.

En 1631. & 32. il fit plufieurs Tableaux pour les Carmelites de la ruë Chapon, &

168 ENTRETIENS SUR LES VIES

CHAMPAGNE. pour les Religieuses du Calvaire proche de Luxembourg. En 1634. le Roy luy fit faire le Tableau de la ceremonie des Chevaliers de l'Ordre du Saint Esprit tenuë en 1633. où M. de Longueville est representé comme le Roy luy donne l'Ordre. Ce Tableau est aux Grands Augustins, dans la Chapelle à costé du Chœur. Il en fit encore deux autres semblables, l'un pour M. de Bulion, & l'autre pour M. Boutillier, tous deux Officiers de l'Ordre & Surintendans des Finances, qui sont aussi representez dans le mesme Tableau.

Ce fut dans la mesme année qu'il peignit un Tableau qui est à Nostre-Dame devant l'Autel de la Vierge, que le Roy fit faire aprés la déclaration de la guerre. La Vierge est representée au pied de la Croix, auprés de son Fils mort & étendu devant elle. Le Roy est à genoux, & vestu de ses habits royaux, tenant sa Couronne qu'il offre à la Vierge, pour marquer qu'il se met & tout son Royaume sous sa protection.

En 1636. le sieur Desroches Chantre de l'Eglise de Paris luy fit faire deux grands Tableaux pour servir de desseins à des tapisseries que l'on voit dans le Chœur de Nostre Dame.

Dame. Il prit pour sujets la Nativité de la Vierge & sa Presentation au Temple.

Ensuite il commença à peindre la petite Gallerie du Palais Cardinal: mais comme il estoit accablé d'ouvrages, & qu'on le pressoit extraordinairement, il n'eût pas le temps de bien étudier ce qu'il avoit à faire, & fut contraint d'employer avec luy des Peintres dont il y en avoit peu qui fussent habiles. Outre cela il estoit obligé de faire plusieurs voyages à Richelieu, où le Cardinal eust bien voulu qu'il eust demeuré actuellement avec sa famille, jugeant qu'il estoit difficile qu'il pust orner cette grande Maison, sans y estre continuellement pour faire executer ses desseins. Mais Champagne ne put jamais s'y résoudre, quoy-que le Cardinal l'en sollicitast avec beaucoup d'empressement, & luy fist offrir tous les avantages qu'il pouvoit esperer de la bienveillance d'un Ministre alors si puissant. Il employa mesme M. de Chavigny pour le persuader à luy donner cette satisfaction. Cependant comme Champagne n'envisageoit point une grande fortune, & n'avoit aucun desir d'amasser beaucoup de biens, il demeura ferme à ne se pas exiler de Paris, ainsi qu'il le disoit

CHAMPANNE. luy-mesme, pour aller dans un païs comme celuy de Richelieu, dont le sejour ne luy plaisoit point ; joint que dans ce temps-là il perdit sa femme aprés dix ans de mariage. Elle luy laissa un garçon & deux filles. La parfaite union dans laquelle ils avoient vescu, & l'amour qu'il avoit pour ses enfans, le fit resoudre à ne penser jamais à un second mariage, mais seulement à bien élever les enfans que Dieu luy avoit donnez. Nonobstant ces raisons, dont il se prévaloit pour ne pas aller à Richelieu, le Cardinal ne put s'empescher de luy témoigner le ressentiment qu'il avoit de son refus, & de la resistance qu'il apportoit à le contenter, luy disant un jour avec indignation, qu'il voyoit bien qu'il ne vouloit pas estre à luy, parce qu'il estoit à la Reine-Mere. Il est vray que les obligations que Champagne avoit à cette Princesse, & la douceur qu'il avoit goustée en la servant luy faisoient conserver pour elle beaucoup de reconnoissance & d'affection, & qu'il ne pouvoit se résoudre à se donner entiérement à celuy que tous les serviteurs de la Reine regardoient alors comme une des principales causes de sa disgrace.

En 1638.

Mais quoy-que le Cardinal fuſt faſché de ce que Champagne n'avoit pas pour luy toute la déference qu'il demandoit, ſa fermeté néanmoins à ne luy point accorder ce qu'il ſouhaitoit n'empeſcha pas que dans la ſuite il n'en fiſt toûjours autant d'eſtat qu'auparavant. Il affectoit meſme de luy témoigner publiquement qu'il avoit de l'eſtime & de l'affection pour luy. Il luy diſoit quelquefois qu'il luy vouloit plus de bien qu'il ne croyoit, & meſme luy fit dire par Deſbournais ſon premier Valet de Chambre, qu'il n'avoit qu'à luy demander librement ce qu'il voudroit pour l'avancement de ſa fortune & des ſiens. Mais Champagne répondit à cela, que ſi M. le Cardinal pouvoit le rendre plus habile Peintre qu'il n'eſtoit, ce ſeroit la ſeule choſe qu'il auroit à demander à ſon Eminence : mais comme cela n'eſtoit pas poſſible, il ne deſiroit de luy que l'honneur de ſes bonnes graces.

On ne manqua pas de rapporter cette réponſe au Cardinal, qui eût encore plus d'eſtime pour Champagne, ne voyant gueres de perſonnes autour de luy qui euſſent un pareil deſintereſſement. Aprés que le Cardinal luy eût ordonné de peindre la gran-

CHAMPAGNE. de Gallerie de son Palais à Paris, & pendant qu'il estoit occupé à faire les premiers Tableaux des Hommes Illustres, Voüet, qui estoit alors en reputation, trouva moyen, par le credit de quelques personnes de qualité, d'en faire la moitié, sans que le Cardinel en sceust rien, & sans aussi que Champagne se mist en peine pour l'en empescher. C'est pourquoy les Portraits que vous avez pu voir dans cette Gallerie ne sont pas tous de la main de Champagne. Mais comme Voüet cherchoit à travailler pour le Cardinal, il n'en demeura pas là. Il fit si bien auprés de M. Deffiat alors Surintendant des Finances, qui portoit ses interests, qu'il fut employé à peindre la Chapelle de la Gallerie, & fit aussi dans le mesme temps le Portrait du Cardinal, qui n'en fut pas satisfait. Et comme quelque temps aprés il voulut que Champagne le peignist de son haut, & grand comme nature, il luy demanda quel sentiment il avoit des ouvrages de Voüet. Champagne luy en ayant parlé comme d'un habile homme, & dit beaucoup de bien, le Cardinal luy repartit, qu'il ne devoit pas faire plus d'estat de Voüet, que Voüet en faisoit des autres

Peintres, qu'il méprisoit tous également.

En 1640. Champagne fit encore un Portrait du Cardinal, qui fut trouvé parfaitement beau. C'est le dernier qu'il fit de son Eminence, qui luy commanda de le garder pour servir d'Original, estant persuadé qu'il estoit difficile d'en faire un qui fust mieux & plus ressemblant. Il luy ordonna de retoucher d'aprés ce dernier tous les autres qu'il avoit faits auparavant.

En 1641. il fit les Portraits du Roy, de la Reine, & de Monseigneur le Dauphin. Ce fut environ ce temps-là qu'il eût ordre du Cardinal de peindre le Dome de la Sorbone. Il estoit occupé à cét ouvrage lors que le Cardinal mourut en 1642. ce qui fut cause qu'il ne fut achevé qu'en 1644. & que Champagne se vit aussi déchargé de quantité de grands ouvrages dont il se trouvoit accablé. Mais d'un autre costé il fut sensiblement affligé par la perte qu'il fit de son fils unique qui mourut d'une chute dont il se blessa à la teste. Pour adoucir sa douleur, il pria son frere aisné de luy envoyer un de ses fils. Il n'eût pas de peine d'obtenir ce qu'il demandoit. Le plus jeune âgé seulement de dix ans, nommé Jean Baptiste, arriva à Paris le jour que Monseigneur le Dauphin fut proclamé Roy aprés la mort du Roy Loüis XIII. son pere.

Champagne avoit toûjours demeuré dans Luxembourg, où M. le Duc d'Orleans luy avoit conservé son longement : mais lors que Madame fut arrivée à Paris, il en sortit, & fut demeurer dans l'Isle Nostre-Dame où il avoit une maison. Les premiers Tableaux qu'il y fit furent ceux de la Chapelle de M. Tubeuf aux Peres de l'Oratoire de la ruë Saint Honoré. Il fit en suite plusieurs Portraits du Roy & de la Reine Regente, qui luy ordonna de peindre dans son appartement du Val de Grace plusieurs sujets de la Vie de Saint Benoist, ausquels Sa Majesté prenoit plaisir à le voir travailler toutes les fois qu'elle alloit dans ce Monastere.

Ce fut dans ce temps-là que l'Académie des Peintres & des Sculpteurs commença à se former. Quand on proposa à Champagne d'y entrer, il le fit d'autant plus volontiers qu'il jugea que cét établissement devoit estre d'une grande utilité ; & lors que le Roy eût la bonté d'honorer cette Compagnie de sa protection & de ses liberalitez, & qu'elle fut affermie dans l'estat où elle est, Champagne

ET LES OUVRAGES DES PEINTRES. 175
fut éleû un des Recteurs. C'est dans cette CHAMPAGNE.
Charge qu'il a fait paroistre une conduite,
& un desinteressement qui n'a guéres eû d'exemples, faisant part des émolumens de sa
Charge à ceux qui en avoient besoin, & ne
voulant les recevoir que pour en faire du
bien à d'autres. Il a laissé à cette Compagnie
un Tableau de sa main representant Saint
Philippes son Patron.

En 1647. il alla demeurer au Fauxbourg
Saint Marceau sur le haut de la Montagne,
pour estre en plus bel air, & plus en repos,
voulant s'exempter de faire des Portraits qui
le détournoient des autres ouvrages pour lesquels il avoit beaucoup plus d'inclination.

En 1648. il fit une Magdelaine, un Moyse
tenant les Tables de la Loy, le Tableau du
grand Autel de Saint Honoré, celuy de la
Cene qui est à Port Royal de Paris ; Et de
temps en temps il se divertissoit à faire des
Païsages.

Les guerres de Paris qui survinrent l'obligerent à retourner dans la Ville, & se logea
dans une maison qu'il avoit derriere le petit
Saint Antoine, où il a toûjours demeuré
depuis.

En 1654. il fit un voyage à Bruxelles

pour voir son frere. L'Archiduc Leopold qui aimoit beaucoup la Peinture, ayant sceû son arrivée, le pria de luy faire un Tableau où Adam & Eve fussent representez grands comme nature, qui regretent la mort d'Abel ; ce que Champagne executa l'année d'aprés. L'Archiduc, pour témoigner combien il en estoit satisfait, gratifia un de ses neveux d'une Charge de Contrôlleur des Domaines de Flandres.

Ce fut aprés avoir fini ce Tableau qu'il commença l'un des trois qui est à Saint Gervais pour servir de patron à des Tapissiers.

Son neveu qui avoit toûjours travaillé sous sa conduite luy ayant demandé permission d'aller à Rome, il eût assez de peine à y consentir, & ne le luy accorda enfin qu'à condition qu'il ne seroit que dix-huit mois en tout son voyage, l'affection qu'il avoit pour luy ne pouvant souffrir une plus longue absence. Aprés son retour, & lors que le Roy alla sur la frontiere d'Espagne pour la conclusion de son mariage, l'on fit peindre & orner plusieurs Appartemens dans le Chasteau de Vincennes. Champagne entreprit de faire avec son neveu l'Appartement du Roy. Cet ouvrage s'éxecuta avec une diligence,

ET LES OUVRAGES DES PEINTRES. 177
gence, & l'on peut dire une précipitation CHAMPAGNE inconcevable, car le Roy y logea avant mesme que la chambre fust achevée ; ce qui fut cause qu'on ne put finir plusieurs choses aussi parfaitement que si l'on eust eû tout le temps necessaire.

Champagne fit de sa main tout le Tableau du platfond de la grande Chambre du Roy. C'est dans ce Tableau que Sa Majesté est representée sous la figure de Jupiter qui commande à la France d'embrasser la Paix.

En 1666. il eût ordre de peindre conjointement avec son Neveu, l'appartement de Monseigneur le Dauphin dans le Palais des Tuileries : mais il ne fit que le Tableau de l'éducation d'Achille, & son Neveu acheva le reste, ne cherchant deslors qu'à se retirer des grands emplois pour vivre plus tranquilement. Ce n'est pas qu'il ne s'occupast toûjours à peindre quelque chose, n'ayant pu gouster pendant toute sa vie que ce seul & unique divertissement.

Il recevoit une consolation toute particuliere de sa fille aisnée Religieuse à Port Royal. Car aprés la mort de sa femme il mit ses deux filles en pension dans cette Maison par le conseil de M. de Perefixe alors Evesque de

CHAMPAGNE. Rhodez, qui eſtoit ſon ami dés le vivant du Cardinal de Richelieu. La plus jeune mourut Penſionnaire; & l'aiſnée ayant demandé à eſtre Religieuſe, Champagne qui n'avoit plus qu'elle d'enfant, eût beaucoup de peine à y conſentir.

Enfin noſtre illuſtre Peintre eſtant âgé de ſoixante douze ans, jugea bien par les incommoditez qui luy ſurvenoient tous les jours, que la fin de ſa vie approchoit. Ce fut le 8. jour d'Aouſt 1674. qu'il ſe trouva attaqué de la maladie dont il mourut le 12. Aouſt 1674.

C'eſtoit un homme d'un naturel doux, d'un maintien ſerieux & grave, & d'une conſcience droite. Il eſtoit aſſez bel homme, la taille haute, & le corps un peu gros. Il eſtoit ſobre & reglé dans ſa maniere de vivre. Quelque temps avant ſa mort il fit ſon portrait d'une grandeur conſiderable. Il eſt accompagné d'un Païſage, où dans le lointain eſt une veûë de la Ville de Bruxelles. C'eſt un des beaux portraits qu'il ait faits.

Si je me ſuis un peu étendu ſur la vie de cét excellent Homme, ce n'eſt pas pour vous faire remarquer dans ſes ouvrages des parties comparables à celles des plus grands

ET LES OUVRAGES DES PEINTRES 179
Maiſtres d'Italie, car il n'avoit jamais veû CHAMPAGNE. comme eux ces beautez ſi propres à faire naiſtre d'excellentes idées. Auſſi a-t-il toûjours conſervé beaucup du gouſt de ſon païs, qu'il a cependant rectifié par l'étude & la peine qu'il s'eſt donnée à imiter ce que l'on eſtimoit de plus parfait. Et comme il n'aimoit pas à repreſenter des ſujets profanes, il a évité autant qu'il a pu les nuditez.

Ayant commencé à paroiſtre dans un temps où en France l'on n'eſtoit pas ſi éclairé qu'aujourd'huy, & où il y avoit peu d'habiles Peintres, il y a tenu un des premiers rangs dans la Peinture.

Bien que HENRY GISSEY ne fuſt pas GISSEY. Peintre, il eſtoit toutefois du corps de l'Académie, parce qu'il deſſinoit aſſez bien, & avoit la Charge de Deſſinateur ordinaire des Balets du Roy. On peut mettre au nombre des bons Peintres pour les Portraits, LE LE FEVRE. FEVRE natif de Fontainebleau. Il a eſté Adjoint à Profeſſeur dans l'Académie.

MATTHIEU, Anglois de nation, fai- MATHIEU. ſoit auſſi des Portraits, & a travaillé dans les Gobelins aux ouvrages du Roy. Il mourut en 1674.

Dans la meſme année mourut auſſi GEOR- CHARMETON.

Z ij

CHARMETON. GES CHARMETON de Lyon. Il eſtoit Eleve de Stella, & peignoit aſſez bien l'Hiſtoire : mais ſon principal talent eſtoit pour les ornemens dans les platfonds, particuliérement quand il falloit peindre de l'Architecture, & faire de la Perpective.

BALTAZAR MARCY. BALTAZAR MARCY de Cambray ne le ſurveſcut de guéres. Il eſtoit Sculpteur, & a fait quantité d'ouvrages. C'eſt de luy & de Gaſpar Marcy ſon frere aiſné auſſi Sculpteur, les deux Chevaux & les deux Tritons que l'on voit à Verſailles dans l'une des Niches de la Grote d'Apollon. Ces quatre figures ſont diſpoſées en ſorte qu'il paroiſt un agreable contraſte dans toutes leurs parties à cauſe de leurs differentes actions.

Comme on a prétendu par cette Grote figurer le Palais de Thetis, où le Soleil ſe retire aprés avoir fini ſa courſe, on diroit à voir ces Chevaux, que commençant à ſe délaſſer du travail de la journée, & à ſe reſſentir de la fraiſcheur du lieu & du bon traitement qu'on leur fait, ils ne demandent plus qu'à s'égayer : Car celuy qui eſt le plus avant dans la niche baiſſe la teſte, & ſerrant les oreilles mord la croupe de ſon compagnon d'une maniere enjoûée ; ce qui fait que l'au-

ET LES OUVRAGES DES PEINTRES, 181
tre Cheval plie les jambes de derriere, & se BALT. MARC?
cabrant à demi, tourne la teste, dresse les
oreilles, & semble hanir. Le Triton qui le
panse leve le bras gauche comme pour le
retenir. L'on voit dans le dos & dans le bras
de ce Triton de la force & de la vigueur ;
& comme le bras gauche avance & s'éleve,
l'épaule droite baisse & se retire en arriere,
ce qui fait paroistre plus étendus les muscles du costé gauche.

Quant à l'autre Triton, il est dans une attitude toute contraire à celle que je viens de
representer : Il porte une grande coquille où
est l'Ambrosie dont les Poëtes disent que
les Chevaux du Soleil sont nourris.

Baltazar Marcy estoit Adjoint à Professeur lors qu'il mourut.

BARTHOLET FLAMEL de Liége a BARTHOLET.
fait la Charge de Professeur. Il y a un Tableau de luy au platfond de la chambre du
Roy dans l'appartement haut des Tuilleries. Il est mort Chanoine de Liége. PO- POPLIERE.
PLIERE de Troye fut receû dans l'Academie au nombre de ceux qui travaillent de
Miniature.

FRANÇOIS CHAUVEAU mou- CHAUVEAU.
rut l'année d'aprés. Il estoit de Paris, & d'u-

Z iij

CHAUVEAU. ne honneste famille. Il fut instruit dans les commencemens par Laurent de la Hire, chez lequel il travailla long-temps à dessiner continuellement d'aprés ses Tableaux: aussi s'estoit-il fait une maniere finie & agreable, imitant entierement celle de son Maistre. Comme il avoit une grande facilité à dessiner, il s'appliqua ensuite à graver à l'eau forte, trouvant dans cette sorte de travail un moyen aisé pour se contenter luy-mesme, & mettre au jour en peu de temps une grande quantité d'ouvrages : Car il est vray qu'il n'y a eû gueres de Graveurs si feconds que luy, & qui ayent composé des sujets avec une ordonnance plus naturelle, & une convenance plus noble & plus judicieuse. Il aimoit beaucoup la lecture, principalement celle des Poétes, & mesme faisoit des vers assez facilement. Il avoit l'imagination vive, & une memoire merveilleuse, qualitez qui luy donnoient beaucoup d'ouverture d'esprit, & une si grande abondance de pensées que les sujets ne luy coustoient rien à inventer, & à disposer en autant de manieres qu'on pouvoit desirer. Il entroit si bien dans la pensée de ceux qui luy en proposoient, qu'il sembloit qu'il vist la cho-

ET LES OUVRAGES DES PEINTRES. 183
se mesme, & qu'il ne la faisoit que copier. CHAUVEAU

Quoy-qu'il fust assez correct dans le dessein, & qu'il exprimast parfaitement tous les mouvemens du corps & de l'ame, il est vray néanmoins que sa maniere tenoit toûjours de celle de son maistre, qu'il y avoit quelque chose de contraint & de sec dans les membres de ses figures, & l'on voyoit bien qu'il n'avoit jamais esté en Italie pour y prendre un meilleur goust. Cependant tout ce qu'il faisoit estoit également agreable aux sçavans & aux ignorans, quoy-qu'il y ait bien de la difference entre le jugement du vulgaire & celuy des sçavans. Le vulgaire, comme vous sçavez, approuve quelquefois un ouvrage sans le comparer; & cela arrive lors qu'un mediocre, ou mauvais ouvrier a trouvé moyen de luy plaire par quelque endroit, car le plaisir qu'il reçoit le contente: il ignore qu'il y a quelque chose de meilleur qui ne s'y trouve pas, & ce qu'il voit le satisfait en l'estat qu'il est.

Un Graveur mediocre, pourveû qu'il ait quelque bonne qualité, peut estre agreable; sur tout lors que l'ordonnance de son ouvrage est naturelle & gracieuse, parce qu'il n'y a rien qui ait plus de pouvoir sur l'es-

CHAUVEAU. prit de l'homme que l'ordre & la grace.

La quantité de pieces que Chauveau a faites est inconcevable, soit que l'on considere celles qui sont de son invention, soit que l'on regarde ce qu'il a gravé d'aprés d'autres maistres. Peu de temps avant sa mort, il fit dessiner l'histoire de Saint Bruno peinte par le Sueur dont je vous ay entretenu. Il en a gravé une partie, & conduit le reste. Il seroit à souhaiter pour l'honneur du Peintre & le merite des Tableaux que Chauveau eust gravé tout luy-mesme.

Il avoit commencé une suite de sujets tirez de l'Histoire Greque & Romaine, qui eust esté un travail considerable. On peut dire que l'abondance des pensées, & les graces de la varieté se rencontrent dans ce qu'on en voit. Il estoit Conseiller dans l'Académie lors qu'il demeura malade d'une fiévre maligne dont il mourut en 1674.

HERARD. HERARD Sculpteur a travaillé sous Varin, & a gravé des poinçons pour des Medailles. Il est mort en 1675.

Je vous ay fait remarquer les vertus & les bonnes mœurs de quelques Peintres, & je les ay mesme élevez audessus des talens qu'ils avoient pour leur profession, quand

ET LES OUVRAGES DES PEINTRES. 185
j'ay cru leur devoir rendre cette justice, & par là donner plus de relief à leur reputation. Je pourrois faire encore la mesme chose à present au sujet de HENRY BOBRUN, si vous ne l'aviez si parfaitement connu, que vous pouvez plus que personne en rendre des témoignages avantageux. Dés le commencement de l'Academie sa vertu & son merite luy donnerent rang d'Ancien dans cette Compagnie. Vous sçavez qu'il estoit d'Amboise. Son pere & son ayeul avoient toûjours esté attachez au service des Rois Henry IV. & Loüis XIII. l'un en qualité de Valet de Chambre, & l'autre en qualité de Valet de Garderobe. Henry Bobrun exerça aussi la mesme charge de Valet de Garderobe pendant plusieurs années. Ses habitudes à la Cour, & la réputation qu'il avoit pour bien faire des Portraits luy donnerent beaucoup d'employ. Vous sçavez l'amitié & l'étroite liaison qui estoit entre luy & Charles Bobrun son cousin : On a toûjours admiré cette conformité de mœurs & de sentimens qui estoit telle entre eux, qu'ils sembloient n'avoir qu'un mesme esprit & une mesme volonté. Mais ce qui a paru de plus surprenant, c'est que dans leurs

Tome V. A a

CHAUVEAU.

HENRY BOBRUN.

Peintures on voit l'effet d'une mesme imagination, & qu'ils ont eû de pareilles idées. Leur maniere estoit si égale & si semblable, que pour faire le Portrait d'une personne ils y travailloient alternativement l'un & l'autre, & se servant de la mesme palette & des mesmes pinceaux, on eust dit qu'un mesme esprit conduisoit deux differentes mains.

Ils ont eû cét avantage de satisfaire toutes les personnes de la Cour, particulierement les Dames, qu'ils sçavoient si bien peindre, & si bien disposer, qu'en conservant la ressemblance ils leur donnoient cependant, lors qu'il en estoit besoin, plus de beauté, & des airs plus avantageux, les representant avec des habits, des coiffures, & d'autres ajustemens qui donnoient beaucoup de grace & de majesté aux Portraits : Aussi pendant un assez long-temps il n'y avoit gueres de Dames qui ne voulussent estre peintes par les Bobruns, car on ne les separoit jamais l'un de l'autre.

Outre l'avantage qu'elles tiroient de la délicatesse de leur pinceau, & de leur maniere ingenieuse à les representer toûjours dans un estat qui leur estoit agreable, elles trouvoient encore de la satisfaction dans l'en-

ET LES OUVRAGES DES PEINTRES. 187
tretien de ces deux habiles hommes; & le BOBRUN.
lieu où ils travailloient estoit souvent une
assemblée des plus belles & des plus spirituelles personnes de la Cour, qui passoient
souvent des demi-journées à les voir travailler, & à s'entretenir agreablement de toutes
choses.

Ils eurent pendant quelque temps beaucoup de part aux divertissemens que l'on
faisoit chez le Roy pour les bals & les balets,
donnant des desseins pour les habits, &
mesme estant consultez sur l'invention des
sujets, & les manieres les plus ingenieuses
de les composer. Ils y avoient d'autant plus
d'habileté, qu'ils avoient l'imagination vive
& l'esprit fecond en pensées, faisant mesme des vers & des comedies dont ils se divertissoient avec leurs amis, sans toutefois
que cela interrompist leur travail ordinaire.
Je ne dois pas m'arrester à vous faire souvenir de tous les Portraits qui sont sortis de
leurs mains, soit de ceux qu'ils ont faits
pour le Roy & la Reine sa mere, soit de
ceux qu'ils ont peints depuis pour les plus
considerables personnes de la Cour, & pour
plusieurs particuliers.

Lors que la Reine fit son entrée dans Paris

BOBRUN. en 1660. ils eûrent le soin d'orner l'Arc de Triomphe que l'on dressa au bout du Pont Nostre Dame. Ils l'enrichirent de plusieurs figures, & representerent dans le Tableau d'enhaut Mars surmonté par l'Amour. Je pourrois vous parler de plusieurs autres ouvrages que ces deux chers cousins ont achevez ensemble, jusques à ce qu'enfin la mort de Henry qui arriva au mois de May 1677. les separa, & rompit les liens si doux & si agreables qui les avoient joints ensemble pendant tant d'années.

Il est vray, dit Pymandre avec un soupir qui marquoit de la douleur, que je ne croy pas qu'on puisse trouver un exemple de deux personnes si bien d'accord en toutes choses. La probité de ces deux parens, repris-je, & leur integrité dans leur conduite les a toûjours fait considerer avec une estime toute particuliere: Et c'est ce qui fit jetter les yeux sur eux pour faire la Charge de Tresoriers de l'Academie lors que le Roy l'honora de sa protection & de ses bienfaits.

La mesme année que Henry Bobrun mourut, l'Academie perdit deux Peintres qui travailloient particulierement à faire des Portraits. L'un estoit Simon Renard, dit Saint André, & l'autre le Févre, qu'on nommoit de Venise.

SAINT ANDRE' estoit de Paris. Il avoit travaillé en sa jeunesse avec les Bobruns sous Loüis Bobrun leur oncle; & comme il vous estoit aussi fort connu, je ne pense pas devoir m'arrester long-temps à vous parler de luy. Le Tableau qu'il fit pour l'Academie lors qu'il y fut receû, où il representa la Reine Mere, & la Reine peu de temps aprés son arrivée en France, est un des plus beaux que l'on voye de luy. Il a fait le Portrait du Roy assis & vestu de ses habits Royaux qui est au Louvre dans la Salle où s'assemble l'Academie Françoise. Il fit aussi plusieurs ouvrages pour les Tapisseries qu'on a fabriquées aux Gobelins. Je pourrois vous parler plus au long de sa vie & de ses mœurs si vous ne l'aviez beaucoup connu.

LE FEVRE, surnommé de Venise, parce qu'il avoit demeuré long-temps dans cette Ville, estoit en reputation pour bien faire des Portraits en petit. Aussitost qu'il fut arrivé à Paris vers l'an 1655. il en fit quelques-uns, & y réussit assez heureusement. Il se presenta ensuite à l'Academie de Peinture,

& y fut receû d'une maniere dont il ne fut pas satisfait, parce qu'on le mettoit au rang de ceux qui estoient pour les Portraits, & qu'il souhaitoit d'estre admis comme Peintre d'histoire, prétendant travailler assez bien de l'une & de l'autre maniere pour mériter la mesme grace que quelques autres qui avoient esté receûs un peu avant luy. De sorte que mal content de la Compagnie, il s'abstint d'aller à l'Académie, s'en plaignit hautement, & enfin dans la suite du temps ne se voyant pas aussi employé qu'il croyoit le mériter, & qu'il en avoit besoin, il alla en Angleterre pour voir si la fortune luy seroit plus favorable qu'elle n'avoit esté jusques alors. Quoy qu'il fust déja âgé quand il partit, il avoit neanmoins une complexion si vigoureuse, qu'il ne sentoit aucunes incommoditez. Il y fit quelques Tableaux: mais n'ayant pas trouvé en ce païs-là tous les avantages qu'il esperoit, il se disposoit à revenir en France, lors qu'il tomba malade, & y mourut.

N'est-ce pas de luy, dît Pymandre, certaines Testes que vous m'avez fait voir autrefois où il representoit la phisionomie de toutes sortes de personnes par de simples traits de plume ou de crayon?

Il prenoit plaisir, repartis-je, comme fai- | LE FEVRE
soit autrefois Annibal Carache, à faire des | DE VENISE.
Portraits chargez, & à marquer le caractere
des divers temperamens de ceux qu'il representoit.

Je croy, interrompit Pymandre, qu'en | DE LA PHI-
effet un Peintre ne doit pas ignorer la Phi- | SIONOMIE.
sionomie pour bien connoistre & bien pein-
dre les differentes inclinations des hommes.

Cela est vray, répondis-je, si celuy qui
peint veut donner une parfaite expression à
ses visages, bien marquer leur temperament,
& representer mesme jusques aux pensées qui
peuvent les occuper. Mais ce n'est pas de cette
maniere sçavante que le Fevre traitoit ses
ouvrages; cette force d'expressions où l'on
voit un veritable caractere des passions & du
naturel des hommes ne se rencontroit pas
dans tous les sujets qu'il representoit. Il prenoit plaisir à dessiner, comme je vous ay dit,
des visages chargez & ridicules, qui ne laissent pas de plaire, parce que rien ne diver-
tit davantage, & n'est plus capable de faire
rire que ces sortes d'images qui se tournent
vers quelque difformité, & qui la rendent
encore plus ridicule, en la comparant à une
difformité plus visible.

192 ENTRETIENS SUR LES VIES

LE FEVRE DE VENISE.

Cela n'empeschera pas, dit Pymandre, que comme vous avez parlé autrefois des passions de l'ame, & que vous avez fait connoistre les mouvemens de l'esprit qui causent ceux du corps, vous ne puissiez bien dire quelque chose des signes que la nature imprime sur le visage des hommes, & par lesquels on peut juger non seulement des passions qui les dominent, mais encore des vertus ou des vices ausquels ils sont portez.

Il est vray, répondis-je, qu'encore que les passions n'agissent pas toûjours, & qu'un homme ne soit pas continuellement amoureux ni colere, il y a neanmoins des personnes sur le visage desquelles il semble qu'on découvre par avance les choses qu'elles ont envie de faire, & dans lesquelles les grandes vertus & les grands vices se font voir, comme si la divine Providence avoit voulu peindre ces qualitez sur le visage des hommes pour faire rechercher la compagnie des gens de bien, & fuir celle des méchans.

Je sçay bien qu'il y a une science trop curieuse qui prétend compter les jours, & connoistre la bonne & la mauvaise fortune de l'homme par des marques & par des lignes qui se trouvent en quelques parties du corps,

ET LES OUVRAGES DES PEINTRES. 193
corps. Comme je tiens cette science fort in- LE FEVRE
certaine pour ne pas dire pleine d'ignorance DE VENISE.
& de vanité, & qu'il y a lieu de se moquer
de ces gens qui ne sçachant pas ce qui se
fait dans le temps present, & qui mesme
ignorent le passé, veulent toutefois connoistre les choses à venir, je ne conseillerois jamais à un Peintre d'en faire une estude : Mais
parce qu'il y a quatre humeurs principales
qui dominent dans l'homme, & qui sont
la cause de ses differentes inclinations, le
Peintre doit tascher de connoistre & de remarquer celle qui a le plus de force sur chaque corps, afin que sçachant quel est son
temperament, il puisse juger des choses ausquelles il sera naturellement porté.

La premiere marque, à mon avis, & la
plus generale que la nature nous en donne,
est dans la couleur qu'elle répand sur tout
le corps. Elle fait voir la difference qu'il y
a d'un homme sanguin à un homme mélan-
cholique ; & comme le mélange des humeurs est la cause de la diversité des inclinations, on tasche de les connoistre chacune
par quelques apparences exterieures & quelques signes qu'on en voit sur le corps : de
sorte que si dans une personne la couleur

Tome V. Bb

dominante est violette, plombée, & livide, comme elle marque une bile noire, elle signifie l'inclination d'un homme à estre colere, envieux, & sujet à d'autres actions mauvaises qui procedent pour l'ordinaire d'un tel temperament. C'est pourquoy le Poussin dans son Tableau du jugement de Salomon a peint de la sorte cette méchante femme qui demandoit avec tant de hardiesse & d'impudence un enfant qui n'estoit pas à elle. Et parce que la veritable mere estoit dans la bonne foy, il la peinte comme une femme simple & sans malice, & dont la couleur de la chair un peu vermeille témoigne la bonté de son naturel: Car d'ordinaire les personnes sanguines ne sont pas capables de faire une méchante action; elles peuvent estre promptes & coleres, mais leur feu s'évapore bientost, & ne gardent aucune haine dans l'ame.

C'est pourquoy, interrompit Pymandre, lors que les amis de Cesar l'avertirent de se défier de Dolabelle & d'Antoine, il leur dit qu'il ne craignoit point ceux qui avoient le teint frais & vermeil; mais bien ces pasles & ces maigres tels que Brutus & Cassius.

Toutefois, repris-je, ceux qui sont d'une

couleur trop rouge sont quelquefois à craindre, parce qu'ils sont d'une complexion chaude & emportée. Ceux qui sont d'un teint fort blanc, & qui ont la chair délicate, sont foibles, effeminez, & d'un temperament froid. Voilà quant à la couleur ce que le Peintre peut ce me semble observer en general sur le naturel, afin de se conduire, & faire la carnation de ses figures selon que le sujet le demande. Car il doit avoir égard aux personnes qu'il represente, & faire pour cela diverses observations, puis que la couleur du corps & du visage ne dépend pas seulement du temperament & des humeurs, mais encore de la naissance, de l'éducation, du païs, & des emplois. Un Marinier, un Païsan, & semblables gens qui sont continuellement exposez au Soleil & aux injures de l'air, ont la chair basanée; De sorte que si par cette raison on ne pouvoit rien marquer dans les corps de ces sortes de personnes par le teint & par la couleur, il faudroit que le Peintre cherchast d'autres signes convenables aux vices & aux vertus de ceux qu'il voudroit representer. C'est pourquoy dans cette mauvaise femme dont nous avons déja tant parlé, non seulement le Poussin a fait connoiſtre ſa malice par la couleur de ſa chair, mais encore par une maigreur & une ſéchereſſe cauſée par la bile noire qui domine dans les méchans, laquelle eſtant chaude & brûlante, deſſeche, & rend les corps plus maigres; au contraire de ceux qui ſont un peu ſanguins, de qui la chair eſt plus fraiſche & plus ferme. Et bien que je ſçache qu'il eſt tres-difficile d'avoir une connoiſſance certaine de l'humeur des hommes en regardant leurs viſages, à cauſe qu'il s'en trouve de tant de differentes ſortes qu'il n'y en a pas deux qui ſe reſſemblent, & que les traits meſmes changent bien ſouvent ſelon les differentes paſſions qui les agitent: neanmoins ſoit que les divers temperamens, & le mélange des humeurs aide en quelque choſe à la conformation de certaines parties, on a remarqué de tout temps que les vices, les vertus, & les diverſes inclinations des perſonnes paroiſſent en quelque maniere dans la forme, & la figure de quelques-unes des parties du corps; & ce qui eſt de merveilleux, c'eſt que ſur cela tout le monde eſt preſque d'un meſme ſentiment, & que ceux qui en certaines rencontres ont donné leur jugement ont réuſſi dans leurs pronoſtics, c'eſt à

ET LES OUVRAGES DES PEINTRES. 197

dire à l'égard de l'inclination qu'on peut avoir à quelque vice ; car l'esprit & la raison doivent souftenir la nature, & empefcher qu'elle ne tombe dans les fautes où une mauvaife conftitution la porte, comme Socrate confeffoit luy-mefme l'avoir éprouvé.

Or quoy-qu'on ne puiffe pas dire que les inclinations & les habitudes, tant bonnes que mauvaifes qui font des difpofitions permanentes, fe faffent voir auffi vifiblement fur le vifage que les fignes qui marquent les paffions, qui quoy-que paffageres fe font voir plus diftinctement & avec plus de force : Néanmoins comme les Phifionomiftes fe font plus attachez à obferver la tefte, & toutes fes parties que les autres fignes naturels qui s'impriment fur les corps, il eft bon que le Peintre fçache que le jugement qu'ils en ont fait à l'égard de la tefte en general, eft que les perfonnes qui ont le vifage long, & dont les os des deux coftez des joües fortent & paroiffent beaucoup, font pour l'ordinaire d'une humeur railleufe, pleins d'ogueïl, & enclins à tromper. Que ceux qui ont le vifage trop plein font pareffeux, lens, d'un efprit lourd, craintifs, impurs, inconftans, & préfomptueux. Mais

Bb iij

LE FEVRE DE VENISE.

le visage moyennement maigre est une marque de prudence, d'attachement à l'étude, & d'un esprit ingenieux & sage; & c'est ainsi que Ciceron est representé dans le creux d'une agathe qui est au cabinet du Roy.

Je croy, dît Pymandre, que c'est principalement dans les Portraits qu'un Peintre cherche à faire paroistre la Phisionomie, s'il est vray ce qu'on a écrit d'Apelle, qu'il estoit si habile à bien observer, & à bien peindre toutes les parties d'un visage, qu'il y avoit des personnes qui prétendoient prédire la bonne ou la mauvaise fortune en voyant seulement les Portraits de ceux qu'il avoit peints : Mais pour moy, je doute aussibien que vous qu'il y ait des gens non seulement assez penetrans pour connoistre ainsi les choses qui doivent arriver, & mesme qu'un Portrait soit susceptible d'une ressemblance si parfaite qu'on puisse juger ainsi de la fortune des hommes.

Afin, répondis-je, que vous ne croyez pas que pour faire davantage admirer la force de la Peinture, & la science de ceux qui font des pronostics, je veüille produire une vieille histoire : je ne vous proposeray qu'un exemple du dernier siecle, & un Tableau encore tout frais, pour vous faire connoistre, non pas qu'on puisse seûrement juger des choses à venir, mais que la Peinture peut fort bien par ses couleurs faire connoistre le temperamment des personnes, en imitant ce que la nature elle-mesme a marqué. Ce Tableau est de la main du Titien, & represente le Duc de Bourbon qui abandonna la France & le service du Roy François I. pour suivre l'Empereur Charles-Quint.

LE FEVRE DE VENISE.

Je me souviens, dit Pymandre, d'avoir veû ce Portrait dans le Palais Farnese.

Hé bien, repartis-je, n'y avez-vous pas trouvé les marques d'un temperament conforme à ce que l'histoire nous apprend de ce Prince ?

Il n'estoit pas mal-aisé, repliqua Pymandre, de bien figurer son humeur; car j'ay oüi dire qu'elle estoit si visible, & si répanduë, s'il faut ainsi dire, sur son visage qu'on n'en pouvoit peindre aucune partie qui ne parust debile & de mélancholie.

Ce n'est pas le seul Portrait, repris-je, où le Titien ait fait voir les inclinations de ceux qu'il representoit: il n'en a gueres fait qui ne fussent parfaitement ressemblans.

Il me semble, dît Pymandre, que pour juger du naturel des personnes, il y a des gens qui cherchent dans les visages certains traits & des lignes qui ont quelque conformité avec les animaux.

C'estoit, répondis-je, la doctrine de quelques anciens, qui considerant les marques & les signes des animaux, concluoient ensuite que celuy qui leur estoit semblable en cela avoit aussi les mesmes inclinations; Et de la est venuë l'opinion de plusieurs qui tiennent que tous les hommes participent de la nature de quelque animal, & que selon la ressemblance qu'ils en ont ils en possedent aussi quelques qualitez. C'est pour cela qu'il y a eû des Peintres qui se sont si bien étudiez à considerer le rapport qui se trouve entre les traits des hommes & ceux des animaux, que pour peindre une personne ils se servoient des principales parties de la beste ou de l'oiseau avec lequel il avoit quelque conformité, & meslant ensemble ces deux differentes natures, faisoient ou un oiseau qui ressembloit à un homme, ou donnoient a cét homme la ressemblance de l'oiseau avec lequel il avoit quelque rapport. Annibal Carache a esté admirable à bien exprimer

ET LES OUVRAGES DES PEINTRES. 261
exprimer ces sortes de choses, & avoit une
si grande facilité à trouver tout d'un coup
cette ressemblance, qu'avec peu de traits de
plume, ou de crayon, il rendoit une personne reconnoissable sous la figure de quelque animal.

C'estoit aussi dans la maniere de faire des Portraits chargez que le Févre de Venise s'estoit étudié à l'imiter.

De sorte, dit Pymandre, qu'il n'est donc pas toûjours besoin que celuy qui veut peindre la nature & les inclinations d'un homme exprime en détail toutes les lignes & les marques que doivent sçavoir ceux qui veulent apprendre la Phisionomie.

Que serviroit à un Peintre, repartis-je, d'apprendre tant de choses douteuses & inutiles que l'on a écrites là-dessus? Il luy suffit de considerer d'abord la masse & la forme des corps, comme la teste, & ensuite toutes les autres parties selon qu'il juge qu'elles doivent estre pour representer une personne de l'humeur & de l'inclination qu'on veut la faire paroistre.

C'est une opinion commune parmi les sçavans, que la teste pointuë par le haut n'est pas la marque d'un homme prudent.

LE FEVRE DE VENISE.   Il est vray, interrompit Pymandre, que j'ay toûjours oüi dire que c'estoit un signe de bestise, de stupidité, & de peu de jugement : cependant Pericles n'a point passé pour un homme qui eust ces mauvaises qualitez, quoy-qu'il eust la teste pointuë, & qu'à cause de cette difformité on le representoit toûjours avec un casque.

Vous voyez bien, repris-je, que ces regles ne sont pas generales, & que des hommes considerables par leur vertu, par leur esprit, & par leur courage, ont eû de grands defauts dans la conformation de leurs corps : Mais celuy qui dans ses ouvrages veut donner un caractere convenable aux personnes dont il represente les actions, doit prendre garde à ne pas faire de figures dont les visages, ou les differens airs impriment dans l'esprit de celuy qui les regarde quelque chose de fascheux, & qui ne soit pas à l'avantage de ceux qu'on veut peindre. Si selon Platon la beauté n'est autre chose que la splendeur de la bonté, il est certain que plus un corps est beau, & plus on doit croire que l'ame qui loge dedans a de bonté & de perfection ; Et comme la beauté du corps consiste dans une juste proportion des membres, dans la cou-

ET LES OUVRAGES DES PEINTRES. 203
leur de la chair & dans la grace, il faut qu'un Le Fevre
Peintre regarde suivant les sujets qu'il trai- de Venise.
te, à bien observer ces trois conditions dans
les personnes qu'il veut representer, & pour
éviter de faire quelques parties du corps humain qui ne soient ni belles ni avantageuses, établir plusieurs maximes. Par éxemple, s'il veut representer un homme sage &
habile, il doit le former de telle sorte que
la teste soit moyennement grosse & ronde,
& mesme se souvenir que la teste petite est
la marque d'un homme de bon sens, pourveû toutefois que le col ne soit pas trop long;
car une petite teste sur un col d'une longueur excessive, represente un homme de
peu d'entendement, d'esprit foible, & mesme atteint de folie.

Bien que je n'aye jamais étudié ces sciences, dît Pymandre, il me semble que le vray
miroir de l'ame est le front, & que l'on y
voit comme dans une glace ce qu'un homme a dans l'esprit.

Un trés-sçavant homme de ces derniers « M. de la
temps a fort bien dit, Qu'on ne sçauroit con- « Chambre.
siderer les rapports merveilleux qui se rencon- «
trent entre toutes les parties du corps de «
l'homme, sans penser que la sagesse infinie «

Cc ij

» de Dieu qui réduit toutes choses à l'unité
» pour luy estre plus conformes, après avoir
» racourci tout le monde dans l'homme, a
» voulu racourcir tout l'homme dans le visa-
» ge; Et comme le front semble estre la partie principale du visage & celle qui se presente d'abord, & qui parle pour les autres, s'il faut ainsi dire, c'est aussi de cette partie que les Peintres peuvent tirer la force & la verité de leurs expressions. Ce que nous remarquasmes il y a quelque temps dans les Tuilleries en parlant des proportions & de la beauté de cette partie, se peut encore dire pour ce qui en regarde la bonté: Car ce qui est laid & difforme dans le front aussi-bien que dans toutes les autres parties du visage, n'est point une marque d'une inclination avantageuse. Si le front est trop grand, rond, & découvert, il represente un menteur. S'il est ridé & abbatu sur les sourcils, c'est la marque d'une personne cruelle tel que Neron nous est representé. S'il est trop gras, il témoigne un esprit grossier. S'il est trop long; que le reste du visage soit de mesme, & que le menton soit court, c'est un signe de tyrannie & de cruauté. Mais si avec cela les sourcils

viennent à se toucher & à s'épaissir auprés du nez, c'est encore une marque d'un méchant homme. Au lieu que si les sourcils sont médiocrement épais, d'un poil délicat, brun, & bien arrangé, c'est le témoignage d'une complexion moderée.

Les yeux, dît Pymandre, servent encore beaucoup à découvrir le naturel des personnes.

Ce n'est pas aussi, continuay-je, une partie que l'on doive négliger; les yeux bien fendus & brillans, témoignent une ame bien saine: au lieu que ces gros & vilains yeux qui sortent de la teste, & qui semblent tomber, ne signifient rien de bon. L'on tient que ceux qui les ont de la sorte sont ordinairement ou grossiers, ou impurs, ou paresseux. Les yeux trop enfoncez dénotent un homme envieux. Ceux qui sont serrez trop prés l'un de l'autre & vifs, representent un homme cruel. Un nez long & crochu est bon à figurer un railleur, un avare, un traistre: mais les personnes qui ont le nez bien fait & un peu élevé sur le milieu, sont pour l'ordinaire éloquens, liberaux, & courageux. Celuy qui a le nez large, un peu enfoncé au milieu, & relevé par le bout, est d'ordinaire menteur, fier, arrogant, & cruel. Enfin vous

Le Fevre de Venise. sçavez qu'il y a tant de parties differentes dans tous les visages, qu'il seroit malaisé de les rapporter toutes. Nous pouvons encore seulement remarquer que la bouche trop grande & ouverte, peut servir à representer une personne remplie de mauvaises qualitez ; & qu'au contraire, celle qui est bien faite est la marque d'un homme secret, modeste, posé, sobre, chaste, & liberal. Outre que les lévres bien tournées servent à former une belle bouche, elles sont encore un témoignage de bonté, & l'on a observé que ceux qui les ont grandes & grosses, & à qui celle de dessous pend en bas, sont ordinairement lourds, étourdis, bestes, méchans, & lascifs, semblables aux Satyres qu'on peint avec une bouche de la sorte. Et de mesme que le nez camus & retroussé est la marque d'un homme colere & cruel, aussi le menton pointu represente la mesme chose.

Pour les cheveux, l'on sçait bien qu'ils changent selon l'âge, & que le defaut de chaleur les fait blanchir sur la teste des vieillards : cependant nous pouvons remarquer que les blonds témoignent la délicatesse du temperament. Les roux ne signifient rien d'avantageux.

Vous pouvez mesme dire, interrompit Pymandre, qu'ils sont en telle aversion à tout le monde, que les Egyptiens ne pouvoient voir un homme roux sans l'injurier, & luy faire outrage. Leur aversion estoit si forte contre le poil roux, que ne pouvant souffrir les asnes de cette couleur, au lieu de s'en servir, ils les jettoient dans des précipices pour ne les pas voir.

LE FEVRE DE VENISE.

Plut.

Je ne sçay, luy repliquay-je, d'où vient une telle haine qui semble estre répanduë par toute la terre, & mesme parmi des peuples qui ne sçavent guéres en quoy consiste la beauté. Ne vous ay-je jamais dit ce qui arriva à un homme dont vous connoissez le nom, lequel ayant toute sa vie aimé les voyages de long cours, est mort aux Indes depuis quelques années ? Dans le premier voyage qu'il fit du costé de l'Amerique, il tomba entre les mains des Sauvages, & demeura plusieurs années avec eux, mais ce fut par un bonheur que luy causa la disgrace, s'il faut ainsi dire, de la nature, car il estoit extraordinairement roux. Il m'a conté aprés son retour, que tous ses camarades qui avoient esté pris comme luy, furent mangez par les Sauvages, qu'il fut le seul qu'ils épargnerent, non par le respect qu'ils eussent pour la couleur de son poil, mais par l'aversion & le dégoust qu'ils ont pour ceux qui sont de ce temperament ; de sorte qu'ils le laisserent vivre, & passa plusieurs années dans leur païs, d'où il revint enfin fort instruit de leur langue, de leurs mœurs, & de la nature du climat.

A la verité, dit Pymandre, ce fut en cette occasion que cét homme pouvoit connoistre la verité du proverbe, qu'à quelque chose malheur est bon.

Il me semble, repris-je, que je vous ay assez parlé de ce qui regarde la Phisionomie, & que pour ne vous pas ennuyer je dois supprimer tout ce que je pourrois encore ajoûter à ce que j'ay déja dit sur ce sujet : Aussi n'ay-je prétendu vous marquer que quelques maximes generales que le Peintre doit seulement sçavoir pour connoistre de quelle sorte il peut distinguer l'homme de bien d'avec le méchant, & le courageux d'avec le timide. Par exemple, s'il veut representer quelque grand personnage, avec les marques d'un homme fort & vaillant, il le fera d'une taille droite & haute, les épaules larges, l'estomach puissant, les jointures & toutes les extrémitez bien marquées, les cuisses charnuës,

ET LES OUVRAGES DES PEINTRES. 209
nuës, les jambes assez pleines, les bras ner- LE FEVRE
veux, la teste ronde, & plûtost petite que DE VENISE.
grosse, le teint vif, les yeux brillans & bien
fendus, le front uni avec les autres parties
du visage telles que nous les avons déja marquées, en parlant de la belle forme du corps
humain, & qu'elles soient convenables à sa
condition & à la nature de son païs. Un homme timide & poltron au contraire aura les
cheveux mols & abbatus, une foiblesse par
tout le corps, le col un peu long, la veûë
trouble, les épaules serrées, & l'estomach
petit.

S'il faut representer un jeune homme de
qualité, il faut le faire d'une taille haute &
dégagée, telle que nous voyons la statuë
d'Antinoüs; la chair médiocrement délicate, blanche, & meslée un peu de rouge.
Que les cheveux ne soient ni plats, ni trop
frisez; les doigts longs; le visage ni trop plein
ni trop maigre; le regard gracieux : & aprés
tout cela il faut que le jugement du Peintre
dispose toutes les parties du corps avec une
proportion conforme aux personnes qu'il
veut representer, faisant paroistre plus de
grace & de noblesse dans les uns que dans
les autres.

Tome V.   Dd

S'il veut peindre un stupide, il doit considerer que telles gens ont ordinairement le visage blanc & plein de chair, le ventre gros, les cuisses puissantes, les jambes grasses, le front rond, la veûë égarée. Un homme fol & méchant aura les cheveux rudes, la teste petite & mal formée, les oreilles grandes & pendantes, le col long, les yeux secs & obscurs, petits & enfoncez, ou bien enflez comme d'un homme yvre qui vient de dormir, avec le regard fixe, les joûës étroites, & le menton ou fort long, ou fort court, tel qu'on represente Silene; la bouche grande, le dos un peu courbé, le ventre gros, les cuisses & les extrémitez des pieds & des mains dures, & pleines de chair, le teint pasle, & neanmoins rouge au milieu des joûës. Toutes ces remarques sont des observations generales, & l'on peut en faire encore d'autres particulieres, afin de representer deux méchantes personnes qui ne se ressemblent point, lesquelles neanmoins auront toutes deux des signes de malice. C'est ainsi que Raphaël & Leonard de Vinci ont peint differemment le traistre Judas dans les Tableaux qu'ils ont faits de la Cene, l'un aux Loges du Vatican, & l'autre à Milan : car

ET LES OUVRAGES DES PEINTRES. 211

bien que ces deux figures n'ayent nulle ref- LE FEVRE
semblance, on y voit neanmoins tous les si- DE VENISE.
gnes d'un méchant esprit. Le Poussin croyant
ne pouvoir assez fortement marquer le caractere de ce Traistre dans le Tableau de la
Cene qu'il a fait pour M. de Chantelou, l'a
representé seulement par le dos dans le moment qu'il sort du lieu ou Jesus-Christ est
à table avec les autres Apostres : imitant en
cela, mais d'une autre maniere, ce Peintre, Thimanthe.
qui representant le sacrifice d'Iphigenie, fit
fort bien paroistre sur le visage des assistans
l'excés de leur douleur; mais ne pouvant assez representer celle du pere, il luy couvrit
la teste de son manteau.

Peut-estre aussi, dît Pymandre, le Poussin
trouvoit-il de la difficulté à faire connoistre
par des marques exterieures le mauvais dessein de Judas; car pendant qu'il avoit suivi
Jesus-Christ avec les autres Apostres, pouvoit-on le representer comme un Traistre?
Et comment auroit-on pû aussi juger alors
que Saint Pierre renieroit son Maistre? Ce
fut la verité incarnée, qui seule connoissant
le fond des cœurs, déclara les crimes qu'ils
devoient commettre. Mais dites-moy, je vous
prie, de quelle sorte il faudroit peindre un

Dd ij

homme converti, & qui d'un persecuteur des Chrestiens, tel que Saint Paul, devient l'Apostre de Jesus-Christ? Car il ne change point de visage en changeant de sentimens.

Ecclesiasti. ch. 8. v. 1. » Vous sçavez, repartis-je, que la sagesse de » l'homme luit sur son visage, & que le Tout-» puissant la luy change comme il luy plaist; c'est à dire, en change, & banit l'air fier & superbe. Comme il y a une grande liaison de l'ame au corps, & du cœur au visage: aussi quand Dieu a imprimé la sagesse dans le cœur de l'homme, elle se fait connoistre sur son visage.

Ainsi lors que Dieu par sa grace toute-puissante a changé le cœur des plus grands pecheurs, ce changement éclate en suite au dehors. Le visage de Saul ennemi des Chrestiens n'est plus le visage de Paul Docteur des Gentils. Sainte Magdeleine dans la penitence ne ressemble plus à la Magdeleine que l'on voyoit au milieu des vanitez du monde.

Il faut aussi considerer que les passions font de grands changemens sur le visage, selon *Prov. 15.* » cette parole de l'Ecriture: La joye du cœur » réjoüit le visage, & la tristesse l'abbat, & » l'afflige. Jacob reconnut que Laban avoit conceû quelque mauvais dessein contre luy,

ET LES OUVRAGES DES PEINTRES. 213
& dit à ses femmes: Le visage de vostre pere «Le Fevre
n'est pas comme il estoit hier & avanthier. « de Venise.
Samuel reconnut David à ses yeux pleins 1. Reg. 16.
de douceur & de gayeté.

De sorte, dît Pymandre, qu'encore que les marques dont vous venez de parler puissent servir aux Peintres à representer les differens temperamens des hommes, il ne faut pas croire qu'elles soient toûjours de veritables signes des inclinations bonnes ou mauvaises qu'on leur attribuë; & moins encore, répliquay-je, juger par là en quelque maniere que ce soit de la bonne ou mauvaise destinée d'une personne. On a plusieurs exemples de gens qui portoient sur leur front quelque chose de si funeste qu'on en pouvoit craindre une fin malheureuse, qui sont morts avec gloire; & d'autres au contraire qui sont morts tragiquement, dont la phisionomie n'avoit rien que d'heureux.

Mais poursuivons, si vous le trouvez bon, d'examiner les qualitez des Peintres dont je dois encore vous entretenir.

Dans la mesme année 1 6 7 7. mourut EKMAN de Paris. Il travailloit fort bien de Miniature, & ordonnoit agreablement des compositions d'histoires. On en voit plusieurs à des cabinets qu'il a faits pour le Roy.

En 1678.
Louïs Guerin.

Quelque temps aprés mourut LOUÏS GUERIN aussi de Paris, Sculpteur, & ancien Professeur dans l'Academie. Je viens de vous parler des Chevaux, & des Tritons que les Marcy freres ont faits dans l'une des niches de la Grote de Versailles; & comme vous sçavez qu'il y a encore dans une autre niche deux Chevaux & deux Tritons, je vous diray que ceux-cy sont de Guerin. Ils sont travaillez avec beaucoup d'art & de science, mais dans une disposition differente de celle des premiers.

Nicasius.

NICASIUS Peintre excellent pour bien representer toutes sortes d'animaux estoit Eleve de Snéydre, & mourut aussi vers ce temps-là.

Abraham Bosse.

ABRAHAM BOSSE de Tours avoit donné des leçons dans l'Academie, mais il s'y conduisit d'une maniere qui l'en fit sortir. Il estoit excellent Graveur; & s'il fust demeuré dans ce seul estat, avec les connoissances qu'il avoit de l'Architecture & de la Perspective, sans ambitionner de se rendre considerable par les pensées & les livres du sieur Desargues qu'il a mis au jour avec beau-

ET LES OUVRAGES DES PEINTRES. 215
coup de soin & de dépense, il auroit acquis BOSSE.
plus de réputation & de bien qu'il n'a fait.
On voit quantité d'Estampes qu'il a gravées
autrefois qui sont trés-agreables, parce qu'il
sçavoit se servir de l'eau forte & du burin
d'une maniere particuliere & trés-gracieuse.

MIGON entra en sa place, & fut receû MIGON.
Professeur dans l'Academie, pour y donner
des leçons de Geometrie & de Perspective.

C'est une chose loüable dans un Tableau
lors qu'on y voit toutes les regles de la Geometrie, & de la Perspective parfaitement ob-
servées; Et ce qui doit encore davantage
faire estimer cette exactitude, est le peu
d'estat que quelques-uns en font. Je sçay
bien, comme je croy vous l'avoir déja dit,
que la Perspective n'est pas la principale chose qu'il faille considerer dans les grands ouvrages; Que les Peintres les plus excellens
ont eû souvent pour cela beaucoup de ne-
gligence; que cette grande regularité est plûtost le principal devoir de ceux qui font des
ornemens & des morceaux d'Architecture,
que de ceux qui s'appliquent uniquement
à l'histoire & aux figures. Cependant si ce
n'est pas un grand avantage à un Peintre
de paroistre sçavant dans la Perspective, il

NICOLAS LOYR.

luy est honteux de l'ignorer. NICOLAS LOYR ne s'attachoit point servilement dans cette partie, mais aussi il ne la negligeoit pas entierement. Il sçavoit faire un choix du plan où il plaçoit ses figures, les disposoit agreablement, & quoy-qu'à dire vray il ne s'étudiast pas tant à ce qui est de la force du dessein que dans l'agrément des couleurs, il observoit pourtant toutes les regles de son art, & il n'y avoit rien dans la composition de ses Tableaux où il ne parust du genie & du raisonnement. Il apportoit un soin tout particulier à bien faire les païsages, les bastimens, & les autres choses dont ses ouvrages estoient ornez; Et comme ces parties embellissent un sujet, & que dans les petits Tableaux qu'il faisoit elles y paroissoient avec bien de la grace & de l'agrément, il n'y avoit gueres de curieux qui ne fust bien-aise d'avoir quelque chose de luy. Il avoit étudié sous Bourdon, mais il ne s'attacha point à suivre sa maniere. Il alla à Rome en 1647. où il demeura plus de deux ans. Comme il avoit moyen d'étudier sans estre obligé à travailler pour subsister, ainsi que plusieurs autres Peintres, il employoit une partie de son temps à voir tout ce qu'il y avoit de plus considerable dans les Eglises, dans les Palais, & dans les Vignes, & à se remplir l'esprit des images de ce qu'il y remarquoit de plus rare & de plus parfait. Il avoit un grand avantage: car il estoit pourveû d'une memoire si heureuse, que souvent aprés estre sorti de quelque Palais où il avoit bien regardé un Tableau, il alloit chez luy, & prenant une palette & des pinceaux, il le copioit de memoire, observant jusques aux couleurs & aux moindres teintes : ainsi il faisoit souvent de petites esquisses des ouvrages qui luy plaisoient le plus, & dont il vouloit conserver une idée.

Il ne s'attachoit à aucune maniere particuliere : mais il avoit beaucoup d'amour pour les ouvrages du Poussin, & goustoit un plaisir & une joye extraordinaire lors que nous allions quelque fois ensemble voir ceux du Cavalier del Pozzo.

Il fit peu de Tableaux pendant qu'il demeura à Rome. Il commença un Tableau, dont je luy fournis la pensée, au sujet d'une aventure qui se passa quelque temps avant son retour, & dont je ne croy pas que vous ayez eû connoissance ; elle est assez curieuse : si vous desirez la sçavoir, je pourray vous l'apprendre quand je vous auray dit que ce

LOYR.

Tableau repreſentoit ce que l'on rapporte de Darius, qui eſtant allé viſiter le tombeau de Semiramis, y trouva cette inſcription: *Que celuy des Rois qui aura beſoin d'argent faſſe démolir ce tombeau, & qu'il y prenne tout ce qu'il voudra.* Darius qui crut que c'eſtoit le lieu où eſtoient cachez les treſors de cette Reine, le fit démolir: mais il n'y trouva que des os avec une autre inſcription qui portoit: *Si tu n'euſſes pas eſté un méchant homme, & d'une avarice inſatiable, tu n'euſſes point remué les cendres des morts.*

Pour exprimer ce ſujet, Loyr peignit Darius environné des principaux de ſa Cour, qui aprés avoir fait ouvrir la ſepulture de la Reine Semiramis regardoient dedans, & n'y voyoient qu'un ſquelette. Je ne vous décris point l'étonnement où paroiſſoit Darius & ceux qui l'accompagnoient: cependant c'eſt ce que le Peintre avoit pris beaucoup de ſoin à bien repreſenter par les diverſes actions, & les differentes expreſſions des viſages tant du Roy que de ceux de ſa ſuite. Comme Loyr laiſſa ce Tableau imparfait quand il partit de Rome, je n'ay point ſceû s'il l'acheva, ni ce qu'il eſt devenu.

C'eſtoit, dît Pymandre, un ſujet de grande moralité. Mais dites-moy donc, je vous prie, à quelle occasion ce Tableau fut fait.

Le recit, repartis-je, en sera un peu long, parce qu'il y a plusieurs circonstances que je ne puis obmettre : toutefois je veux bien vous satisfaire. Vous sçavez combien ceux de Rome sont naturellement portez à chercher des tresors, & qu'ils croyent que sous les ruines de cette grande Ville il y en a beaucoup de cachez ; Ce qui augmente en eux le desir de cette recherche, sont les défences exactes & severes qu'il y a de fouiller en aucun endroit sans en avoir la permission. Vous sçavez de plus qu'ils sont persuadez que les Etrangers, particulierement les François & les Allemans, ont connoissance des endroits où il y a quelque chose d'enterré, s'imaginant que ces nations ayant eû part aux divers changemens arrivez en Italie, ont gardé quelques memoires des lieux où l'on a mis les richesses qu'on avoit amassées. Mais ce qui est de plus singulier, est l'opinion dans laquelle ils sont, que ces richesses estant dans la possession de certains Esprits qui s'en sont rendus maistres, on ne peut les tirer des lieux où elles sont sans un secours extraordinaire ; Qu'il faut avoir une autorité, & une force surnaturelle pour lier ces Esprits, & que c'est parmi les Ultramontains qu'il se rencontre des gens sçavans qui ont cette autorité. C'est pourquoy lors qu'ils voyent quelques Etrangers, qui visitant les Antiquitez autour de la Ville, s'écartent un peu dans la campagne, ils s'imaginent aussitost que ce n'est pas seulement pour lire des inscriptions, ou considerer quelques vieux restes de bastimens, mais pour reconnoistre les endroits où ils sçavent qu'il y a quelque tresor. Cela est si vray, que si l'on veut se promener dans quelques endroits éloignez de la Ville, on a le plaisir de voir des païsans ou autres gens qui aussitost observent toutes les démarches qu'on fait, & ne manquent pas lors qu'on s'est retiré d'aller examiner ce qu'on y a fait, & toûjours perdre leur temps à fouïller la terre en cachette dans les lieux où l'on peut s'estre aresté.

Le plaisir ne se rencontre pas toûjours de la maniere que vous dites, interrompit Pymandre, car vous me faites souvenir que quand je fus à Tivoli, m'estant éloigné avec un de mes amis du reste de nostre compagnie, pour voir les ruines de la Ville Adriane, nous fusmes assez surpris de nous voir auſſitoſt eſcortez de deux grands in- Loyr. connus, dont les mouſtaches couvroient la moitié de leur viſage, & qui armez de toutes pieces feignoient eſtre des chaſſeurs, mais qui avoient la mine de bandis, & de gens qui euſſent bientoſt cherché dans nos poches, ſi noſtre compagnie ne nous euſt rejoint fort à propos. Mais continuez, je vous prie, voſtre diſcours.

C'eſt donc, repris-je, par ce deſir qu'ils ont de trouver de l'argent, qu'un certain Capitaine ou chef de bandis, aſſez galant homme d'ailleurs, & que vous avez veû loger dans le Palais de M. l'Ambaſſadeur pendant les troubles de Naples, s'adreſſa à un ami de Loyr & le voſtre auſſi, & luy demanda s'il ne connoiſſoit point quelque François qui euſt du pouvoir ſur les Eſprits, parce qu'il ſçavoit un lieu où il y avoit aſſeurément de grands treſors, mais qu'il falloit une de ces perſonnes qui ſceuſt ſe rendre maiſtre de ces Eſprits, & les empeſcher qu'ils ne fiſſent du mal à ceux qui veulent enlever ces treſors comme il eſtoit arrivé en pareilles rencontres. Cét ami qui eſtoit fort incredule ſur ces ſortes de contes, mais pourtant curieux, & bien-aiſe d'exa-

E e iij

miner & connoistre jusques où la credulité de ces gens-là pouvoit aller, luy dît qu'il pourroit bien luy donner une personne telle qu'il demandoit, si, avant que de l'engager, il luy faisoit connoistre par des marques certaines qu'il y avoit un tresor dans le lieu qu'on indiqueroit. Le Capitaine dît que pour cela il en estoit asseûré, & qu'il le feroit voir quand on voudroit. Ils prirent heure au lendemain matin, & vostre ami qui cherchoit à se divertir, fut trouver deux Religieux de sa connoissance, qui estoient alors à Rome pour des affaires de leur Compagnie, gens d'esprit & sçavans, ausquels il conta la proposition qu'on luy avoit faite. Ils tournerent la chose en raillerie : toutefois vostre ami voyant qu'ils n'avoient pas moins de curiosité que luy, leur offrit d'estre de la partie, & de partager avec eux le plaisir de voir jusqu'où peut aller la cupidité des hommes. Ils accepterent l'offre, & le lendemain matin s'estant rendus tous trois dans la chambre du Capitaine, vostre ami luy dît qu'il venoit satisfaire à sa promesse ; qu'il eust donc de sa part à leur faire voir ce qu'il luy avoit fait esperer. Le Capitaine estoit accompagné de quelques personnes qui disoient sçavoir

ET LES OUVRAGES DES PEINTRES. 223
l'endroit à-peu-près où estoit le tresor : mais
pour faire voir la disposition du lieu, & ce
qu'il y avoit de caché, il pria qu'on envoyast
querir un jeune enfant tel qu'on voudroit.
On fit venir un de ces petits garçons dont il
y a toûjours bon nombre qui joûent dans la
place qui est au bas du Palais de Palestrine.
Lors qu'il fut venu, le Capitaine ferma les
fenestres de sa chambre, & aprés avoir noirci
le dedans de la main de ce jeune garçon, &
luy avoir dit quelques paroles à l'oreille, il
luy demanda s'il ne voyoit rien dans sa main.
L'enfant répondit que non. On en fut chercher un autre qui estoit plus jeune, auquel
ayant fait les mesmes ceremonies, comme
il vint à regarder dans sa main, il eût tant
de frayeur, qu'il se mit à pleurer & vouloir
sortir. Il fallut en avoir un troisiéme, qui estant plus résolu, dît lors qu'on luy fit regarder sa main, qu'il voyoit un homme vestu
de blanc, accompagné d'un autre qui le suivoit. Le premier s'estant assis sur un siege, il
fit voir à l'enfant une grande campagne &
une riviere, au bord de laquelle estoient de
vieilles ruines. Proche de là estoit une piece
de terre nouvellement ensemencée. Incontinent aprés l'enfant dît qu'il voyoit dans ce

champ verd & enseméncé la terre qu'on remuoit, & ensuite sous cette terre une grande piece de marbre, sur laquelle estoient trois figures, l'une d'homme, l'autre de femme, & un enfant au milieu des deux. Ayant commandé à l'Esprit de lever ce marbre pour voir ce qui estoit dessous, il vit une grande fosse; Et comme on luy demanda ce qu'il y avoit, il répondit, *molté biancherie*, ne pouvant rien discerner autre chose; ce que tous ces gens interpreterent pour de l'argenterie, quoy-que ce mot signifie proprement du linge blanc, aprés quoy tout disparut, & l'on renvoya l'enfant.

Bien que toutes ces particularitez ne persuadassent pas beaucoup vostre ami & ceux qui estoient avec luy, neanmoins leur curiosité les engagea à aller sur les lieux pour voir au moins ce qui en arriveroit; se promettant bien que pourveû qu'il y eust des tresors, les Esprits se trouveroient si bien liez qu'ils ne feroient mal à personne. Mais il y avot d'autres choses que des Esprits contre lesquels il falloit s'asseûrer, & prendre des précautions pour ne pas voir l'entreprise troublée.

Il est, comme je vous ay dit, défendu expressément de foüiller aux environs de Rome,

ET LES OUVRAGES DES PEINTRES. 225
Rome, & l'on ne pouvoit demeurer longtemps au milieu de la campagne sans estre apperceû, & en danger de se voir bientost environné, non pas de ces chasseurs de Tivoli, ou d'autres gens semblables, mais du Barigel & de ses Sbirres. Pour se garantir de leur insulte, il fut arresté que le Capitaine envoyeroit une douzaine au moins de ses Bandits qui se tiendroient cachez au bord de la riviere bien armez, & en estat de défense; que les Auteurs de l'entreprise iroient à un Casal nommé *Cevara,* qui est à quatre milles de Rome, disposer un bon nombre d'ouvriers garnis d'outils pour remuer la terre, & que le lendemain matin vostre ami avec un Gentilhomme aussi de vostre connoissance, & les deux Religieux, se rendroient sur les lieux dans un des Carosses de Monsieur l'Ambassadeur.

Estant sortis de Rome à l'heure prise, & arrivez à un endroit qui n'en est éloigné que d'environ quatre milles, & peu distant de *Cevara,* ils descendirent au bord du Tévron dans une campagne telle que le jeune enfant l'avoit representée. Il y avoit des ruines sur le bord de l'eau, un grand champ ensemencé de bled, mais sans autre chose qui pust faire connoistre un endroit particulier où l'on deust fouiller plûtost qu'en un autre. Ceux qui les avoient engagez à ce voyage estant déja sur le lieu à les attendre, leur dirent que c'estoit-là où par leur science ils devoient découvrir de grandes richesses, & s'en rendre les maistres. Vostre ami a avoüé qu'il se trouva alors bien empesché, car c'estoit luy qui faisoit le Philosophe : Cependant, sans paroistre embarassé, aprés avoir posté & mis les Bandits en sentinelle dans certaines grotes qui estoient au bord de la riviere, afin de n'estre pas surpris, il fit un tour dans le champ pour méditer sur l'endroit où il devoit faire creuser ; & ayant pensé qu'il ne devoit pas trop s'éloigner de la riviere & des ruines, il feignit de marquer sur la terre quelques figures avec une canne qu'il tenoit ; Aprés quoy il appella tous les ouvriers, les asseûra qu'ils n'avoient à craindre des Esprits aucun mauvais traitement ; mais seulement que ne pouvant pas empescher qu'ils ne leur fissent sentir quelque lassitude quand ils auroient un peu travaillé, & mesme quelque dégoust, & une envie de ne plus rien faire, qu'ils devoient se préparer à cela, afin de ne pas succomber & perdre courage : Du reste qu'ils eussent à luy obéir, & faire exactement ce qu'il commanderoit. Ce qu'ils ne manquerent pas de promettre, dans l'esperance qu'ils avoient déja tous de s'enrichir.

Est-ce, interrompit Pymandre, que cét ami dont vous me parlez pouvoit se contenir assez pour faire tout ce manége-là sans rire, car je ne sçay si je le devine bien, mais si c'est celuy que je pense, quoy-qu'il soit naturellement assez serieux, il me semble qu'il estoit alors d'un âge & d'une humeur à ne se pas trop contraindre.

Vous allez voir, poursuivis-je, comment il joüa bien son personnage jusques à la fin, & qu'il laissa une grande opinion de son sçavoir sur le fait de lier les Esprits. Il commença donc à faire remuer la terre à l'endroit que le hazard luy presenta pour faire une ouverture d'environ deux à trois toises en carré ; Aprés qu'ils eurent foüillé quatre pieds de profondeur, ils sentirent sous leurs ferremens quelque chose de dur & de solide : & comme ils eûrent connu que c'estoit une piece de marbre blanc, ils la découvrirent, & virent que c'estoit le dessus d'un tombeau de cinq à six pieds de long sur trois à quatre pieds de large, où estoient plus qu'à demi-relief les figures d'un homme, d'une femme & d'un enfant, enfin telles que le jeune garçon les avoit veûës dans sa main. A la verité voftre ami fut furpris auffi-bien que les deux Religieux d'une rencontre fi étrange ; les autres qui eftoient là les regardant alors comme des perfonnes extraordinaires, & concevant de grandes efperances de leur fçavoir, prirent de nouvelles forces pour lever le marbre avec des pinces & des leviers ; quoy-qu'il fuft d'une pefanteur confiderable, ils le tirerent, & le mirent dans le champ. Enfuite ils continuerent à creufer au mefme endroit ; & aprés avoir ofté environ un pied de terre, ils trouverent des fondemens d'une pierre tres-dure. On travailla à les découvrir, & en connoiftre l'épaiffeur. C'eftoit une muraille qui eftoit en face de la riviere, & qui avoit quatre pieds de large. Cela jetta voftre ami dans un nouvel embarras, car il falloit réfoudre de quel cofté de la muraille l'on fouilleroit. Aprés y avoir un peu penfé, il crut ne devoir pas prendre du cofté de la riviere, mais au-delà vers la campagne ; ce qui s'éxecuta auffitoft.

Pendant que ces gens travailloient, il fe promenoit le long de l'eau avec les Religieux

& le Gentilhomme qui estoit venu avec eux, & ils remarquerent par les ruines qui restoient qu'il pouvoit bien y avoir eû quelques bastimens en cét endroit. Comme ils s'entretenoient ensemble, on vint l'avertir que ceux qui travailloient à la terre la trouvoient si dure qu'ils estoient rebutez, & n'avançoient point. S'estant approché d'eux, ils luy dirent tous que leur peine estoit inutile, que jamais on n'avoit remué cette terre, & qu'elle estoit telle que Dieu l'avoit créée. Il leur repliqua d'un ton ferme & resolu, qu'il falloit continuer; qu'il voyoit bien que c'estoit un effet des mauvais Esprits, qui, comme il leur avoit prédit d'abord, taschoient de les décourager. On fit bien boire les ouvriers, qui, ayant recommencé à travailler avec plus de vigueur, & osté environ un pied de terre, trouverent une petite medaille d'or qu'ils apporterent aussitost avec joye. Vostre ami leur dit que cela leur faisoit bien connoistre que cette terre avoit esté remuée, & qu'elle n'estoit pas telle qu'ils se l'estoient imaginé; qu'il falloit continuer: ce qu'ils firent avec plus de courage, & aprés une heure de travail, ils trouverent une voute faite de ces grandes briques qu'on faisoit ancien-

F f iij

nement. Ayant ofté la terre de deſſus dans la longueur d'environ quatre ou cinq pieds, ce fut avec une force & une promptitude extraordinaire qu'ils firent ouverture à la voute. Vous pouvez penſer combien tous ceux qui eſtoient autour ouvroient les yeux, & combien leur cœur & leur eſprit eſtoit rempli & agité de diverſes penſées & de differens deſirs. L'ouverture faite, on reconnut que cette voute eſtoit un tombeau dans lequel on trouva les os d'une grande perſonne, avec un petit vaſe de terre, & une medaille de cuivre. On jetta les os au bord de la foſſe ; & ayant démoli toutes les briques, s'imaginant que ſous ce tombeau il pourroit y avoir quelque cache, on rencontra une ſeconde voute, laquelle ayant encore eſté ouverte, on trouva comme dans la premiere les os d'un autre corps, avec un pareil vaſe, & une medaille. On miſt ces os avec les autres, qui, comme on en jugea par les medailles, eſtoient là il y avoit plus de quinze cens ans. Selon les apparences c'eſtoient les corps du mari & de la femme repreſentées ſur la piece de marbre, & peut-eſtre qu'au deſſous on auroit encore trouvé le corps de l'enfant. Mais comme le jour finiſſoit, & que les ouvriers eſtoient las & fatiguez, on quitta le travail en intention de le reprendre le lendemain de grand matin, & tous ſe retirerent à *Cévara* éloigné d'un mille ou environ.

Pendant qu'ils avoient eſté occupez à ce travail, comme la campagne eſt fort deſerte & que rien n'empeſchoit qu'on ne viſt une aſſemblée extraordinaire de gens remuër la terre, quantité de paſtres & de païſans eſtoient au-delà de l'eau qui les obſervoient de loin, n'oſant pas approcher; Et ce fut eux apparemment, qui lors qu'on fut retiré firent le deſordre que l'on y trouva le lendemain. Car il n'eſtoit pas encore jour que les auteurs de cette entrepriſe vinrent trouver voſtre ami, & luy dirent que les ouvriers ayant eû avis que le Bariſel averti de ce qui ſe paſſoit, eſtoit en chemin pour les venir prendre, que cela les avoit tous fait écarter ſans qu'il en reſtaſt aucun; que le proprietaire du champ où l'on avoit fouillé eſtoit venu ſe plaindre, prétendant de grands dommages & intereſts; que l'on avoit eſté ſur le lieu, où l'on avoit trouvé la foſſe remplie, & les terres renverſées dedans; que les bandis de leur coſté s'eſtoient retirez: joint à cela qu'ayant

LOYS.

pleû toute la nuit, comme il pleuvoit encore, ils ne voyoient pas d'apparence de rien faire ; & qu'afin de n'eſtre pas ſurpris par le Bariſel, ils venoient luy dire qu'ils s'en alloient, ce qui fit réſoudre voſtre ami & ceux de ſa compagnie de s'en retourner auſſi, & de laiſſer toutes les grandes richeſſes, & les treſors prétendus dans le meſme lieu où l'on avoit cru les trouver. Voilà quel fut le fruit de ce voyage, qui cependant leur donna matiere de beaucoup de raiſonnement.

En effet, dît Pymandre, il y a dans ce recit de quoy eſtre ſurpris par la rencontre de tant de choſes, qu'il faut qu'un hazard bien extraordinaire ait fait naiſtre, ou bien que les démons pour ſe moquer de la curioſité des hommes, ſe ſoient mis de la partie. Car que peut-on en croire de ce que cét ami rencontra ſi juſtement ce que l'enfant avoit veû dans ſa main ? Mais il reſtoit à trouver cette *Biancheria* que l'Eſprit luy avoit encore fait voir.

Je vous avoüë, repartis-je, qu'ayant fait quelquefois réflexion ſur cela, il m'a paru que c'eſt en quoy on peut connoiſtre le jeu & la malice des démons, qui ſouvent, pour punir la curioſité des hommes, les trompent par

de

ET LES OUVRAGES DES PEINTRES. 233
de vaines illusions, ou par des paroles équi- «
voques qui signifient toute autre chose que «
ce que leur convoitise leur fait entendre. Car «
ce mot de *Biancheria* qu'ils expliquoient «
pour de l'argent à cause de sa blancheur, peut «
se prendre simplement pour ce que nous di- «
sons *trouver blanque*, c'est à dire, rien ; & «
cela me fait souvenir de ce qui arriva au «
Pape Alexandre VI. qui pour avoir esté «
trop curieux de sçavoir quelle seroit la lon- «
gueur de sa vie, fut déceû par les termes «
équivoques dont les Astrologues s'estoient «
servis dans la promesse qu'ils luy avoient «
faite. Vous sçavez sa mort malheureuse & «
funeste, mais vous ne serez peut-estre pas «
fasché que je vous rapporte ce que j'en ay «
veû de particulier dans un manuscrit de la «
Bibliotheque du Cardinal Barberin, qui est, «
Qu'Alexandre VI. estoit un si mal-honneste «
homme, & dans une si mauvaise réputa- «
tion, que quand Ferdinand I. Roy d'Arra- «
gon & de Naples, sceût qu'il avoit esté «
créé Pape, il versa des larmes par la dou- «
leur qu'il ressentit de voir le malheur où «
se trouvoit l'Eglise par cette élection, com- «
me si deslors il eust préveû les cruautez, «
les pillages, & les desordres honteux que «

234 ENTRETIENS SUR LES VIES

Loxx. » ce Pape & les siens devoient commettre;
» que néanmoins comme il paroissoit exterieu-
» rement en luy plusieurs vertus morales qui
» luy donnoient de l'éclat; que ses actions es-
» toient accompagnées d'une prudence mon-
» daine; qu'il estoit naturellement éloquent
» dans ses discours, ferme dans ses résolutions,
» d'une humeur liberale, entendu dans le ma-
» niment des affaires, assez habile dans le droit,
» aimant les personnes de lettres, & celles qui
» se distinguoient par leur merite, & par leur
» valeur; toutes ces differentes qualitez qu'on
» voyoit en luy, estoient cause qu'on le souf-
» froit, quoy-que d'ailleurs on eust de la hai-
» ne pour l'énormité de ses vices. Ainsi sen-
» tant bien dans son ame ce mélange si monſ-
» trueux de vertus & de vices, & se trouvant
» tourmenté par le remords de sa conscien-
» ce qui le dechiroit continuellement, il crai-
» gnoit la colere de Dieu, & apprehendant
» une mort subite, il avoit fait faire une pe-
» tite boiste d'or, dans laquelle, sans que per-
» sonne s'en pust appercevoir, il tenoit une
» sainte Hostie enfermée qu'il portoit partout,
» comme un secours pour la conservation de
» sa vie, & une défense contre le démon
» avec lequel il se connoissoit engagé par ses

méchantes actions. De sorte que ne laissant «
pas de passer tous les jours de sa vie dans de «
sales & honteux plaisirs, & d'oster tantost «
les Estats à un Seigneur, & tantost les biens «
& la vie à un autre; enfin la Justice di- «
vine arresta le cours de tant de desordres, «
permettant que celuy dont l'ambition avoit «
cruellement fait perir un grand nombre de «
personnes pour enrichir sa famille, se tuast «
encore luy-mesme, & mourust miserable- «
ment d'une mort presque subite. Car com- «
me tout ce qu'il exigeoit par ses rapines, «
& ses violences ne pouvoit pas suffire aux «
grandes dépenses qu'il estoit obligé de faire «
pour entretenir les troupes qu'il avoit sus «
pied, & un grand nombre de lasches minis- «
tres de ses passions, & craignant de se voir «
épuisé d'argent, il résolut d'empoisonner les «
plus riches Cardinaux & Prélats de la Cour, «
afin de s'emparer de leurs biens & de leurs «
charges, & satisfaire l'insatiable cupidité de «
Cesar Borgia son fils; se flatant de vivre en- «
core long-temps pour achever de ruiner le «
reste de l'Italie; parce que, soit par certains «
enchantemens dont il s'estoit servi, comme «
le bruit en estoit alors, soit par les prédi- «
ctions de quelques Astrologues qu'il avoit «

" consultez, on luy avoit promis dans des ter-
" mes équivoques & trompeurs qu'il seroit
" onze ans Pape & huit de plus : de maniere
" qu'ayant regné onze ans entiers, il se croyoit
" asseûré d'en vivre encore huit autres. Mais
" il n'en arriva pas ainsi : car en l'an 1503. qui
" estoit l'onziéme de son Pontificat, à peine
" commençoit-il d'entrer dans la douziéme
" année, que luy-mesme s'empoisonna par une
" méprise de son Coupier. Il avoit pris jour
" au quinziéme du mois d'Aoust pour faire
" un magnifique festin à *Belvedere*, & avoit
" convié à disner avec luy les plus riches &
" les plus considerables des Cardinaux dont il
" vouloit se défaire, & afin d'executer plus
" promptement son dessein, il avoit fait met-
" tre le poison dans les flacons où estoient
" les vins les plus délicieux. Les choses es-
" toient toutes préparées, & l'heure mesme
" de se mettre à table estoit venuë, lors que
" le Pape s'apperceut qu'il n'avoit pas sur luy
" sa boîte d'or ; Il appella aussitost M. Caraffe,
" qui depuis a esté le Pape Paul IV. qu'il es-
" timoit digne & propre à la commission dont
" il vouloit le charger : Luy ayant donné la
" clef de sa chambre, il luy dit à l'oreille
" d'aller prendre une boîte d'or qu'il trouve-

roit sur la table, & de la luy apporter. M. Ca- «
raffe part aussitost de *Belvedere:* mais estant «
arrivé à l'appartement du Pape, & en ou- «
vrant la chambre, il apperceût un spectacle «
si affreux qu'il tomba comme mort. Il crut «
voir étendu par terre & sans vie le mesme «
Pape qu'il venoit de quitter en santé, & au «
milieu des réjouïssances. De la table où estoit «
la boïste d'or, sortoit une grande lumiere, & «
autour de la chambre luy paroissoit le Colle- «
ge des Cardinaux assis, qui consultoient en- «
tre-eux sur l'élection d'un nouveau Pontife. «

Il est certain que la vision fut veritable «
quant à la mort d'Alexandre, parce que pen- «
dant que M. Caraffe alla de *Belvedere* à l'ap- «
partement du Pape, sa Sainteté s'estant mise «
à table, & ayant demandé à boire, l'Officier «
luy presenta du vin d'un de ces flacons pré- «
parez pour empoisonner les conviez; & com- «
me le Pape estoit déja vieil, le poison fit bien- «
tost son effet; De sorte qu'estant tombé de- «
mi-mort, il fut emporté par ses domestiques «
dans son appartement, où l'on trouva M. «
Caraffe couché contre terre tout interdit, & «
demi-mort, mais on ne vit rien de ce qui «
luy avoit apparu. «

Quatre jours après Alexandre VI. finit «

» sa vie, & vescut Pape, non pas dix-neuf
» ans comme il croyoit, mais justement *un-
» dici anni & otto di più*; c'est à dire onze
» ans, & huit jours plus, comme son pro-
» nostic mal entendu luy avoit prédit.

Par tout ce que vous venez de rapporter, dît Pymandre, on voit combien les Italiens conservent encore des restes de la superstition des anciens Romains.

Ils en ont plus que vous ne pouvez penser, luy repartis-je. Et puis que nous en sommes sur ce sujet, il faut que je vous dise ce que j'appris un jour, je ne me souviens pas bien si ce fut vers Tivoli, ou à Frescati; mais enfin j'estois à la campagne aux environs de Rome dans une maison où la maistresse venoit d'acoucher. On nous dit que c'estoit un usage parmi plusieurs de ce païs-là, que quand un enfant vient au monde, ils le prennent au sortir du ventre de la mere, & le mettant nud contre terre, & couvert d'un linge, la grand'mere & les plus proches parens qui se trouvent là passent par dessus, & demandant à la grand'mere ce que c'est, nomment les premiers animaux qui leur viennent à la bouche, puis tout d'un coup luy disent, Ha! non, c'est le fils de vostre

ET LES OUVRAGES DES PEINTRES. 239
fille, & le relevant de terre, le portent auprés
du feu où ils le lavent. Aprés cela ils vont
aux devins, ausquels ils disent les noms des
animaux qu'ils luy ont donné; sur quoy ils
conjecturent ce que sera l'enfant. Mais revenons à Loyr.

Lors qu'il fut de retour à Paris en 1649.
il se mit à peindre pour plusieurs particuliers.
Son pere qui estoit Orfévre, & consideré de
plusieurs Ordres Religieux, ne servoit pas
peu à le faire connoistre, & à luy procurer
de l'employ. Il fit de grands Tableaux pour
des Eglises, & d'autres pour des cabinets de
curieux. Un des premiers qui parut de sa
façon, fut celuy qu'il fit pour M. Lenoir
son ami, où il representa Cleobis & Biton
qui tirent un Char, dans lequel est leur mere
qu'ils menent au Temple de Junon. Il accompagna cette histoire de toutes les circonstances & les ornemens convenables à
ce qu'Herodote en a écrit dans l'endroit où
il fait parler Solon à Cresus, & luy fait dire
cette excellente maxime: « Qu'on ne peut juger du bonheur des hommes que par la fin « de leur vie. «

C'est à ce sujet que Solon, aprés avoir rapporté l'exemple de Tessus qui mourut pour

servir sa patrie, raconte à Cresus l'Histoire de Cleobis & de Biton, & luy dît qu'un jour qu'on celebroit la feste de Junon dans la ville d'Argos, & que la mere de ces deux jeunes hommes devoit estre conduite au Temple de cette Déesse sur un chariot tiré par des bœufs, l'attelage ne se trouvant pas assez-tost prest, parce que les bœufs n'estoient pas encore revenus des champs, Cleobis & Biton donnerent dans cette occasion une marque extraordinaire du respect & de l'amour qu'ils avoient pour leur mere. Car l'ayant fait monter dans son chariot, ils se mirent eux-mesmes à le tirer, & le traisnerent l'espace de quarante-cinq stades jusques au Temple de Junon. Cette action fut veuë & admirée de toute l'assemblée qui loüa la vertu des deux freres, & estima leur mere infiniment heureuse d'avoir de tels enfans. La mere de son costé, en reconnoissace de leur pieté & de leur respect, pria Junon de leur envoyer ce que les hommes peuvent obtenir de meilleur en cette vie. Sa priere achevée l'on fit les Sacrifices, & pendant que chacun se mit en suite à faire bonne chere, les deux freres s'endormirent dans le Temple d'un profond sommeil, dans lequel ils trouverent la fin de
leur

leur vie. Leur action singuliére, & leur mort heureuse furent cause que ceux d'Argos leur éleverent des Statuës. Loyr a traité ce sujet fort agréablement. On voit arriver dans la Ville d'Argos cette mere sur son char tiré par ses deux fils qui la menent au Temple.

LOYR.

Comme ce Peintre avoit une grande facilité à inventer, & qu'il se plaisoit particuliérement à faire des Tableaux d'une médiocre grandeur, il en fit plusieurs qui estoient tous de sa main, & peints avec beaucoup de soin & d'amour. Neanmoins dans la suite il s'appliqua aussi à de grands sujets, & peignit une Gallerie dans l'Hostel de Seneterre, & une autre encore plus considerable pour M. de Guénegaud Tresorier de l'Epargne en sa maison du Plessis. Il fit quelques Tableaux dans la Maison où demeure la Marechale de Grammont proche la Porte de Richelieu, & plusieurs ouvrages pour le Roy : & lorsque l'on commença à travailler aux Tuileries il fut choisi pour peindre la voute de la Sale des Gardes, & l'antichambre de l'appartement haut de Sa Majesté.

Dans la Sale des Gardes il fit au-dessus de la corniche quatre Tableaux de blanc

& noir qui forment de chaque cofté comme deux grands Bas-reliefs, dans lefquels on voit une marche d'armée, une bataille, un triomphe, & un facrifice.

Entre les deux Bas-reliefs eft un corps d'architecture, & fur un Zocle de marbre paroift un trophée d'armes peint & rehauffé d'or, environné de feftons de feüilles de chefne, & de laurier, qui fortent d'un mafque, & qui vont s'attacher à deux confoles. Sur les extremitez de ce corps d'architecture font affifes deux figures rehauffées d'or. L'une tient une maffe, & a auprés d'elle un Lion, & l'autre porte un faiffeau d'armes, & a un chien à fes pieds.

Aux quatre coins de la voute font quatre autres Bas-reliefs de bronze dans lefquels, fous des figures de femmes l'on a reprefenté la Force, la Fidelité, la Prudence, & la Valeur.

Toutes ces Peintures & tous ces divers ornemens font comme autant d'images & de fymboles qui enfeignent aux gens de guerre leurs devoirs & leurs obligations. Car dans le premier des quatre Bas-reliefs de blanc & noir, ils voyent que la fonction d'un foldat eft de marcher contre les ennemis : dans le fecond de combattre genereufement pour

ET LES OUVRAGES DES PEINTRES. 243
remporter la victoire, qu'on a repreſentée
dans le troiſiéme Tableau par un Triomphe,
& aprés laquelle ils ſont obligez de rendre au
Ciel des actions de graces, ce qu'on a figuré par le ſacrifice qui fait le ſujet du quatriéme Bas-relief.

Que ſi par ces peintures on apprend aux
ſoldats à s'acquiter dignement de leur devoir, on leur montre en meſme temps la
recompenſe qu'ils doivent attendre : car le
Peintre a feint dans le milieu du platfond une
grande ouverture au travers de laquelle on
croit voir le Ciel & pluſieurs figures ſoûtenuës en l'air. Il y en a une qui tient une
Corne d'abondance, pour marquer la liberalité du Prince envers ceux qui le ſervent :
une autre qui ſonnant de la Trompette repreſente la Renommée qui publie leurs belles actions : & d'autres qui ayant des aiſles
au dos, & tenant des palmes & des couronnes de diverſes manieres, ſemblent eſtre la
pour recompenſer d'une gloire immortelle
ceux qui s'en ſont rendus dignes.

Quant à l'antichambre, le milieu du platfond qui paroiſt eſtre veritablement percé,
& tout rempli de lumiére, eſt ſi artiſtement
peint, qu'on diroit que le jour entre par cette

ouverture feinte. Car levant les yeux en haut l'on est presque ébloüi de la grande clarté. L'on voit comme dans une source de lumiére le Soleil assis sur un char, lequel semble s'élever sur l'horison, & commencer à répandre ses rayons de toutes parts.

Un Vieillard nud, & qui a de grandes aisles au dos, vole à la teste des quatre chevaux qui tirent ce char. D'une main il tient une horloge, & de l'autre il semble montrer au Soleil le chemin qu'il a encore à faire. Il y a au-dessous de luy un jeune Enfant qui tient le plan d'un édifice dessiné sur du papier, & plus bas deux figures assises sur des nuages. Celle qui paroist davantage est une belle femme, dont le corps est à demi découvert, & le reste caché d'un grand manteau de pourpre rehaussé d'or. D'une main elle tient un serpent qui se mordant la queuë forme un cercle, & de l'autre main un triangle équilateral où l'on a marqué l'année 1668. qui est le temps que cette peinture a esté faite. L'autre figure est d'un jeune homme presque nud, n'ayant qu'un simple manteau vert qui luy passe en écharpe de dessus l'épaule droite sous le bras gauche. Il est couronné de fleurs : de la main gauche il tient une Corne d'abondance, & de la droite il montre les signes du Printemps marquez dans une partie du Zodiaque, qui est representé au Ciel, comme la route dans laquelle le Soleil fait son cours.

D'un autre costé on voit la Renommée soûtenuë de deux grandes aisles, & vestuë d'une robe verte, & d'un manteau d'écarlate. Elle a deux trompettes, & embouche celle de la main gauche avec beaucoup de vigueur. Quant à celle qu'elle tient de la main droite, il y a une banderolle bleuë, où est écrit en lettres d'or, *Dat cuncta moveri.*

Autour du Soleil sont plusieurs belles filles legerement vestuës; mais de couleurs differentes, & plus ou moins éclairées qu'elles sont plus ou moins proches du Soleil. Elles se suivent toutes comme si elles dançoient. L'une tient un compas, l'autre des balances, une autre un foudre, les autres des couronnes de laurier & de chesne, d'autres des livres, & d'autres répandent des fleurs. Celle qui est la plus éloignée de toutes, paroist en repos & assise entre des nuages obscurs tenant des pavots. Audessous sont deux petits enfans, dont l'un tient une lire & l'autre un masque.

H h iij

On connoift bien que le Peintre ayant eû deffein de reprefenter toutes les heures du jour fous les figures de ces jeunes filles, il a voulu marquer une des heures de la nuit par celle qui eft affife & dans une action tranquille, & que les autres reprefentent les differentes occupations du Roy pendant la journée.

Car dans ce Tableau qui cache un fens myfterieux & allégorique, on a pretendu en peignant le Soleil qui conduit fes chevaux, & porte la lumiere par tout le monde, reprefenter le Roy qui prend luy-mefme la conduite de fon Eftat.

Ce vieillard qui marche devant eft le Temps qui marque au Soleil la courfe qu'il doit faire.

Ce jeune homme couronné de fleurs, & qui montre les fignes du Zodiaque, reprefente le printemps & la jeuneffe du Roy; & cette femme qui eft affife auprés de luy fait voir l'année courante du regne de Sa Majefté.

Par les heures qui font autour du Soleil on a voulu figurer celles que Sa Majefté employe, foit à rendre la juftice, foit à furmonter fes ennemis, ce qui eft particuliere-

ET LES OUVRAGES DES PEINTRES. 247
ment exprimé par celles qui tiennent une
balance & un foudre ; soit à recompenser les
vaillans hommes qui le servent, ce qui est
signifié par les palmes & les couronnes que
d'autres portent à la main ; soit à distribuer
des graces & des faveurs, ce que representent celles qui portent des fleurs & des fruits;
soit mesme à prendre connoissance des sciences & des arts pour les Academies qu'il établit, & les grands ouvrages qu'il fait faire pour la gloire de l'Estat & l'honneur de
son Regne, ce que l'on reconnoist par les
figures qui tiennent des livres, & des instrumens des arts les plus nobles ; soit enfin dans le peu de repos qu'il est obligé de
prendre pour se délasser de ses longues fatigues, ce que le Peintre a encore marqué
par celle qui tient des pavots, & qui est assise audessous des autres.

Ces trois jeunes enfans, dont l'un tient
un plan, & les deux autres un masque &
une lire, designent les momens que le Roy
donne dans chaque saison à des occupations
divertissantes, comme à examiner les desseins
des ouvrages qu'il fait faire quand au printemps on commence à bastir ; ou dans les
bals & les comedies dont il regale la Cour

pendant les longues nuits de l'hyver.

L'ouverture du platfond se termine aux deux bouts par deux demi ronds. Il y a deux testes d'Apollon qui servent de clefs pour lier les bordures avec celle qui ferme tout le reste du Platfond, qu'on voit enrichi de plusieurs autres Peintures. Car parmi les differens marbres dont il est embelli, il y a dans les quatres coins de la voute des ornemens peints & rehaussez d'or qui ont raport au Tableau du milieu, & qui sous des figures d'enfans, & de differens animaux meslez de rinceaux & de feüillages d'une maniere grotesque, representent les quatre saisons de l'année. Celuy de ces enfans qui represente le printemps a sous ses pieds un Belier, & tient un panier rempli de fleurs : un autre qui marque l'Esté, porte une gerbe de bled, ayant prés de luy un Dragon. Le troisiéme tient une Corne d'abondance pleine de fruits, & a prés de luy un Lesard, pour signifier l'Automne. Le quatriéme, qui est la figure de l'Hyver, a une Salamandre à ses pieds, & tient un vase plein de feu.

Le reste du Platfond jusques à la corniche est encore rempli d'autres Peintures & d'autres ornemens. Du costé du jardin, &
du

du cofté de la Cour il y a comme quatre Bas-reliefs colorez fur un fond d'or, où l'on a pretendu reprefenter les quatre parties du jour par quatre fujets tirez de l'Hiftoire, & de la Methamorphofe des Dieux. Et comme dans la Sale des Gardes l'on a marqué les principaux devoirs des gens de guerre dans les quatre Bas-reliefs de blanc & noir qui font dans le Platfond audeffus de la corniche, il femble que le Peintre ait voulu faire voir aux Courtifans qu'elles font leurs obligations par ces quatre Tableaux à fonds d'or. Car dans le premier on a peint Procris qui donne un dard à Cephale. Ce Chaffeur fi confiderable dans la Fable pour fa diligence, eftant toûjours en campagne avant le lever du Soleil, marque le foin qu'un vray Courtifan doit avoir d'eftre matinal, & fe trouver au Palais du Prince avant fon lever.

Dans le fecond on a reprefenté la ftatuë de Memnon qui demeuroit muette pendant que le Soleil ne la regardoit point, mais lors qu'à fon lever il jettoit fes rayons fur elle, auffitoft elle parloit. Ce qui doit apprendre à ceux qui font la Cour aux Rois à demeurer dans le refpect, & dans le filence jufques à ce que le Prince leur ouvre luy-mesme la bouche, & leur donne la liberté de parler.

Le troisiéme Tableau où est peinte la Fable de Clitie changée en Girasol, fait voir comme l'on doit estre toûjours prest à suivre le Roy de quelque costé qu'il aille.

Et le quatriéme qui represente la quatriéme partie du jour, & où l'on a peint le Soleil qui se délasse chez Tetis avec des Tritons qui luy font la Cour, est une image des soins que ceux de la Cour doivent avoir de divertir le Prince, lors que fatigué des travaux de la journée, il est retiré dans son Palais.

Ces Tableaux sont separez par des ornemens de stuc qui ont rapport au corps du bastiment, & qui sont enrichis de masques, de feüillages, d'animaux, & de trophées.

Dans les quatre encoignures de cette antichambre, audessus de la corniche, il y a quatre autres Bas-reliefs de bronze en ovale qui se rapportent à ceux dont je viens de parler, & representent aussi les quatre parties du jour. Ils sont attachez contre un petit corps d'Architecture qui semble soustenir le Platfond, & qui se termine en haut par deux volutes, en façon de chapiteaux

ET LES OUVRAGES DES PEINTRES. 251
Ioniques. Ces Bas-reliefs font couverts
d'une peau de lion, & portez par deux ef-
peces de Sphinx affis fur deux pieds-def-
taux qui fervent comme de bafe à ce petit
corps d'Architecture, au bas duquel font
des trophées d'armes.

Ces manieres de Sphinx ont le vifage &
la gorge d'une belle femme, des aifles au dos,
des pieds de lyon, & la queuë d'un poiffon: pour fignifier par le vifage & la gorge de femme la grace & l'agrément que doivent avoir ceux qui approchent des Rois;
par les aifles, la vigilance & la promptitude
à executer leurs commandemens; par les
pieds de lyon qu'ils doivent eftre infatiga-
bles; & par la queuë de poiffon, la fouplef-
fe & la complaifance qu'il faut avoir à la
Cour, & mefme la difcretion & la retenuë
dans les paroles, les poiffons eftant particulierement le fimbole du filence & du fe-
cret. La peau de lyon qui couvre le tout,
marque la valeur, qui doit comme enfer-
mer les autres qualitez; & le trophée qui
eft au bas, montre que c'eft par la pratique de toutes ces vertus qu'on aquiert les
recompenfes.

Ainfi il n'y a point d'ornemens, ni de

peintures dans ce lieu-là qui ne cachent quelque sens moral.

Il y a encore entre les Bas-reliefs à fond d'or, dont j'ay parlé, deux Griffons qui soutiennent les armes de France, & ces armes sont representées sur un globe, pour montrer que la gloire de Sa Majesté se répand par tout le monde : ce que l'on a voulu marquer par les trophées qui l'environnent, lesquels sont composez des armes de toutes sortes de nations.

Aprés que Loyr eût achevé les Tableaux des Tuileries, il en fit encore d'autres pour le Roy, tant pour servir de desseins à des Tapisseries, que pour mettre dans les appartemens de Versailles, où l'on voit, de mesme que dans tous les ouvrages qu'il a finis jusques à sa mort que bien loin de diminuër par l'âge, il se perfectionnoit de plus en plus, particulierement dans la partie du coloris, qu'il preferoit à toutes choses, voyant que c'est la partie qui touche davantage les yeux. Sur tout il prenoit plaisir à peindre des femmes & des enfans.

Il estoit d'un temperamment doux, honneste, & modeste ; & quoy-qu'il sentist bien qu'il n'estoit pas sans merite, il ne s'en éle-

ET LES OUVRAGES DES PEINTRES. 253
voit pas davantage au-dessus des autres. Il LOYR.
avoit le cœur bon, sans ambition, incapable
d'envie & de haine, officieux & veritable ami.
Il n'avoit que cinquante-cinq ans lorsqu'il
tomba malade, & mourut au grand regret En 1679.
de tous ceux qui le connoissoient. Il faisoit
la Charge de Professeur dans l'Academie.

 HUTINOT de Paris, & Sculpteur, mou- HUTINOT.
rut la mesme année, & en suite GASPARD GASPARD
MARCY aussi Sculpteur & frere de Balta- MARCY.
zar dont je vous ay parlé; ils estoient l'un
& l'autre d'un mérite qui les a fait considerer entre tous les Sculpteurs.

 JEAN BAPTISTE DE CHAMPAGNE J. BAPTISTE
neveu de Philippes, estant d'une humeur DE CHAMPA-
douce & facile, n'eût pas de peine à se GNE.
rendre complaisant & soûmis aux volontez
de son oncle. Non seulement il receût de
luy tous les enseignemens necessaires à la
connoissance de son art, mais il profita encore de ses bonnes instructions, & se con-
forma entierement à sa façon de vivre pendant tout le temps qu'il demeura avec luy.
Ses principaux ouvrages sont à Vincennes
& aux Tuileries, où il travailla comme je
vous ay dit avec son oncle, dont il tenoit
beaucoup de la maniere de peindre. Il est

vray qu'aprés son retour d'Italie il tâcha d'en conserver le goust; mais cependant ses figures avoient toûjours un air Flamant, & n'estoient couvertes, s'il faut ainsi dire, que d'une legere apparence du goust d'Italie. Il mourut en 1681.

NICOLAS BAUDESSON de Troye, & JACQUES BAILLY de Grace en Berry, tous deux excellens à bien Peindre des fleurs, moururent presque en mesme temps. Bailly gravoit fort bien à l'eau-forte & avoit un secret particulier pour peindre sur les étoffes.

ANTOINE BOUSONNET STELLA de Lyon, mourut la mesme année. Il n'y a eû guéres de Peintres qui ayent plus travaillé que luy pour devenir excellent, & aquerir les belles connoissances qui pouvoient le rendre sçavant dans son art.

Alors Pymandre, m'interrompant, me dît, je ne prétens pas nier que Stella n'eust de l'étude & du sçavoir; mais il me semble que ce qui le faisoit particulierement estimer estoit la douceur & la délicatesse de son pinceau. AUDRAN, repris-je, qui estoit aussi de Lyon, avoit suivi un autre goust pour aquerir de la reputation. Il peignoit d'une maniere plus forte. Il mourut en 1683. Et dans le mefme temps l'Académie perdit auffi GUILLAUME CHASTEAU l'un de fes meilleurs Graveurs au burin. CHASTEAU.

Aprés m'eftre arrefté, je fçay bien, repris-je, que parmi ceux dont je viens de parler il y en a que j'aurois pu paffer fous filence pour abreger mon difcours, bien que je n'en aye dit que peu de chofe. Mais ayant commencé à vous marquer l'établiffement de l'Académie, j'ay crû devoir rapporter tous ceux qui en ont efté; car quels qu'ils ayent pu eftre, ils ont eû affez de mérite pour eftre receûs dans cette affemblée, où, ainfi que dans les autres corps, on peut dire qu'ils ne font pas tous d'une égale confideration. Il y a mefme une chofe à obferver; c'eft que tous ceux qui ont efté receûs dans l'Académie, y ont efté admis pour differens talens. Et bien que les Peintres qui traitent des hiftoires & des fujets les plus nobles, doivent eftre plus eftimez que ceux qui ne reprefentent que des païfages, ou des animaux, ou des fleurs, ou des fruits, ou des chofes encore moins confiderables: cependant on ne laiffe pas parmi ces derniers d'en rencontrer qui ont tant d'habilité & de fçavoir dans les

CHASTEAU. choses dont ils se meslent que les plus habiles d'entre-eux sont souvent beaucoup plus estimez que d'autres qui travaillent à des ouvrages plus relevez. Par exemple, un excellent Païsagiste, tel que quelqu'un de ceux dont nous avons parlé; un homme qui fait des Animaux de toutes natures, tel qu'ont esté Sncidre & ses Eleves, Nicasius & Vamboule, sera plus consideré qu'un autre qui ne peint que médiocrement des figures. Le Pere Zegre, Mario di Fiori, Baudesson, auront toûjours de la reputation pour les fleurs, de mesme que Michel Ange des batailles, Labrador & de Somme pour toutes sortes de fruits: parce que dans les choses qu'ils ont faites, ils ont aquis un degré de perfection bien plus élevé que celuy où sont parvenus beaucoup de Peintres qui font des Tableaux d'Histoires, ou des Portraits.

N'est-ce point aussi, interrompit Pymandre, qu'il est bien plus facile de representer ces sortes d'objets qu'on peut dire inanimez pour la pluspart, & sans action, que des figures d'hommes où il y a mille expressions differentes de vie, d'actions, & de mouvemens?

N'en doutez pas, repartis-je, car comme il faut un genie plus élevé pour inventer &
disposer

ET LES OUVRAGES DES PEINTRES. 257
difpofer de grands fujets d'Hiſtoires, les pein- CHASTEAU.
dre, & les rendre accomplis dans toutes leurs
parties. Auſſi eſt-il plus rare de trouver des
perſonnes qui ayent les qualitez neceſſaires
à s'en bien aquiter, qu'il n'eſt malaiſé de
trouver des hommes d'un eſprit moins ſu-
blime qui peuvent repreſenter des choſes ordinaires.

Nous avons dit aſſez ſouvent combien un
Peintre doit avoir de differentes connoiſſances pour arriver au point où Raphaël, ſi vous
voulez, & le Pouſſin ſont parvenus. Il n'eſt
pas neceſſaire que je repete ce que j'ay dit
en examinant leurs ouvrages; Mais à l'égard
de ceux qui n'ont qu'à bien copier la nature comme ſont les derniers dont j'ay parlé,
il ſuffit qu'ils ayent de l'amour pour leur art,
de la patience & du jugement, ſans quoy
leur ouvrage ſeroit froid, ſans beauté & ſans
choix. Or quand il arrive que celuy qui a
de l'inclination à repreſenter des animaux,
& qui s'attache uniquement à cela, eſt pourveû d'un bon ſens, & qu'il a du jugement,
alors il peut bien mieux ſe perfectionner dans
cette partie de la peinture avec un médiocre génie, qu'il ne feroit dans ce qui regarde les figures & les actions de l'homme. Il

Tome V. K k

CHASTEAU. en est de mesme à l'égard de ceux qui font des fleurs, des fruits, & d'autres choses semblables; parce que leur imagination ne travaille pas. Ils n'ont point d'expressions differentes à representer; les objets qu'ils ont pour modeles ne changent ni de lieu ni de disposition, ils sont toûjours en mesme estat devant eux; S'il il a quelque petit défaut dans la ressemblance on ne s'en apperçoit pas, parce qu'ils ne laissent pas d'estre reconnoissables, il suffit qu'ils soient disposez agréablement, dessinez avec art, & peints avec les couleurs, les jours, les reflais, & les ombres necessaires. Bien qu'il y ait moins de parties à étudier dans cette sorte de sujets, que dans les Tableaux d'Histoires, cependant il y en a encore assez à observer lors que l'on veut bien representer la nature : Et quand celuy qui travaille se trouve avec un génie & du sçavoir pour disposer, pour donner aux Animaux du mouvement & de la vie, pour representer du poil & de la plume, de mesme qu'on en voit dans les ouvrages des Peintres que j'ay nommez, lesquels paroissent si vrais qu'il semble que le poil est tout herissé, & que le vent soufle la plume; Que dans les fleurs on voit l'épaisseur ou la legereté des feüilles, la vivacité, le feu & l'éclat de leurs couleurs ; Dans les fruits cette fleur & cette fraîcheur qui les couvre, & souvent une eau ou une rosée répanduë dessus : Quand mesme on considere les étoffes, les tapis, les vases d'or, d'argent, ou d'autres matieres, telles qu'on en voit du Maltois, ou des Instrumens de toutes sortes si bien mis en perspective, & si sçavamment representez, que l'on y est trompé ; il est certain que ces sortes de Tableaux ont un mérite particulier, & qu'on doit avoir de la consideration pour leurs Auteurs : & à vous dire le vray, quoy qu'on ait écrit à l'avantage des anciens Peintres, je ne sçay si en cela ils ont surpassé les modernes. Pour moy j'en douterois volontiers, sur ce que presentement on se sert de couleurs à huile qu'ils n'avoient point, & par le moyen desquelles l'on peut peindre d'une maniere encore plus achevée qu'ils ne faisoient. Aussi voyons-nous des ouvrages faits en Flandre & en Hollande qui sont admirables pour ce qui regarde l'imitation de la nature. Quand on voit les Tableaux de Girard d'AW, peut-on croire qu'on puisse jamais peindre avec plus de verité & plus de force, mieux manier les couleurs, & entendre la lumiere & les ombres ; & que les Anciens ayent esté plus loin. Il ne faut pas estre surpris de cela, car les Flamans & les Hollandois s'attachant à bien copier la Nature, pourquoy n'y pourroient-ils pas reuffir, puis qu'elle est toûjours la mesme qu'elle a esté ?

Les premiers Peintres de l'Antiquité, ont bien pu à l'égard des autres parties de la Peinture surpasser ceux des derniers siécles, parce qu'il est certain que ceux des païs chauds ont plus de feu pour imaginer ; qu'il n'y avoit en ces temps-là que les personnes qui avoient un génie propre pour les arts qui s'y adonnassent : qu'ils avoient, comme je croy vous avoir dit, plus de moyens & d'occasions d'étudier d'aprés les hommes & les femmes ce qu'il y a de plus beau dans la composition & la forme du corps humain, & qu'ils s'y appliquoient entierement ; au lieu que dans les derniers temps les beaux arts n'ont plus esté cultivez, pour la plus part, que par des personnes qui en font une profession pour vivre, & qui souvent n'ont nulle disposition pour cela.

N'avons-nous pas veû des Peintres qui n'ayant qu'un certain feu, & une volonté de travailler, & de faire de grands Ta-

bleaux ont entrepris des ouvrages où tou- CHASTEAU.
tes les expressions de leurs figures sont outrées, faute de bien connoistre la qualité des
sujets qu'ils traitent, & ne pas sçavoir quels
sont les differens effets des passions. S'ils ex-
priment quelque sentiment de joye, ils font
paroistre un ris immoderé; s'ils representent
une figure qui soupire, ce sont des sanglots
qui semblent sortir de sa bouche avec violence, les plaintes sont des cris, la langueur
d'une passion est comme une defaillance de
nature; une crainte & une timidité paroif-
sent une horreur & un desespoir. Les mouvemens du corps sont aussi mal exprimez;
ce ne sont que contortions de membres ou
postures ridicules. Faut-il representer une
femme abatuë de tristesse ou dans la misere,
elle sera plus maigre & plus hideuse que la
famine dont Ovide a fait la description. Enfin voilà ce qui arrive à ceux qui n'ont nulle
disposition à peindre de grands sujets, & qui
sont beaucoup moins à estimer que ceux qui
se contentent d'en representer de plus simples & plus ordinaires.

Voyons ce que j'ay à vous dire des autres Peintres qui n'estoient pas de l'Academie, & qui sont morts depuis son établisse-

K k iij

ment. Je puis vous nommer GEORGES L'ALLEMAND de Nancy. Il a fait quantité de desseins pour des Tapisseries, & plusieurs Tableaux dans des Eglises.

Vous avez connu DANIEL DU-MOUSTIER Peintre du Roy qui faisoit des Portraits au Pastel. Outre l'intelligence qu'il avoit pour ces sortes d'ouvrages, & la parfaite ressemblance qu'il donnoit à ses Portraits, il s'estoit rendu celebre par l'amour qu'il avoit pour la Musique & pour les livres, dont il avoit un cabinet fort considerable; mais encore plus pour sa grande memoire, qui luy tenoit present dans l'esprit tout ce qu'il avoit leû, en sorte que dans la quantité de livres qu'il avoit, il n'y en avoit pas un où il ne trouvast à point nommé tel passage qu'on pust luy marquer. Ces belles qualitez luy avoient aquis beaucoup d'amis à la Cour & parmi les gens de lettres.

Si vous voulez que je vous nomme tous ceux dont il peut me souvenir, & qui se faisoient connoistre en ces temps-là, je vous diray que LA RICHARDIERE estoit recherché pour les portraits en Miniature. PIERRE BREBIETTE de Mante, & DANIEL RABEL peignoient & gravoient à l'eau forte.

Mais un Peintre qui eſtoit plus conſiderable que ces derniers, eſtoit JEAN MOSNIER de Blois. Son pere & ſon ayeul peignoient ſur le verre. Son ayeul eſtoit de Nantes & s'eſtoit établi à Blois. Jean ſon petit fils vint au monde en 1600. & apprit de ſon pere l'art de peindre juſques à l'âge àde ſeize à dix-ſept ans que la Reine Marie de Medicis eſtant à Blois, & ayant ſceû qu'il y avoit dans le Convent des Cordeliers un Tableau de la main d'André Solarion, & qu'on appelle la Vierge à l'oreiller vert; pour avoir ce Tableau elle fit quelques liberalitez à la maiſon, & leur en donna une copie qu'elle fit faire par Moſnier, & dont elle fut ſi ſatisfaite qu'elle le gratifia d'une penſion pour aller travailler en Italie, & meſme le recommanda à l'Archeveſque de Piſe qui retournoit à Florence. Ce fut là que Moſnier s'arreſta d'abord à copier le Tableau d'une Vierge de la derniere maniere de Raphaël, qu'il envoya à la Reine qui en fit preſent aux Minimes de Blois. Il continua l'eſpace de trois ans à étudier dans les Academies de Florence, & dans les Ecoles de Bronzin, du Civoli & du Paſſignan qui alors eſtoient en reputation. Enſuite il alla à Rome, où aprés avoir demeuré

MOSNIER.

MOSNIER. quatre ans, il revint en France vers l'an 1625. Aprés avoir séjourné quelque temps à Paris, ne trouvant pas un accés aussi favorable qu'il avoit esperé auprés de ceux qui avoient l'intendance des bastimens de la Reine, il alla à Chartres, où M. d'Estampes qui en estoit alors Evesque, le fit travailler dans son Palais Episcopal. Il representa dans la voute de sa Bibliotheque les quatre premiers Conciles ; & dans l'antichambre de son principal appartement l'Histoire de Theagene & de Cariclée. Il fit le Tableau de la Chapelle & plusieurs autres que vous pouvez avoir veûs dans les appartemens de cette maison. Il peignit aussi dans la paroisse de Saint Martin le Tableau du grand Autel. Outre tous ces ouvrages, il en fit encore pour M. d'Estampes plusieurs autres dans son Abbaye de Bourgueïl. Il travailla à Blois, à Chinon, à Saumur, à Tours, à Nogent le Rotrou, à Valencé, à Menars, & à Chiverny, où il representa dans les lambris de sa Sale l'Histoire de Dom Quichotte. Il fut marié deux fois, mais il n'eut des enfans que de sa seconde femme, dont l'un nommé Pierre est Peintre de l'Academie & Adjoint à Professeur. Jean mourut à Blois l'an 1656.

ET LES OUVRAGES DES PEINTRES. 265

On peut mettre au rang des Peintres qui ont plus fait parler d'eux pendant leur vie qu'aprés leur mort, NICOLAS CHA- PERON de Chasteaudun. Il estoit comme je vous ay déja dit, Disciple de Voüet, & a demeuré long-temps à Rome, où il a gravé les loges de Raphaël. Cét ouvrage, selon les apparences, conservera sa memoire plus long-temps que les Tableaux qu'il a faits. {CHAPERON.}

En 1657. JACQUES STELLA de Lyon mourut à Paris dans les Galleries du Louvre, où il avoit son logement. Ses ancestres estoient Flamans. Son grand-pere nommé Jean estoit Peintre, & faisoit sa demeure à Malines. S'estant retiré sur la fin de ses jours à Anvers, il y mourut âgé de soixante-seize ans. Il laissa deux filles & un fils nommé François, qui fut aussi Peintre. François estant allé à Rome y demeura quelque temps, & ensuite vint en France. S'estant arresté à Lyon, il s'y établit, & y prit pour femme la fille d'un Notaire de la Bresle, avec laquelle il ne vescut pas long-temps, car il mourut âgé de quarante-deux ans l'an 1605. Ils eûrent quatre fils & deux filles. Deux des garçons moururent fort jeunes peu de temps aprés leur pere, & les deux qui res-

{STELLA.}

{En 1601.}

STELLA. terent furent Jacques & François. Jacques eſtoit né l'an 1596. Lors que ſon pere mourut il n'avoit que neuf ans, & commençoit déja à donner des marques de ce qu'il feroit un jour par l'inclination qu'il avoit pour la Peinture. Il alla en Italie à l'âge de vingt ans. Comme il paſſoit à Florence, lors que le grand Duc Coſme de Medicis faiſoit faire un ſuperbe appareil pour les nopces de ſon fils Ferdinand II. ce luy fut une occaſion de ſe faire connoiſtre du Grand Duc, qui luy donna un logement & une penſion pareille à celle de Jacques Callot qui eſtoit auſſi alors à Florence, où Stella fit pluſieurs ouvrages. Entre autres il deſſina la Feſte que les Chevaliers de Saint Jean font le jour de Saint Jean Baptiſte, laquelle il grava enſuite, & la dédia à Ferdinand II. en l'année 1621. Aprés avoir demeuré quatre ans à Florence, il alla à Rome en 1623. Il fit pluſieurs Tableaux pour la Canonization de Saint Ignace, de Saint Philippes de Neri, de Sainte Thereſe, & de Saint Iſidore, & fit pluſieurs deſſeins qui ont eſté gravez, les uns en bois, par Paul Maupain d'Abbeville, d'autres pour des Theſes & des Deviſes, & d'autres pour un Breviaire du Pape

Urbain VIII. qui furent gravez par Au- STELLA. dran & Gruter. Il peignoit d'une maniere agreable, particulierement en petit, & mesme s'y estoit fait une pratique toute particuliere. Il fit plusieurs Tableaux sur de la pierre de parangon, & y feignoit des rideaux d'or par un secret qu'il avoit inventé. On a veû de luy, dans la grandeur d'une pierre de bague, un Jugement de Paris de cinq figures, d'une beauté surprenante pour la délicatesse du pinceau. Il fit aussi de grands ouvrages, comme je vous diray cy-apres ; car pour les petites choses il n'y travailloit que pour satisfaire quelques personnes curieuses.

Enfin s'estant aquis beaucoup de reputation, & ayant fait des Tableaux qui furent portez en Espagne, le Roy Catholique les ayant veûs luy fit demander s'il vouloit travailler pour luy ; à quoy il s'estoit resolu. Mais estant sur son départ, il luy arriva une affaire fascheuse, & qui auroit pu le perdre, si son innocence n'avoit prévalu sur la malice & le credit de ses ennemis appuyez de personnes trés-puissantes. Car bien que le sujet qu'on prenoit pour luy faire injure ne fust pas considerable, le desir toutefois de se venger les pouſſoit à ſe ſervir de toutes ſortes de moyens pour ſatisfaire leur paſſion. Le long ſejour qu'il avoit fait à Rome luy ayant aquis beaucoup d'eſtime, il fut éleû chef du quartier de *Campo Marzo,* où il avoit long-temps demeuré. Ce ſont les Chefs des Quartiers qui prennent le ſoin de faire fermer les portes de la Ville à l'heure ordonnée, & garder eux-meſmes les clefs. Ayant un jour fait fermer la porte *del Popolo,* quelques particuliers voulurent la faire ouvrir à une heure induë : ce que n'ayant pas voulu leur accorder, ils reſolurent de s'en venger, & pour cela gagnerent certaines gens qui furent rendre de faux témoignage contre Stella qu'on arreſta auſſitoſt avec ſon frere & ſes domeſtiques.

Le crime qu'on luy impoſoit eſtoit d'entretenir dans une famille quelques amourettes : cependant ſon innocence ayant eſté bientoſt reconnuë, il ſortit avec honneur d'une ſi faſcheuſe affaire, & les accuſateurs furent publiquement fouétez par les ruës. Pendant le peu de temps qu'il fut en priſon, il fit, pour ſe deſennuyer, avec un charbon, & contre le mur d'une chambre, l'Image de la Vierge tenant ſon fils ; laquelle fut

ET LES OUVRAGES DES PEINTRES 269
trouvée si belle que le Cardinal François STELLA. Barberin alla exprés la voir. Il n'y a pas long-temps qu'elle estoit encore dans le mesme lieu, & une lampe allumée au-devant; les prisonniers y vont faire leurs priéres.

Stella demeura encore six mois dans Rome, d'où il partit en 1634. à la suite du Maréchal de Crequy, lequel revenoit de son Ambassade, & passa par Venise, & par toutes les principales Villes d'Italie. Stella s'arresta à Milan où il fut saluër le Cardinal Albornos qui en estoit Gouverneur, & duquel il estoit connu. Ce Cardinal tascha de l'arrester, luy offrant la direction de l'Académie de Peinture fondée par Saint Charles, mais il le remercia; & lors qu'il prit congé de son Eminence, il receût d'elle une chaisne d'or. Il vint à Paris, où il n'avoit pas dessein de demeurer: neanmoins M.re Jean François de Gondi alors Archevesque de Paris, luy ayant donné de l'employ, le Cardinal de Richelieu qui entendit parler de luy, & qui sceût qu'il devoit aller en Espagne, l'envoya querir; & luy ayant fait entendre qu'il luy estoit bien plus glorieux de servir son Roy que les Estrangers, luy ordonna de demeurer à Paris, & en suite le presenta au Roy, qui le

STELLA. receût pour l'un de ſes Peintres, & luy donna une penſion de mille livres & un logement dans les Galleries du Louvre. Il eût l'honneur d'eſtre des premiers à faire le portrait de Monſeigneur le Dauphin. Il fit par l'ordre du Roy pluſieurs grands Tableaux qui furent envoyez à Madrid & à Briſſac. Le Cardinal luy en fit faire auſſi quantité, tant pour ſa Maiſon de Paris que pour celle de Richelieu. Ce fut par l'ordre de M. de Noyers qu'il travailla à pluſieurs Deſſeins pour les Livres qu'on imprimoit au Louvre, & qui ſont gravez par Rouſſelet, Melan, & Daret.

Il fit auſſi en meſme temps un Tableau pour un des Autels de l'Egliſe du Noviciat des Jeſuites au Fauxbourg Saint Germain. On y voit comme la Vierge & Saint Joſeph rencontrent Noſtre Seigneur dans le Temple, diſputant contre les Docteurs. En 1644. il fit dans l'Egliſe de Saint Germain-le-Vieil un Tableau où Saint Jean baptiſe Noſtre Seigneur ; & ce fut dans la meſme année que le Roy l'honnora de l'Ordre de Chevalier de Saint Michel.

En 1652. il peignit dans l'Egliſe des Carmélites du Fauxbourg Saint Jacques deux

ET LES OUVRAGES DES PEINTRES. 271
grands Tableaux. Dans l'un est representé le   STALLA.
miracle des cinq Pains, & dans l'autre la
Samaritaine.

Quelques années aprés il fit pour les Cor-   En 1656.
deliers de Provins un Tableau d'Autel où
est peint Nostre Seigneur qui dispute dans
le Temple. Il se peignit parmi ceux qui écoutent la dispute. On voit aussi à Lyon quelques Tableaux d'Autels qui sont de sa main,
entre-autres celuy qu'il fit pour les Religieuses de Sainte Elisabeth de Bellecour. Il a 15.
pieds de haut, & represente Sainte Elisabeth
fille du Roy de Hongrie, accompagnée de
Saint Jean & de Saint François, & dans une
Gloire paroist la Vierge qui tient l'Enfant
Jesus. Il fit pour M. de Chambray la capti-
vité des Israëlites, & le miracle des Cailles
au desert. Entre les autres Tableaux que l'on
voit de luy, il y a le Triomphe de David;
la Reine de Saba qui apporte des presens à
Salomon; celuy où Salomon donne de l'en-
cens aux Idoles; un Ravissement des Sabines; un Jugement de Pâris; & un Bain de
Diane.

Durant l'hyver, lors que les soirées sont
longues, il s'appliquoit ordinairement à faire
des suites de Desseins, tels que ceux de la

vie de la Vierge, qui font fort finis, & dont les figures font affez confiderables: il y en a vingt-deux. On voit cinquante Eftampes gravées d'aprés luy, où font reprefentez differens jeux d'enfans. Il a deffiné plus de foixante vafes de differentes fortes; plufieurs ouvrages d'Orfévrerie; un recueil d'ornemens d'architecture; toute la Paffion de Noftre Seigneur qu'il a peinte depuis en trente petits Tableaux: c'eft le dernier ouvrage qu'il a achevé.

Il avoit fait auparavant feize petits Tableaux des plaifirs champeftres, & un nombre d'autres grands fujets concernant les Arts. On auroit peine à croire qu'il euft produit tant d'ouvrages, confiderant le peu de fanté qu'il avoit: auffi doit-on les regarder comme un pur effet de fon grand amour pour la Peinture. Il eftoit curieux de toutes les belles chofes, & avoit apporté d'Italie plufieurs Tableaux des bons Maiftres, entre-autres deux de la main d'Annibal Carache: l'un, eft un Bain de Diane; & l'autre, une Venus, que l'on peut voir chez M. le Préfident Tambonneau. Il eût auffi une finguliere eftime pour le Pouffin, qui de fa part n'en avoit pas moins pour Stella. Sa maniere

de

ET LES OUVRAGES DES PEINTRES. 273

de peindre eſtoit agréable. Le plus ſou- STELLA.
vent il diſpoſoit tout d'un coup ſes ſujets ſur
la toile meſme, ſans en faire aucuns deſſeins,
particulierement lors que les figures n'eſtoient que d'une grandeur médiocre. Il entendoit fort bien la perſpective & l'architecture. Il y eſtoit tellement pratique, que le
Tableau qu'il fit pour les Cordeliers de Provins eſtant trop grand, & ne pouvant plus
agir comme autrefois à de grands ouvrages,
il fut obligé de faire renverſer le haut en
bas pour peindre le fonds, qui eſt une architecture fort belle & bien coloriée. Enfin eſtant d'une complexion fort délicate, il demeura malade, & ſix jours aprés mourut âgé Le 29. Avril
de 61 an, & fut enterré à Saint Germain de 1647.
l'Auxerrois devant la Chapelle de Saint Michel. Il eût pour Eleve Antoine Bouſonnet
Stella ſon neveu, dont nous venons de parler.

FRANÇOIS STELLA fut auſſi Pein- F. STELLA.
tre, mais il n'eût pas tous les talens de ſon
frere: il ne demeura que cinq ou ſix ans en
Italie, d'où il revint avec ſon frere.

Entre les Tableaux que l'on voit de luy,
il y a dans une petite Chapelle de l'Egliſe
des grands Auguſtins une Noſtre-Dame de
Pitié, & à un des Autels de l'Egliſe des

Tome V. M m

STELLA. Augustins Réformez du quartier de la Porte Montmartre, il a peint un Saint de leur Ordre qui est à genoux devant la Vierge, qui tient le petit Jesus. Il fit fort peu d'ouvrages pendant qu'il vescut, s'estant trouvé engagé dans des procés qui luy causerent la mort : car s'estant échauffé à solliciter ses Juges, il fut attaqué d'une pleuresie, dont il mourut le 26. Juillet 1647. âgé de quarante quatre ans. Il fut enterré à Saint Jean en Gréve sa Paroisse, & ne laissa point d'enfans.

J. LE MAIRE. JEAN LE MAIRE, j'entends celuy qu'on appelloit le gros le Maire, & qui fit pour le Cardinal de Richelieu la perspective qui est à Ruel, nâquit à Dammartin prés Paris en 1597. de parens pauvres. Il avoit une sœur qui servoit à Paris chez un Marchand Drapier, par le moyen de laquelle il entra au service du Marquis de Chanvalon, qui le voyant enclin à dessiner, le mit chez un Peintre plus curieux des fruits de son jardin, & plus attaché à bien entretenir ses arbres, qu'à faire des Tableaux, & instruire ses apprentifs. Ce Maistre s'estant apperceû un jour qu'on avoit osté une pomme à un de ses arbres, & Jean le Maire ayant esté convaincu de l'avoir prise, il le fit aussitost sor-

ET LES OUVRAGES DES PEINTRES. 275
tir de sa maison : ce qui faisoit dire quelque- J. LE MAIRE.
fois à le Maire, qu'il avoit esté chassé de chez
son premier Maistre comme Adam du Paradis terrestre, pour avoir mangé d'une pomme. Il entra chez Vignon où il demeura quatre ans. En suite le Marquis de Chanvalon
l'envoya à Rome, d'où, aprés y avoir passé
dix-huit ou vingt ans, il revint à Paris, & Vers l'an
travailla bientost à plusieurs ouvrages, entre- 1633.
autres à la perspective qui est à Bagnolet, &
à celle de Ruel.

Il retourna pour la seconde fois à Rome
lors que le Poussin y alla en 1642. mais il
n'y demeura pas long-temps. Estant de retour à Paris, il logea dans un des Pavillons
des Tuileries, où il pensa estre bruslé ; car
le feu s'estant mis aux Offices, & en suite
aux Appartemens, l'incendie fut fort grand,
& tout estant au pillage, le Maire y perdit
une partie de son bien. Peu de temps aprés
cét accident il se retira à Gaillon, où il est
mort âgé de soixante-deux ans. Son corps En 1659.
fut enterré à la Chartreuse. N'ayant jamais
esté marié, il donna aux pauvres la plus
grande partie du bien qui luy restoit, & laissa
le reste à ses parens & à quelques amis.

Ce fut environ ce temps-là, ou peu aprés,

Mm ij

276 ENTRETIENS SUR LES VIES

FOUQUIERES. que moururent auſſi FOUQUIERES, dont je vous ay parlé. Il eſtoit d'Anvers, & diſciple du jeune Brugle: il a travaillé à Bruxelles juſques en 1621. qu'il vint en France. Ayant eû ordre du feu Roy de peindre toutes les principales villes de France, il alla en Provence où il s'arreſta long-temps à boire au lieu de travailler. M. d'Emery le ramena ſans avoir rien peint : il apporta ſeulement quelques deſſeins. Quand il fut icy, il travailla pour M. de la Vrilliere & pour M. d'Emery. BELIN qui eſtoit ſon diſciple

BELIN.
GUILLEROT. mourut peu de temps aprés, & auſſi GUILLEROT, Païſagiſte, qui avoit travaillé ſous Bourdon.

Je ne croy pas, dît Pymandre, avoir jamais rien veû des deux derniers que vous venez de nommer, mais bien de Fouquieres.

Fouquieres, repris-je, peignoit agréablement, & repreſentoit parfaitement bien la Nature ; & quoy-que ce ſoit le principal devoir du Peintre de s'étudier à la bien imiter, il y en a eû neanmoins depuis luy qui ont mépriſé cette étude, pour ſuivre certaines pratiques de peindre qui ne ſont point naturelles ni dans les Païſages ni dans les

L. BAUGIN. figures. C'eſt pour cela que LUBIN BAU-

GIN ne peut estre mis au nombre des excel- L. BAUGIN. lens Peintres, quoy-qu'il ait fait plusieurs grands desseins pour des Tapisseries, & qu'il fust employé en ce temps-là à quantité d'autres ouvrages pour des particuliers.

VANBOUCLE estoit disciple de Sneydre, de mesme que Nicasius, dont je vous ay parlé. Il faisoit fort bien toutes sortes d'animaux, & mesme gagnoit tout ce qu'il vouloit : cependant il a vescu d'une telle maniere qu'estant toûjours pauvre, il est mort icy à l'Hostel-Dieu.

Mais si je vous fais souvenir d'un Peintre contemporain à ceux-là, & que vous avez connu, ce n'est pas pour le mettre en mesme rang; car si on vouloit le comparer à bien d'autres qui vivoient de son temps, non seulement on auroit beaucoup plus d'estime pour luy, mais mesme on connoistroit combien il estoit élevé audessus d'eux par son génie, & par les belles connoissances qu'il avoit de son art. C'est D'ALFONSE Du Fresnoy. DU FRESNOY dont j'entens parler. Il n'est pas necessaire que je vous dise qu'il estoit de Paris, & d'honneste famille : vous l'avez connu, & je m'imagine que vous en avez encore une assez forte idée, sans que je

Mm iij

m'arreste à vous le representer. Il nâquit en 1611. Son pere le fit étudier avec beaucoup de soin pour estre Medecin : mais dés ses plus jeunes ans il fit paroistre la force de son imagination, & la vivacité de son esprit dans l'inclination & l'attachement qu'il avoit pour la Poésie, réussissant si heureusement à faire des vers, qu'il remportoit toûjours le prix dans toutes les Classes où il se trouvoit. A l'amour qu'il avoit pour la Poésie il joignit encore celuy de la Peinture, en sorte que tout d'un coup il se trouva engagé dans deux passions également violentes : Et comme il se déclara enfin pour la Peinture, ce fut malgré son pere qu'il s'y appliqua, & encore plus contre la volonté de sa mere, qui ne considerant cét art que par rapport aux plus ignorans, & s'il faut ainsi dire, aux plus miserables de cette profession, ne pouvoit souffrir que son fils fust un Peintre. Cependant quelque opposition que sa mere y apportast, & nonobstant mesme les mauvais traitemens qu'il receût d'elle à cette occasion, il ne changea point de dessein. Il avoit dix-neuf ou vingt ans lors qu'il se mit à suivre Perier, qui demeuroit alors dans la ruë de l'Arbresec ; & quand il eût travaillé deux ans sous luy & fous Vouët, il partit pour aller en Italie, où il arriva à la fin de l'année 1633. ou au commencement de l'année 1634.

Du Fresnoy.

Comme pendant fes eftudes il s'eftoit beaucoup appliqué aux élemens d'Euclide & à la Géometrie, il commença fi-toft qu'il fut à Rome à peindre des perfpectives, divers baftimens, & les ruines des anciens édifices. Environ deux ans aprés, & lors que M. Mignard, qui travaille encore aujourd'huy, & qu'il attendoit pour camarade, fut arrivé à Rome, ils prirent un mefme logement, & copiérent pour le Cardinal de Lyon les plus beaux Tableaux qui font dans le Palais Farnefe. Ils ne laifferent pas de faire leur principale étude d'aprés les Peintures de Raphaël, & les plus belles Antiques, & d'aller tous les foirs dans les Académies deffiner d'aprés les Modeles. Du Frefnoy comprit bientoft tout ce qui regarde la theorie de la Peinture : fon amour pour cét art le poffedoit de forte qu'il ne penfoit à autre chofe qu'à en aquerir toutes les connoiffances. C'eft ce qui fit que dés ce temps-là, & mefme pendant fon travail, il s'occupoit à faire des vers pour exprimer fes penfées, & commença fon Poëme de la Peinture qui fut long-temps le sujet de ses entretiens, & qu'il n'acheva qu'aprés avoir bien leû tous les meilleurs Auteurs, & fait des observations sur les Tableaux des plus grands Maistres: mais sur tout aprés les profondes résléxions & les entretiens solides & continuels qu'il avoit avec son ami M. Mignard; car l'un & l'autre ne voyoient & ne faisoient rien de ce qui regarde leur profession, sans en faire un examen tres-exact. Ce fut aussi aprés s'estre bien fortifié dans toutes ses connoissances qu'il se mit à faire quelques Tableaux pour les François & les Italiens amateurs de cét art. Il en fit deux pour M. le Tellier de Morsan: dans l'un sont peintes les ruines de *Campo vacino*, & la Ville de Rome sous la figure d'une femme; & dans l'autre des filles d'Athenes qui vont voir le tombeau d'un Amant. Le Peintre y a représenté un sacrifice, & comme en presence de la personne que le mort avoit aimée, il sort des flâmes de l'urne dans laquelle sont ses cendres. Ces deux Tableaux & un autre où l'on voit Enée qui porte son pere au tombeau, sont à Paris chez M. Passart Maistre des Comptes. Il fit pour M. Perochel Conseiller, un grand Tableau où Mars rencontre

Lavinie

Lavinie qui dort sur le bord du Tybre. Il est représenté descendu de son char levant le voile qui la couvre, afin de la considerer. Ce Tableau, qui est un des meilleurs qu'il ait faits, appartient presentement à M. le Président Robert. Il fit en suite deux autres Tableaux pour M. Perochon de Lyon : l'un de la naissance de Venus, & l'autre de la naissance de Cupidon ; un autre pour M. de Berne Conseiller à Lyon, où est peint Joseph & la femme de Putiphar.

Du Fresnoy,

Comme il avoit une estime particuliere pour les ouvrages du Titien, il prenoit un plaisir singulier à les voir, & faire des copies de ceux dont il pouvoit disposer. Vous sçavez avec quelle joye il travailloit dans la Vigne Aldobrandine, lors qu'il copia ce Tableau où la Vierge est representée tenant le petit Jesus, & accompagnée de plusieurs Saints ; celuy d'Herodias qui tient la teste de Saint Jean ; & encore ces deux morceaux de païsages de la Bacchanale d'Ariane, & celuy où il y a des figures de Jean Belin, qu'il fit pour moy avec un soin tout particulier, connoissant l'amour que j'avois alors pour les Païsages, & l'estime que M. Poussin m'avoit fait concevoir de ceux de cét excellent Peintre. Il en copia encore d'autres dans la Vigne Borghese pour le Chevalier d'Elbene; & ce fut en ce temps-là que rempli des idées de ce qu'il voyoit du Titien & des Caraches, il fit le Tableau que vous avez où est representé Nostre Seigneur que l'on porte dans le Tombeau.

Estant continuellement appliqué à son Poëme, & mesme y travaillant pendant qu'il peignoit, il demeuroit beaucoup plus de temps à finir ses Tableaux qu'il n'eust fait s'il n'eust pas eû l'esprit distrait; outre qu'il n'estoit jamais content dans l'execution des idées que son imagination luy fournissoit.

Vers l'an 1653. il alla avec M. Mignard à Venise & par toute la Lombardie, car ces deux amis ne se quittoient jamais, & c'est pourquoy on les appelloit dans Rome les inséparables. Il est vray que cette union d'esprit & de volonté leur estoit beaucoup avantageuse. L'amitié qu'ils avoient l'un pour l'autre estoit exempte de toute sorte d'envie. Ils n'avoient rien de secret ni de particulier. Les biens de l'esprit comme ceux de la fortune leur estoient communs. Chacun faisoit part à son compagnon des connoissances qu'il aqueroit dans son art, & ils n'estoient point plus contens l'un & l'autre que quand ils se

ET LES OUVRAGES DES PEINTRES. 283
pouvoient rendre de mutuels services. Vi- DU FRESNOY.
vant dans une si parfaite intelligence, ils observoient tout ce qu'ils voyoient dans leur voyage, de sorte qu'on peut dire qu'ils revinrent l'esprit rempli de tout ce qu'il y a de plus beau dans ces païs-là.

Pendant que Du Fresnoy sejourna à Venise, il peignit une Venus couchée pour le sieur Marc Paruta noble Venitien, & une Vierge à demi-corps. Il fit voir dans ces deux Tableaux qu'il n'avoit pas regardé ceux du Titien sans en avoir beaucoup profité. Ce fut dans cette Ville que ces deux amis se separerent, M. Mignard pour retourner à Rome, & Du Fresnoy pour venir en France. Il avoit leû son Poëme à tous les plus habiles Peintres des lieux où il avoit passé, particulierement à l'Albane & au Guerchin qui estoient alors à Boulogne, & consulta encore plusieurs personnes sçavantes dans les belles Lettres.

Il arriva à Paris en 1656. & fut loger chez M. Potet Greffier du Conseil ruë Beautreillis, où il peignit un petit Cabinet. Ensuite il fit un Tableau pour le grand Autel de l'Eglise de Sainte Marguerite du Fauxbourg Saint Antoine. M. Bordier Intendant des Finances,

N n ij

qui faisoit alors achever sa maison du Rinci, ayant veû ce Tableau en fut si satisfait qu'il mena Du Fresnoy dans cette maison qui n'est qu'à deux lieuës de Paris, pour y peindre un Cabinet. Dans le Tableau du Platfond il representa l'embrasement de Troye. Venus est auprés de Pâris, qui luy fait remarquer comme le feu consomme cette grande Ville. Il y a sur le devant le Dieu du fleuve qui passe auprés, & d'autres Divinitez. Cét ouvrage est un des plus beaux qu'il ait faits, tant pour l'ordonnance que pour le coloris. Ensuite il fit plusieurs Tableaux pour des Cabinets de curieux. Il peignit un grand Tableau d'Autel pour une Eglise de Lagny, où il representa l'Assomption de la Vierge & les douze Apostres, le tout grand comme nature. A l'Hostel d'Erval il fit quelques Tableaux, entre-autres celuy du Platfond d'une chambre avec quatre païsages fort beaux.

Il estoit connoissant dans l'Architecture, & fit pour M. de Vilargelé tous les desseins d'une maison qu'il a fait bastir à quatre lieuës d'Avignon. Il donna aussi des desseins pour l'Hostel d'Erval, pour celuy de Lyonne, & d'autres pour celuy que M. le Grand-Prieur

ET LES OUVRAGES DES PEINTRES. 285
de Souvré à fait baſtir au Temple. C'eſt auſſi Du Fresnoy.
de ſon deſſein le grand Autel des Filles-Dieu
dans la ruë Saint Denis.

 Bien qu'il euſt achevé ſon Poëme de la Peinture avant que de partir d'Italie, & qu'il l'euſt
communiqué à pluſieurs ſçavans hommes
de ce païs-là, comme je vous ay dit: depuis
néanmoins qu'il fut en France, il le revoyoit
encore de temps en temps, avec deſſein de
traiter plus au long beaucoup de choſes qui
luy ſembloient n'eſtre pas expliquées aſſez
amplement. Cét ouvrage ne laiſſoit pas de luy
prendre beaucoup de ſon temps, & a eſté
cauſe qu'il n'a pas fait autant de Tableaux
qu'il auroit pu faire. Vous ſçavez combien
il aimoit à parler des choſes qui regardent
la Peinture, quittant volontiers le pinceau
pour en diſcourir, & pour parler de ſon
Poëme, lequel cependant il n'a pas luy-meſme mis au jour, n'ayant eſté imprimé qu'a-
prés ſa mort avec l'excellente traduction qui
en a eſté faite. Eſtant tombé en apoplexie, il
devint enſuite paralitique; & aprés avoir
eſté en cét eſtat quatre ou cinq mois, il ſe
retira chez ſon frere à Villiers-le-Bel, où il
mourut, & fut enterré dans la Paroiſſe. Il
avoit quitté le logis de M. Potel lors que M.

Mignard arriva à Paris en 1658. & ces deux amis s'eſtant rejoints, demeurerent toûjours enſemble, juſques à ce que la mort de Du Freſnoy les ſepara.

Aprés m'eſtre un peu arreſté, Si vous voulez, dis-je à Pymandre, je vous parleray encore de quelques Peintres qui vivoient en ce temps-là, & qui ſont morts depuis: mais il y en a peu dont il me ſouvienne qui ayent eû beaucoup de réputation. Je vous nommeray ſeulement GRIBELIN, qui faiſoit des portraits de paſtel; NANTEUIL qui en a fait de fort reſſemblans, & qui gravoit d'une excellente maniere; FRANCART tres-entendu pour les ornemens & les décorations de Theatre; LA FLEUR natif de Lorraine, qui faiſoit des fleurs en miniature. COURTOIS Bourguignon faiſoit aſſez bien le païſage, de meſme que FRANCHISQUE MILET Flamand, qui taſchoit d'imiter la maniere du Pouſſin. PATEL en a peint de tres-agréables. Sa maniere eſtoit finie & un peu ſeche. DE CANI eſtoit auſſi païſagiſte. COTELLE de Meaux avoit travaillé, comme je croy vous avoir dit, ſous Guyot. Il eſtoit pratique & intelligent pour les ornemens. Il a beaucoup peint aux

ET LES OUVRAGES DES PEINTRES. 287
Tuileries, & est mort en 1676. Ce fut dans la mesme année que mourut MICHEL ANGE de Volterre qui peignoit assez bien à fraisque. BOULE peignoit des animaux, BOULE. & estoit disciple de Snéydre dont il avoit épousé la veuve. Il a travaillé aux Gobelins pour les ouvrages du Roy. MONTBE- MONTBELIARD de la Franche-Comté peignoit fort LIARD. bien en petit.

Je croy, interrompit Pymandre, que vous ne trouvez pas beaucoup de choses dignes de remarques dans ces derniers Peintres, puis que vous en parlez avec tant de vîtesse qu'à peine dites-vous leurs noms.

C'est, luy repartis-je, qu'il y a assez long-temps que je vous entretiens, & que peut-estre je vous fatigue: car aprés vous avoir parlé assez amplement du merite & des ouvrages des Peintres les plus considerables qui ont esté, je ne dois pas m'arrester, ce me semble, à ceux qui sont beaucoup audessous; mais plûtost mettre fin à une matiere sur laquelle il y a long-temps que j'abuse de vostre patience.

Vous demeurez donc ferme, dit Pymandre, à ne rien dire des Peintres qui travaillent encore aujourd'huy.

Que ſerviroit, luy repartis-je, de vous en parler, il faut les laiſſer parler eux-meſmes. Vous pouvez voir leurs ouvrages; les plus habiles vous en feront connoiſtre le merite, & vous exprimeront leurs penſées beaucoup mieux que je ne pourrois faire.

Vous avez deſiré de ſçavoir l'origine & le progrés de la Peinture. Pour cela je vous ay parlé des premiers Peintres, & de ceux qui ont commencé à perfectionner cét Art. Je vous ay dit comment aprés avoir eſté preſque perdu pendant pluſieurs années, il commença de reparoiſtre en Italie, & qui furent ceux qui contribuérent à le relever, & le mettre dans un nouveau luſtre. Non ſeulement je vous ay nommé les plus celebres Peintres Italiens, mais encore ceux des autres Nations qui ont travaillé avec quelque eſtime. Je vous ay marqué leurs differens talens & le merite de leurs ouvrages. C'eſt en voyant ces ouvrages que je vous ay entretenu de toutes les parties de la Peinture, & que je vous ay parlé des qualitez neceſſaires à former un ſçavant Peintre. Ainſi vous pouvez ſçavoir à preſent que pour bien juger d'un Tableau & du génie de celuy qui l'a fait, il faut regarder d'abord quelle eſt l'Invention

de

ET LES OUVRAGES DES PEINTRES. 289
de ce Tableau; si elle est nouvelle, noble, & agréable. La Disposition du sujet vous fera connoistre si l'Ouvrier a du jugement, & s'il y a de l'ordre dans ses pensées. C'est dans le Dessein que le Peintre fait paroistre la force de son esprit, sa science, & le fruit de ses études. Par le dessein il donne de la proportion, de la grace, & de la majesté à ses figures; il en marque toutes les beautez; il exprime les differentes actions du corps, & les divers mouvemens de l'ame. Enfin le dessein est comme la base & le fondement de toutes les autres parties.

Quelque beauté de coloris qu'un Peintre donne à son ouvrage, quelque amitié de couleurs qu'il observe pour le rendre aimable & plaisant à la veûë; quelques jours & quelques lumieres qu'il y répande pour l'éclairer, de quelques ombres dont il tasche de le fortifier & d'en relever l'éclat, si tout cela n'est soustenu du dessein, il n'y a rien, pour beau & riche qu'il soit, qui puisse subsister. On doit prendre garde sur tout à ne se pas laisser surprendre par les charmes du coloris; car la Couleur n'est pas seulement un agrément que la nature ait répandu sur les corps pour en relever la beauté & leur donner plus d'éclat, mais elle est aussi dans les ouvrages de l'art un moyen merveilleux pour les rendre agréables, & donner plus de plaisir à la veüë. Et de vray, comme nous voyons que les couleurs de l'arc-en-Ciel, qui ne marquent rien de particulier, ne laissent pas de se faire regarder avec admiration: aussi les diverses couleurs qui brillent dans un Tableau, quoy-que privé des autres parties de la peinture, ne laissent pas de fraper les yeux, & mesme d'émouvoir l'ame, qui se laisse remuer par les sens avec lesquels elle a une si grande liaison, que d'abord elle ne pense, s'il faut ainsi dire, qu'à prendre part au plaisir qu'ils reçoivent, sans examiner les choses par la raison.

C'est pourquoy je croy vous avoir fait observer sur le sujet des Tableaux du Poussin, que ce Peintre dans le coloris de ses figures s'étudioit à les representer telles qu'elles paroissent dans le naturel, lors que par la distance qui se trouve entre-elles & celuy qui les voit, l'air qui est interposé les rend plus grises, & fait que la carnation n'est pas si vive & si agréable. Cependant quoy-que la raison fasse voir que c'est une regle qu'on doit observer, il est vray neanmoins que les

Peintres qui ne l'ont pas suivie, & qui s'en font dispensez, tels que le Titien, Paul Veronese, & ceux de l'école de Lombardie, ont esté plus agréables que les autres dans leurs carnations, parce que l'œil ne se soucie pas toûjours que les choses soient conduites par les regles de la raison pourveû qu'elles luy plaisent. Et de mesme que les lunettes de longue veuë luy font discerner & mieux connoistre les objets éloignez, ainsi le Peintre en fortifiant ses couleurs, & les rendant plus sensibles, fait un effet semblable, & luy represente des choses plûtost belles & agréables que régulieres. De sorte qu'il faut mettre de la difference entre le jugement que l'œil fait d'un Tableau, & celuy que la raison en donne. L'un se contente de l'agrément, & l'autre recherche la verité & la vraysemblance. Et par là vous voyez que la lumiere de la raison doit conduire toutes les operations de l'esprit, comme la lumiere de l'œil les operations de la main, & qu'il est besoin d'une grande prudence & d'un grand discernement pour distribuer toutes choses selon qu'il est necessaire pour la perfection d'un ouvrage, lors qu'on veut satisfaire également les yeux & la raison. Et c'est ce discernement & cette prudence qu'il faut beaucoup eftimer dans les Ouvriers & dans leurs ouvrages.

Il me femble que nous avons affez éxaminé, lors que nous en avons eû l'occafion, comment les plus excellens Peintres ont traité toutes les parties de la Peinture, & ce que doivent faire ceux qui les veulent imiter. Et bien que tous n'arrivent pas à un mefme degré de perfection, il y a toûjours dans chaque Peintre & dans chaque efpece d'ouvrage quelque chofe de bon. C'eft une ignorance, ou une complaifance trop baffe de loüer toutes fortes de Tableaux ; mais c'eft une tirannie & un trop grand mépris de ne vouloir eftimer que ce qui eft parfait & achevé.

J'avoüe qu'on eft touché d'une extréme joye quand on voit des objets parfaitement beaux : mais il faut chercher les chofes belles parmi mefme ce qui eft difforme, & faire comme les Abeilles qui recueïllent du miel fur des plantes ameres. Il y a mefme certains Tableaux où l'on voit de belles parties, quoyque faits par des Peintres médiocres. Il y en a d'autres auffi qui n'auront ni la nouveauté de l'invention, ni les charmes de la couleur, qui feront admirables par la force des expreſſions.

Pauſanias dit que les ovrages de Dédale *In Corinth.* avoient quelque choſe de rude, & qui n'eſtoit pas trop agréable à la veûë, mais neanmoins qu'ils portoient avec eux je ne ſçay quoy de divin.

Quoy-qu'un Peintre ne doive rien négliger, il doit toutefois prendre garde à ne pas tant travailler pour aquerir de l'eſtime par la beauté des ornemens que par l'excellence de ſon principal ouvrage. Et c'eſt de quoy Zeuxis ſe plaint dans Lucien, diſant avec indignation que l'on loûë dans la Peinture ce qui n'eſt que de la fange. Apulée nomme auſſi les ornemens les feüilles de l'art, & de veritables amuſemens. C'eſt pourquoy comme le Peintre n'en doit pas faire le capital de ſon travail, cela ne merite pas auſſi qu'on s'attache trop à les conſiderer.

C'eſt une eſpece de plaiſir de ſçavoir les noms des Peintres, de connoiſtre leurs differentes manieres, & de diſcerner les originaux des copies : mais c'eſt un contentement achevé quand on peut juger de l'art & de la ſcience de l'Ouvrier ; qu'on entre dans ſes penſées, & que l'on comprend l'artifice dont il s'eſt servi pour tromper les yeux, & perfectionner son ouvrage.

Tout ce que nous avons dit ne regarde que cét art de plaire & de tromper. Il y a dans la Peinture une fin encore plus noble & plus relevée, qui est celle d'instruire, & qui est commune aux Sciences & aux Arts, dont Dieu n'a donné la connoissance aux hommes que pour en tirer de l'utilité, & en bien user. Pour cette partie qui est indépendante de toutes les regles, c'est une matiere qui meriteroit bien que l'on en traitast de la maniere que je m'imagine que cela devroit estre.

Hé quoy, interrompit aussitost Pymandre, est-ce que vous n'en parlerez point, & que vous m'en ferez un secret?

Je n'ay rien de caché pour vous, luy repartis-je, mais il faudroit pour vous satisfaire que j'eusse fait achever beaucoup de desseins qui sont commencez, & mis en estat ceux qui sont déja finis. Cependant si ce que nous avons dit vous a plû, vous aurez de quoy vous divertir en voyant les Tableaux des meilleurs Maistres, & en vous entretenant dans une occupation qui a esté le plaisir des plus grands hommes.

Car de tous les Arts que l'esprit de l'homme possede, y en a-t-il un plus admirable que celuy de la Peinture, par le moyen duquel on sçait representer la nature mesme, & faire voir par le mélange des couleurs l'image de toutes les choses qui tombent sous les sens. Que si c'est un grand avantage à l'homme de comprendre dans son esprit les images des corps animez & inanimez, combien est-ce une chose digne d'admiration d'en pouvoir tracer la ressemblance, & encore plus de se former une idée de toutes les beautez de la Nature pour en faire une plus parfaite, telle qu'estoit cette figure de Pirrha qui surpassoit toutes les plus belles femmes? Mais comme il est rare de trouver une personne parfaitement belle, aussi est-il extrémement difficile de faire l'image d'une beauté accomplie. C'est pourquoy les plus sçavans hommes de l'antiquité, pour avoir part à la gloire d'un Art si merveilleux, non seulement ont eû une estime toute particuliere pour la Peinture, mais encore ont voulu peindre eux-mesmes. Pythàgore, quoy-que fortement attaché à l'étude de la Philosophie, prenoit souvent le pinceau pour se délasser l'esprit. Platon avoit une connoissance parfaite du Deſſein, de meſme que Socrate ſon maiſtre qui travailloit excellemment de Sculpture. Paul Emile ce grand Capitaine, voulant que ſes enfans joigniſſent à l'étude de la Philoſophie la pratique de la Peinture, fit venir d'Athenes Methrodorus pour leur en donner des préceptes. Fabius fit gloire de peindre le Temple du Salut. Celuy d'Hercule fut orné des Tableaux du Poëte Pacuvius. Turpillius Chevalier Romain, M. Valere, Ateïus, Labeo Préteur & Proconſul, & Lucius Mommius ont laiſſé des Tableaux de leur façon. Et quoy-que l'amour de la Peinture ſemble bien different & éloigné de la paſſion de ceux qui forment les Républiques, & des hommes nourris dans le métier de la guerre, les Scipions neanmoins & Jules Ceſar, qui eſtoient de grands Capitaines, n'ont pas laiſſé de prendre beaucoup de plaiſir à la Peinture. Domitien & Neron, tout brutaux & cruels qu'ils eſtoient, s'arreſterent quelquefois à deſſiner; & Alexandre Sevére, Valentinien, & Marc Agrippa quittoient leurs occupations les plus ſérieuſes pour s'occuper à cét exercice. Quintus Pedius neveu de Ceſar, eſtant né muet, on luy fit apprendre à peindre, parce qu'il ſembla

ET LES OUVRAGES DES PEINTRES. 297
bla à ceux qui avoient soin de son éducation qu'il n'y a rien qui merite mieux d'occuper l'esprit d'un jeune Prince que l'exercice de la Peinture.

Il y a eû mesme plusieurs femmes qui ont aquis de la réputation dans ce travail. Pline parle d'une fille du Peintre Mycon, nommée Timarete, laquelle peignoit fort bien, & encore d'une autre Timarete fille de Nicon aussi Peintre, de laquelle il y avoit dans le Temple d'Ephese un Tableau fort ancien où elle avoit representé Diane. Le mesme Auteur parle encore d'une Irene, d'une Calypso, & de plusieurs autres qui se sont renduës recommandables par l'excellence de leur pinceau. *Liv. 35. ch. 9. Id. liv. 35. ch.*

Tant d'hommes illustres qui s'appliquoient à la Peinture contribuérent à anoblir cét Art; de sorte que parmi les Grecs il fut mis au nombre des Arts liberaux, & par un decret public défendu aux esclaves & à ceux qui auroient esté repris de Justice d'en faire profession, & de s'y exercer.

Outre les personnes considerables qui ont esté curieuses d'apprendre à peindre, on a veû des Rois, des Princes, & des Républiques, qui pour marque de l'estime qu'ils fai-

Tome V. Pp

soient de la Peinture ont beaucoup honoré ceux qui en faisoient profession. Les Agrigentins eûrent une affection singuliere pour Zeuxis, auquel ils firent de grandes liberalitez. Aristide Thebain fut fort estimé du Roy Attale. Bularchus fut cheri de Candaule, Protogenes de Démetrius Phalereus. Cesar aima Thimomachus. Nicomede Roy de Lycie fit un cas singulier de Praxiteles, de mesme que Philippes de Macedoine de Pamphile. Que ne fit point Aléxandre pour Apelle ? Et enfin quelle réputation n'ont point eû tous les anciens Peintres & leurs ouvrages qui ont esté vendus des sommes immenses ?

Mais afin de ne mettre pas seulement au jour la gloire des Peintres anciens, & laisser dans les tenebres le nom des Peintres modernes, je diray que Robert Roy de Naples honora le Giotti d'une bienveillance particuliere ; & que Loüis XI. Roy de France fit la mesme grace à Jean Belin. René d'Anjou Roy de Sicile, non seulement eût de l'estime pour les excellens Peintres de ce temps-là, mais encore qu'il peignit fort bien, comme on peut juger par plusieurs ouvrages qu'il a faits, & dont on en voit plu-

ET LES OUVRAGES DES PEINTRES. 299
sieurs dans l'Eglise des Celestins d'Avignon. André Mantegne posseda l'affection de Loüis Marquis de Mantoüe. Mais quels honneurs ne receût point Leonard de Vinci, je ne dis pas seulement de Loüis le More Duc de Milan, & de Julien de Médicis, mais encore de François I. entre les bras duquel il mourut? Les Papes Jules II. & Leon X. reconnurent les excellentes qualitez de Michel Ange, de Raphaël, & des autres Peintres de ce temps-là. L'Empereur Maximilien eût de l'estime pour Albert Dure, & le Titien fut aimé d'Alfonse Duc de Ferrare, de Fréderic Duc de Mantoüe, de l'Empereur Charles-Quint. En quelle estime a-t-on veû Rubens & Vandeick en Angleterre & dans les Païs-Bas? Veritablement depuis la mort de François I. & de Henry II. la Peinture ne fut pas si bien traitée en France qu'elle avoit esté; les guerres civiles l'éloignerent, & ce fut le Roy Loüis XIII. qui rappella dans son Royaume les Sciences & les Arts par l'estime qu'il eût pour eux: Car non seulement il fit venir d'Italie plusieurs excellens hommes, mais ils s'occupoit souvent luy-mesme à dessiner, & prenoit plaisir à representer au naturel des Seigneurs ou des Offi-

Pp ij

ciers de sa Cour; & cét amour qu'il avoit pour la Peinture l'avoit porté un peu avant sa mort à faire venir de Rome le Poussin, qui receût de Sa Majesté autant d'honneurs & de bons traitemens qu'aucun Peintre eust jamais eûs.

Mais si on commença dans ces temps-là à voir plusieurs grands Seigneurs devenir curieux, & remplir leurs Maisons de Tableaux, on n'avoit point encore une connoissance parfaite de cét Art. Ce n'est que depuis que le Roy qui gouverne aujourd'huy si glorieusement la France, aprés l'avoir accruë par ses Conquestes, en a aussi augmenté la magnificence par tant de bastimens qu'il a fait faire. Les Ouvriers se sont perfectionnez & poussez d'un genereux desir de gloire: on peut dire qu'ils se sont rendus les plus considerables qui soient aujourd'huy dans l'Europe. Combien de personnes de qualité & de tous sexes ont pris plaisir à s'instruire dans le Dessein, connoissant qu'il n'y a rien qui ouvre davantage les yeux, & les rende capables de bien juger de toutes sortes d'ouvrages? Je pourrois vous nommer un grand nombre de ces personnes, mais vous en connoissez assez dont vous faites beaucoup d'estime ; & je croy qu'il est temps que je mette fin à un discours qui peut-estre n'a esté que trop long. En disant cela je pris un papier qui estoit plié sur ma table, & le donnant à Pymandre, Tenez, luy dis-je, voilà de quoy vous faire passer ce soir une heure de temps. Vous jugerez du differend dont il est question. Pymandre croyant que c'estoit un Factum, le mit dans sa poche : mais en sortant il le retira pour sçavoir si c'estoit quelque affaire pressée que je luy recommandasse. Il connut que le differend estoit entre la Poésie & la Peinture. Il voulut en lire quelque chose : mais je luy dis qu'il verroit cét écrit en son particulier, & qu'au premier jour il m'en diroit son sentiment que j'estois bien-aise d'avoir avant que de le rendre public. Aprés cela nous nous séparasmes.

F I N.

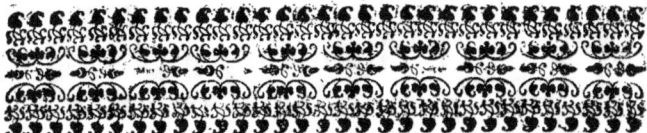

LE SONGE DE PHILOMATHE.

Vous souvient-il, mon cher Cleogene, d'un Entretien que nous eusmes ensemble il y a quelque temps, par lequel, pour excuser vostre paresse, & justifier l'inclination que vous avez à demeurer au lit, vous taschiez à me persuader que les hommes ne sont jamais plus heureux en cette vie que pendant le sommeil. Que non-seulement ils y goustent un doux repos qui les délasse, & leur donne de nouvelles forces ; mais encore que l'ame se trouve souvent entretenuë par des images & des songes si charmans, qu'elle sent une joye inconcevable pendant les agréables momens qu'elle est dans cét heureux estat. J'ay éprouvé moy-mesme cette verité, & je vais vous raconter sur ce sujet ce qui m'est arrivé.

Un des plus beaux jours de l'esté dernier, pendant que la Cour estoit à Versailles, je choisis une heure qu'il n'y avoit personne dans le petit Parc, pour mieux voir ce qu'on avoit nouvellement fait aux fontaines.

Lors que j'eûs consideré tous ces endroirs si beaux & si charmans, qu'un seul pourroit faire l'ornement & la magnificence d'un grand palais, je m'enfonçay dans un des bosquets qui me parut le plus couvert. M'estant assis sur un siege, je repassois dans ma mémoire ce qu'il y a de remarquable & de singulier dans ces differens

lieux,

lieux, qui tous ensemble font de cette Royale Maison la plus riche & la plus superbe demeure que l'on puisse imaginer. Je n'y eûs pas esté long-temps, que je m'appuiay contre un arbre qui se rencontra prés de moy. Le calme où je me trouvay, le bruit des eaux, & la fraischeur du lieu se rendirent insensiblement maistres de mes sens, & me livrerent au sommeil. Tant d'excellentes images, dont mes yeux s'estoient remplis, entretenoient mon esprit dans des réveries si agéables, que je crus estre encore dans un des riches Pavillons de la Renommée, & que tout d'un coup j'apperceûs venir deux Dames, qui à leur port majestueux avoient quelque chose de plus qu'humain. L'une estoit d'une taille haute & fort dégagée. Elle avoit le teint blanc, les yeux bleus & vifs. Ses cheveux estoient blonds, qui tombant par grosses boucles sur son col, en augmentoient encore la beauté. Sa robe estoit blanche, semée de diverses fleurs en broderie d'or. Un manteau de couleur bleuë, & fort leger pendoit de dessus ses épaules, & traisnoit jusques à terre. L'autre Dame estoit d'une taille un peu moins grande, mais parfaitement bien proportionnée. L'air de son visage avoit quelque chose de masle & de doux tout ensemble. Ses yeux noirs brilloient d'un éclat vif & perçant, & ses cheveux bruns estoient noûez negligemment autour de sa teste. Sa robe estoit d'un taffetas changeant, & par dessus elle avoit un grand voile d'une étoffe de soye tres-claire rayée d'or & d'argent, au travers de laquelle on ne laissoit pas de découvrir les couleurs de sa robe. La premiere tenoit en sa main des tablettes, & l'autre un rouleau de papiers & un crayon. Les voyant avancer, je me retiray dans un coin du Pavillon, &

j'entendis qu'elles se faisoient quelques reproches, l'une se plaignant de ce que l'autre luy déroboit quelque chose de sa gloire. Aprés avoir marché quelque temps avec assez d'action, elles s'arresterent contre cette riche balustrade de marbre qui environne le bassin de la fontaine. Je connus alors par leurs discours que c'estoit la Poésie & la Peinture qui avoient quelque differend. Elles s'appuyerent sur la balustrade, moins pour se reposer que pour parler plus commodément, & alors je fus témoin de cét Entretien.

LA PEINTURE.

N'EST-CE pas aussi une chose étrange, ma sœur, que vous preniez tant de soin à traverser mes desseins? Quoy, je n'ose rien faire de particulier pour la gloire du Roy, que vous ne l'imitiez! Si je pense travailler à quelque ouvrage qui ait rapport à ses actions, vous venez aussitost m'interrompre, & vous tâchez par vos belles paroles à me priver de

Qq ij

l'honneur que je puis aquerir par l'excellence de mon invention.

LA POËSIE.

Vos Ouvrages, ma sœur, n'ont rien que
 d'admirable;
Tout y paroist sçavant, naturel, agréable;
Mais quelque illustre effort que fasse vostre
 main,
Si c'est pour m'égaler, elle travaille en vain.
Pourquoy donc m'accuser de malice ou d'envie?
Quelle gloire, ma sœur, vous puis-je avoir
 ravie?
Quel sujet auroit pu m'animer contre vous,
Et rendre mon esprit de vos grandeurs jaloux,
Moy qui dans mes travaux n'ay jamais veû
 personne
Prétendre à m'arracher l'honneur de la cou-
 ronne?
Tout cét éclat trompeur qui brille dans vostre
 art,
Vous appartient, ma sœur; je n'y prens point
 de part,
Vos plus vives couleurs, vos lumieres, vos
 ombres
Paroissent à mes yeux trop foibles & trop
 sombres.

Je sçay, quand il me plaist, favorable aux amans,
Leur faire des portraits plus vifs & plus charmans.
D'un pinceau tout divin je fais une peinture
Qui ternit les beautez que forme la nature,
Et d'où, sans reprocher les dons que je vous fais,
Vous empruntez souvent les plus beaux de mes traits.
Mais pour vous obliger, & vous rendre service,
Est-il rien sous les cieux, ma sœur, que je ne fisse?

LA PEINTURE.

CE n'est pas me bien servir que de vouloir attirer tout le monde à vous, quand il est occupé à considerer mes ouvrages; & je n'ay pas lieu de prendre pour de bons offices ceux que vous me rendez tous les jours. Je croyois ne pouvoir mieux plaire à ce grand Monarque, qui est aujourd'huy la merveille du monde, que de le peindre sous les differentes images des plus grands Heros de l'antiquité; & l'ayant representé vaillant, généreux & triomphant, je pensois en avoir formé des traits qui le faisoient assez bien connoistre, lors que j'apprens que vous vous servez des sujets que j'ay choisis pour faire des portraits de ce grand Prince.

Ne pouviez-vous pas employer vos talens d'une autre maniere, sans vouloir m'ôter la gloire que j'aquiers par l'excellence de mes Tableaux, & particulierement dans ceux, où sous des figures toutes mysterieuses, je tasche à donner quelque idée de l'ame de ce grand Monarque?

LA POËSIE.

Pour parler d'un Heros, où d'un grand
    Personnage,
Vous sçavez bien, ma sœur, que c'est un avan-
    tage
Que les Dieux en naissant m'ont donné dessus
    vous,
Et qui fait le sujet de tout vostre courroux.
Mais si les Immortels, comme leur fille aisnée,
A chanter leurs vertus m'ont ainsi destinée,
Vostre sort, quoy-que moindre, est pourtant bien-
    heureux;
Puis qu'enfin vous sçavez de ces Heros fameux
Representer le corps, & faire une peinture
Qui par vostre art divin imite la nature.
Vous pouvez mesme encor de tout cet Univers
Retracer les sujets que je peins dans mes vers.

Je ne vous cache point ce que j'ay de richef-
  ſes ;
Je vous en fais, ma ſœur, bien ſouvent des lar-
    geſſes,
Et pour tant de treſors & de dons précieux
Je n'exige de vous qu'un accueil gracieux.
Vous deveẑ un peu plus aux droits de ma naiſ-
  ſance ;
Mais je ne veux de vous d'autre reconnoiſ-
  ſance.

LA PEINTURE.

HA, c'eſt me traiter avec trop d'orgueil!
Je voy bien qu'il eſt temps que je me déclare,
& que je faſſe voir avec combien d'injuſtice
vous prétendez uſurper ce droit d'aiſneſſe,
vous qui n'eſtes venuë au monde que long-
temps aprés moy. Juſques icy j'ay ſouffert
voſtre humeur altiere; mais puis que vous
voulez me dérober un titre qui m'eſt ſi juſtement aquis, je prétens bien m'oppoſer à
vos deſſeins, & détromper ceux que vous
prévenez à mon deſavantage. Il ne m'eſt pas
difficile de prouver le temps de ma naiſſance, & de faire voir que les Dieux ne vous
ont fait naiſtre que pour me tenir compagnie, & pour expliquer aux hommes les

mysteres que je leur avois déja representez par mes sçavans caracteres.

LA POËSIE.

SI l'on ne sçavoit pas quelle est mon origine,
Que je tire mon sang d'une source divine,
Que le Ciel m'a veu naistre, & que les Im-
    mortels
M'ont commise icy-bas pour bastir leurs Autels;
Que c'est ma seule voix qui forme leurs oracles,
Prononce leurs decrets, annonce leurs miracles,
Et de leurs volontez établissant les loix,
Y tient assujetis les peuples & les Rois;
Et si j'estois enfin quelque peu moins connuë;
Vous pourriez bien, ma sœur, vous qui trom-
    pez la veüe,
Tracer de mon visage un crayon imparfait,
Et le faire autrement que les Dieux ne l'ont
    fait.
Mais chacun sçait assez qu'il n'est point de con-
    trée,
Où mon nom & ma voix ne se soient fait en-
    trée;
Je me suis fait connoistre en mille & mille lieux,
Pour y faire adorer les Heros & les Dieux
Avant que vous eussiez jamais fait leurs ima-
    ges.

DE PHILOMATHE.

Je montrois comme on doit leur rendre des hom-
 mages :
J'enseignois aux mortels l'effet de leur pouvoir,
Qui fait de l'Univers tous les cercles mouvoir :
Je faisois leur portrait sans pinceau, sans ma-
 tiere,
Sans ombres, & sans traits ; ce n'estoit que
 lumiere,
Que les yeux les plus forts ne pouvoient sup-
 porter,
Mais qu'un esprit soumis sçavoit bien respecter :
Et par ces mots sacrez de pure & simple essence,
J'en faisois mieux que vous toute la ressem-
 blance.
 Cependant pour vous plaire, & pour les ho-
 norer,
Je vous appris, ma sœur, à les bien figurer.
Je vous marquay les lieux où chacun d'eux ha-
 bite ;
Je vous dis leurs vertus, leurs noms, & leur
 merite,
La puissance qu'ils ont sur le sort des humains,
Les ouvrages sortis de leurs divines mains,
Quel est le port de l'un, de l'autre le visage,
Des Déesses le teint, des Nimphes le corsage ;
Et vous traçant ainsi de tous les demi-Dieux
Cent differens portraits rares & précieux,
 Tome V. R r

Je vous donnois sujet de faire une peinture,
Où de ces grands Heros on connust la figure.
Combien de fois mon cœur de ce zele enflammé
A-t-il dedans le vostre un beau feu rallumé,
Dont la claire lumiere & la chaleur ardente
Echauffoit vostre esprit & vostre main trem-
blante,
Et par ce grand secours qu'ils tiroient de mon
sein,
Achevoient aisément quelque noble dessein ?
Mais sans moy vos couleurs, quoy-que vives
& belles,
N'eussent jamais bien peint les beautez éter-
nelles ;
Et mesme tres-souvent pour de moindres sujets,
Je vous en ay, ma sœur, fait les premiers projets.
Ne dédaignez donc point ce nom de ma ca-
dette,
Profitez-en, ma sœur, soyez sage & discrete ;
Et pour n'abuser plus ainsi de ma bonté,
Laissez-là vostre orgueil, & vostre vanité.

LA PEINTURE.

C'EST ma voix, ma sœur, qui est une voix toute spirituelle & toute divine, puis qu'elle se fait entendre à tous les peuples. Je n'ay pas besoin, comme vous, de differens idiomes

DE PHILOMATHE.

pour chaque nation: je n'ay qu'une maniere de m'exprimer qu'elles entendent toutes; & le plus barbare comme le plus poli comprend tout d'un coup ce que je luy veux dire. Il n'est pas jusques aux animaux qui ne soient soumis à ma puissance, & à qui je ne fasse sentir les charmes de mon art: j'expose des choses qui paroissent si réelles, qu'elles trompent les sens. Je fais par une agréable & innocente magie, que les yeux les plus subtils croyent voir dans mes ouvrages ce qui n'y est pas. Je fais paroistre des corps vivans dans des sujets où il n'y a ni corps ni vie. Je represente mille actions differentes, & par tout l'on diroit qu'il y a de l'agitation & du mouvement. Je découvre des campagnes, des prairies, des animaux, & mille autres sortes d'objets, qui n'existent que par des ombres & des lumieres, & par le secret d'une science toute divine avec laquelle je sçay tromper les yeux. C'est par ces merveilles, ma sœur, que malgré vos artifices je prétens conserver quelque avantage sur vous.

LA POËSIE.

Estimez de vostre Art les differens ouvrages,
Vantez ces beaux portraits, ces vivantes images,

LE SONGE

Tous ces fruits si bien peints, ces arbres toû-
 jours verds,
Les épics de l'esté, les glaçons des hivers.
Montrez, si vous voulez, cent choses surpre-
 nantes,
Que l'on croit bien souvent & vives & mou-
 vantes,
Et d'un pinceau sçavant exprimez des beautez
Dont les yeux des mortels puissent estre en-
 chantez.
Pour satisfaire mieux au plaisir de la veuë,
Arrangez ces couleurs dont vous estes pour-
 veuë.
Vos plus puissans efforts ne produiront jamais
Des miracles pareils à tous ceux que je fais.
Je ne vais point chercher dans le sein de la terre
Ces differens émaux, ces couleurs qu'elle enserre,
Qui recevant de vous quelque charme nou-
 veau,
Donnent à vos Tableaux ce qu'on y voit de
 beau.
Ce surprenant éclat d'une peinture illustre
Dure tres-rarement jusqu'au centiéme lustre:
La matiere s'en perd, & l'on voit trop souvent
Vos penibles travaux emportez par le vent.
Les miens ne courent point de fortune semblable:
Ils n'ont rien que de grand, de noble & de dura-
 ble,

DE PHILOMATHE. 317

Et sans craindre du temps les outrages divers,
Ne periront jamais qu'avec tout l'Univers.
L'esprit qui les produit & leur donne naissance,
Leur communique aussi sa divine puissance ;
Ils sont purs comme luy, solides, éternels,
Ayant part au bonheur des estres immortels.
Ainsi je puis, ma sœur, sans faire icy la vaine
Rabaisser aisément vostre humeur trop hau-
  taine.
Car qui peut ignorer que l'Astre dont le cours
Compose les saisons, & les mois & les jours,
Est le Dieu dont je tiens ma naissance divine,
Et qui d'un feu secret échauffe ma poitrine ?
Que ma voix est la voix qu'il employe à char-
  mer
Ceux d'entre les mortels dont il se fait aimer,
Et que des plus beaux arts les écoles sçavantes
Deviennent par mes soins encor plus écla-
  tantes ?
Quand des Peintres fameux les celebres pin-
  ceaux
Feront voir dans ces lieux des chefs-d'œuvres
  nouveaux,
Vous connoistrez, ma sœur, que leur rare genie
Ne reçoit que de moy sa puissance infinie ;
Que desja par mes soins ils font voir à la Cour
Des portraits dignes d'eux & du pere du jour.

R r iij

Ainsi vous ferez mieux sans vous mettre en
colere,
De travailler en paix, & d'apprendre à vous
taire.

LA PEINTURE.

J'AVOUE, ma sœur, qu'Apollon est vostre peré; que c'est par vostre bouche qu'il parle aux hommes un langage tout divin; que pour moy je ne leur parle que par des signes; & que ma naissance ne vous est point connuë. Comme je suis fille qui ne tient pas de grands discours, je vous apprendray en peu de mots mon origine, & vous feray voir combien elle est plus ancienne & plus illustre que la vostre. C'est un secret que je vous avois toûjours caché, pour ne vous donner point de jalousie. Sçachez donc, ma sœur, que je suis fille de Jupiter; que ce Dieu m'engendra lors qu'il voulut créer l'Univers, & me fit sortir de sa teste, non pas de la mesme sorte qu'il fit naistre Minerve avec l'assistance de Vulcain; mais qu'il m'en tira luy-mesme par sa propre vertu, & par un effort de son pur esprit, afin de se servir de moy pour peindre le Ciel & la Terre, dont les couleurs charment les yeux de tout le monde.

Aprés que j'eûs couvert les Cieux de ce bel azur que vous voyez, j'y figuray ces Signes admirables qui en font l'ornement. Ne vous étonnez plus, ma fœur, si je me fers des fignes pour me faire entendre, puis que c'eft le langage du plus grand des Dieux, & le premier par lequel il fe fit connoiftre aux hommes, & leur exprima fes volontez. La lumiere ne fut créée que pour faire voir mes ouvrages. Ce fut par elle que l'on apperceût que j'avois peint le lambris des Cieux d'une couleur douce & éclatante; que je l'avois enrichi de ces brillans dont il eft femé, & dont la difpofition marque le chemin par où le Soleil fait fa courfe.

Ce fut contre cette voute celefte que je pris plaifir à reprefenter des fleuves, des figures humaines, des animaux, & une infinité de chofes qui font les premieres images de tout ce qu'il y a en l'air, fur la terre & dans les eaux, dont mon pere voulut que je traçaffe une idée. Comme je les formay d'une maniere toute celefte, elles font bien differentes de ce que l'on voit icy bas.

Ce fut moy, ma fœur, qui travaillay à ces riches portiques par où voftre pere commence & finit fa carriere. J'employay pour matiere ce pur efprit qui forme l'or dans les entrailles de la terre ; & fur cette matiere toute fpirituelle je couchay mes plus vives couleurs. Cét arc, qui paroift dans le Ciel, & qui par fa beauté charme les yeux toutes les fois qu'on le voit, eft un premier eſſay des couleurs dont je voulois me fervir à peindre la nature. Cependant cét eſſay parut un chef-d'œuvre à tous les Dieux; & mon pere en ayant efté luy-mefme furpris, le cacha long-temps aux hommes, qui ne méritoient pas la veüë d'une chofe fi précieufe. Tout ce que vous voyez, ma fœur, de fi bizarrement peint dans les nuages, eſt un effet des premiers jeux de mon efprit. Je donnay en fuite de la couleur à tout ce qui eſt dans les eaux & fur la terre. J'émaillay les fleurs, je doray les moiſſons, j'embellis les fruits de teintes differentes, & figuray mille images bizarres fur les pierres & fur les coquilles. Ce que l'on voit de fi extraordinairement peint dans des arbres & contre des rochers a eſté fait par le Hazard, qui obfervant alors ce que je faiſois amaſſoit ce qui tomboit de mes couleurs, avec lefquelles taſchant à m'imiter, il reprefentoit une infinité de chofes.

A me-

A mesure que Jupiter créoit les oiseaux, les poissons, & les autres animaux qui sont sur la terre, je les parois de ces mesmes couleurs dont j'avois peint la nature. Mais lors qu'il eût créé l'homme, ce fut moy, ma sœur, qui travaillay à la belle proportion de ses parties, & qui en les couvrant de teintes admirables, en fis le chef-d'œuvre & le racourci de tout le monde entier.

La Lumiere qui m'avoit veû peindre voulut imiter ce que j'avois fait: elle déroba de mes couleurs pour s'en servir, & s'enfermant dans des lieux fort secrets, & où elle ne pouvoit entrer qu'avec peine, se plaisoit à copier ce que j'avois peint sur la terre. Mais il est difficile de voir ses ouvrages, si l'on ne se cache dans les mesmes endroits où elle se retire, pour la surprendre lors qu'elle travaille.

Les Divinitez des eaux considerant aussi mes peintures avec plaisir, en ont voulu faire des copies; & elles y ont si bien réussi, que vous voyez avec quelle facilité elles sçavent faire un tableau en un moment. Les grands Fleuves mesme & les Torrens, quoyque prompts & impetueux, taschent souvent de les imiter, mais ils n'ont pas assez de patience pour achever tout ce qu'ils commencent. Il n'y a que les Nimphes des rivieres, des lacs & des fontaines, dont l'humeur est plus douce & plus tranquille, qui ont pris un si grand plaisir dans cette occupation, qu'elles ne font autre chose que representer continuellement tout ce qui s'offre à elles.

Aprés avoir fini les ouvrages qui m'avoient esté ordonnez, je remontay au Ciel, où je pensois demeurer auprés de mon pere à les contempler; lors que l'Amour, ce Dieu qui aime toutes les belles choses, vint trouver Jupiter, & luy remontra que pour sa plus grande gloire, il estoit besoin que je demeurasse en terre, & que j'apprise aux hommes à connoistre & à adorer les Dieux. Qu'il estoit vray que les Nimphes des eaux taschant d'imiter ce que j'avois peint, representoient bien ce qu'elles voyoient; qu'elles donnoient mesme du mouvement & de l'action aux choses inanimées; qu'il y avoit dans leurs peintures une verité & une admirable union de couleurs; mais qu'elles estoient si capricieuses, qu'on ne pouvoit bien voir leurs tableaux, parce qu'elles les representoient toûjours renversez le haut en bas.

Qu'outre cela elles négligent, ou ne sçavent pas leur donner assez de force, ni faire un choix des plus belles choses, peignant indifferemment toutes sortes d'objets. Qu'elles n'avoient pas mesme une application assez serieuse à leur travail : outre que les zephirs se divertissoient souvent à corrompre les traits, & à confondre les couleurs de leurs tableaux.

J'ay voulu, dit l'Amour, les engager à faire mon portrait ; plusieurs Nimphes des fontaines & des lacs les plus tranquilles témoignoient y prendre plaisir. Mais lors qu'elles avoient fini mon Tableau, je ne pouvois le tirer de leurs mains ; & mesme si-tost que je m'éloignois, elles effaçoient ce qu'elles avoient fait, pour mettre une autre chose à la place.

La Lumiere qui represente assez bien la Nature, quand elle travaille enfermée, n'a pu me satisfaire. L'ayant voulu engager à faire le portrait d'un amant pour sa maistresse, elle n'en put marquer que les premiers traits. Ainsi, vous voyez bien que pour donner aux hommes des images plus ressemblantes de toutes les Divinitez, il est necessaire que la Peinture retourne parmi eux pour les instruire.

Lors que l'Amour eût parlé, Jupiter me regardant, Retourne donc, ma fille, me dît-il, & va faire ton sejour sur la terre. C'est là que par les ouvrages de tes mains tu apprendras aux mortels quel est mon pouvoir. Imprime de toutes parts des marques de ma grandeur ; & en leur enseignant ton art, fais-leur sçavoir combien je leur cache d'autres merveilles qu'ils ne verront jamais pendant leur vie.

Il ne m'eût pas si-tost parlé, que je partis remplie d'une infinité de nobles idées, pour les communiquer à ceux que j'en trouverois les plus dignes. Je descendis en terre avec l'Amour. Il fut le premier des Dieux dont je fis des images. Je le representay en cent façons differentes, selon les differentes occupations qu'il se donne luy-mesme. Il m'obligea d'enseigner les premiers traits du dessein à une jeune fille chez laquelle il logeoit. Ce fut par où je commençay à me faire connoistre ; & c'est, ma sœur, pourquoy l'on a cru que je n'avois pris naissance qu'en ce temps-là.

Je montray en suite aux hommes la maniere de distribuer les jours & les ombres pour donner du relief aux corps. Je leur enseignay à composer toutes sortes de couleurs, & à s'en servir pour imiter mes ouvrages. Je leur dis de quelle maniere il faut regarder les objets, & leur fis comprendre de quelle sorte les choses paroissent plus ou moins grandes à la veuë. Je leur appris à répandre sur leurs tableaux une lumiere qui imitast bien celle de la nature ; à connoistre que la beauté vient de la proportion des parties, & comment il faut faire choix des plus belles; de quelle sorte il faut se conduire pour bien marquer la force & la diminution de l'air dans les objets les plus proches & les plus éloignez ; ce que l'on doit étudier pour bien exprimer les divers mouvemens du corps, & les differentes passions de l'ame ; enfin, comment l'on doit representer la beauté, & les graces mesmes qui se trouvent dans chaque chose.

L'Amour ravi de voir tous les soins que je prenois pour apprendre aux hommes tant de merveilles, parloit de moy dans tous les lieux où il se trouvoit & me faisoit rechercher de tout le monde. J'apprenois aux Amans à déclarer leurs passions par des caracteres tout mysterieux. Je leur faisois voir la personne mesme qu'ils aimoient, quoy-qu'absente; & j'en figurois des images non pas semblables à celles que vous faites, ma sœur, que chacun peut considerer à sa fantaisie, & se representer comme il luy plaist, mais des images veritables, & où la nature sembloit avoir formé une seconde personne.

Ce fut donc par moy, ma sœur, quoy que vous puissiez dire, que les hommes comprirent la nature & l'excellence des Dieux. Je leur en figuray, d'une maniere proportionnée à leur intelligence, la grandeur & les hautes qualitez. Ils apprirent aussi de moy à découvrir aux Dieux mesmes les sentimens de leur cœur, par des figures qu'ils gravoient de toutes parts pour marque de leur veneration. L'on ne parloit point de vous alors, ma chere sœur, & ce ne fut qu'en considerant la beauté de mes travaux, que l'Imagination vostre mere devint amoureuse d'Apollon. Elle estoit ma confidente, & les Dieux l'avoient donnée aux hommes pour leur aider à mieux entendre ce que je leur enseignois, & rendre leur esprit capable de comprendre la sublimité de mes mysteres. J'avois si souvent peint le visage de ce Dieu que vous appellez vostre pere, & elle m'en avoit oüi dire de si grandes choses, qu'elle en devint paſſionnée. Vous ne penſiez peut-eſtre pas que je fuſſe ſi bien informée de ce qui vous regarde. Cependant il faut que vous ſçachiez que j'ignorois moins que perſonne tout ce qu'elle faiſoit pour ſe faire aimer de luy. Je reconnus bientoſt aprés qu'elle avoit receû des gages de ſon amour. Pendant le temps de ſa groſſeſſe, elle ne ceſſoit de le rechercher; & lors qu'il ſe retiroit chez Thetis, elle couroit toute ſeule parmi l'obſcurité des tenebres pour le trouver. Elle traverſoit le palais du Sommeil, elle paſſoit au milieu des Songes & des Viſions; & parce qu'elle ne pouvoit s'empeſcher de les regarder, cela fut cauſe que vous en fuſtes beaucoup marquée. Enfin le terme de ſon accouchement arriva, & ce ne fut qu'avec des fureurs & des tranſports extraordinaires qu'elle vous mit au monde. Elle ſe retira ſur le Mont Olympe, pour ne vous pas montrer d'abord dans cét eſtat où vous eſtiez. Apollon & ſes sœurs prirent ſoin de vous pendant que vous demeuraſtes aſſez long-temps cachée dans les bois à cauſe de ces marques que vous aviez contractées dans le ventre de voſtre mere. Ce fut pour taſcher d'effacer ces defauts que voſtre pere fit naiſtre une fontaine pour vous y laver: mais ses soins & ceux de ses sœurs n'ont pu empescher qu'il ne vous soit demeuré quelques taches, que vous voulez faire passer pour des graces & des avantages de la nature.

LA POËSIE.

Vous nommez des defauts ce que chacun admire.
Ce feu saint & sacré qu'Apollon seul inspire,
Cét air noble & pompeux, ces charmes, ces appas,
Sont en moy des beautez qui ne vous plaisent pas.
Telle grace en effet si rare & peu commune,
N'est point une faveur que fasse la fortune.
Ces nobles qualitez sont des presens des Dieux,
Qui m'élevent en haut, & m'approchent des Cieux.
Si d'un œil pur & sain sans un danger extresme,
Vous pouviez reflechir vos regards sur vous-mesme,
Vous verriez vos couleurs & vos traits si vantez
Souvent pleins de defauts & de disformitez.
                                              Mais

DE PHILOMATHE.

Mais ce fascheux aspect vous rendroit malheureuse,
Vostre occupation vous seroit ennuyeuse;
Et ne trouvant en vous rien de bon ni de beau,
Vous quitteriez alors & palette & pinceau.
Aussi de Jupiter la supresme assistance
A voulu vous priver de cette connoissance,
Et pour entretenir sur terre vos travaux,
Vous donner des plaisirs exempts de plusieurs maux.
Ainsi sans trop penser aux choses que vous faites,
Et vous mettre en estat de les rendre parfaites,
D'un seul œil bien souvent sans raison & sans choix
L'on vous voit regarder cent choses à la fois :
Ce qui fait que l'on prend vostre noble exercice
Pour un jeu de l'esprit & pour un pur caprice.

LA PEINTURE.

IL est vray, ma sœur, que pour voir avec plus de justesse, & pour mieux juger de toutes choses, je ne me sers quelquefois que d'un œil ; & si je m'applique à observer tout ce qui se presente à moy, c'est afin de ne rien imiter qui ne soit vray. Mais vous, ma sœur, dés vos plus jeunes ans l'on jugea de

Tome V.   Tt

ce que vous feriez un jour. Car outre que vous estiez fort encline à ne dire gueres la verité, vous estiez si prompte, & l'on peut dire si étourdie, que vous parliez de toutes choses sans les connoistre. Les sœurs de vostre pere faisoient leur possible pour vous corriger, & pour vous instruire: mais au lieu de bien recevoir leurs avis, vous preniez differens caracteres, & teniez des discours où l'on n'entendoit rien. Quelquefois au retour du Mont Olympe ou du Parnasse, aprés avoir consulté les Muses, vous rendiez visite aux Nimphes des eaux. Combien de fois vous ay-je trouvée assise auprés d'elles, attentive à les regarder, & à considerer la beauté de leurs ouvrages? Ce fut ce qui dans la suite vous fit naistre l'envie de vous attacher à moy. Vous observastes soigneusement de quelle maniere je travaillois à former les images des Dieux & des grands hommes; de quels traits je me servois pour de moindres sujets, & comment j'employois les couleurs pour peindre toutes sortes de choses.

Vostre mere vous exhortoit souvent à imiter ce que je faisois, & à me tenir compagnie: c'est pour cela qu'on a crû que vous estiez veritablement ma sœur, estant presque toûjours auprés de moy à expliquer par des mots choisis ce que je representois par mes peintures.

Je pourrois vous faire souvenir de cent choses que j'ay produites, & que vous avez copiées depuis. Mais comme ce que j'ay fait subsiste toûjours, & qu'il ne faut qu'avoir des yeux pour connoistre la verité de ce que je dis, ce seront mes ouvrages qui parleront pour moy. Ainsi j'abregeray mon discours, qui contre ma coustume n'a déja esté que trop long. Car c'est à vous qu'il faut laisser ce grand nombre de paroles que les Dieux vous ont données en partage, & par lesquelles vous prétendez vous rendre considerable. Je vous laisse donc ce langage sublime, & ces expressions extraordinaires dont vostre pere se sert luy-mesme pour faire des réponses ambiguës, & où l'on ne comprend rien. Imitez-le, ma sœur; & pour abuser le monde par vos Portraits, faites de la laideur une parfaite beauté : pour moy, je feray toûjours voir les choses telles qu'elles sont. Mais j'apperçoy l'Amour qui nous regarde. Comme il vient à propos pour juger de nos differends, nous pouvons nous découvrir à luy, puisqu'il y a long-temps qu'il nous connoist.

L'AMOUR.

JE sçay déja le sujet de vos contestations, & je m'étonne que deux sœurs aussi spirituelles & aussi agréables que vous s'arrestent à disputer ensemble, pendant que chacun admire vos rares qualitez. Il n'est point question de sçavoir vos âges, ni laquelle de vous deux est l'aisnée. La jeunesse est si avantageuse, que pour mieux plaire à tout le monde j'aime à paroistre toûjours enfant. L'on considere les personnes par leur merite & par leurs services. Je voudrois avoir assez de credit auprés de vous pour vous mettre bien ensemble. Il y a long-temps que je vous connois, & que de l'une & de l'autre j'ay receû plusieurs services en diverses rencontres. Parmi les bons offices que vous m'avez rendus, j'ay assez de fois éprouvé combien toutes deux vous estes difficiles à goûverner, pour ne pas dire capricieuses. Mais parce que je suis soupçonné de ne pas suivre les regles de la raison dont on prétend que je ne veux point reconnoistre l'empire, je n'entreprendray pas aussi de vous juger. Soumettez-vous aux ordres de ce grand Roy, dont la presence embellit ces lieux, &

DE PHILOMATHE.

qui est aujourd'huy l'arbitre & les délices de tout le monde. C'est pour luy que j'ay pris soin de rendre cette demeure si agréable, en y faisant venir les Graces & les Plaisirs ; que pour l'orner, j'y appelle tous les beaux Arts: & c'est pour luy que vous devez travailler l'une & l'autre à meriter son estime, & reconnoistre l'accueil favorable qu'il vous fait.

Mais pour luy en donner des marques, travaillez sur differens sujets. Ce puissant Prince vous en fournit un assez grand nombre, par lesquels vous pourrez representer tant de nobles qualitez qui le font admirer de toute la terre. Sans chercher dans les siecles passez des exemples de ce qu'ont fait les anciens Heros pour les comparer à ses actions miraculeuses, attachez-vous à bien raconter ce qu'il a fait, qui ne trouve rien de comparable dans toutes les Histoires.

LA POËSIE.

Pour moy je chanteray sur la terre & sur l'onde
Les hautes actions du Monarque François,
  Et je diray par tout le monde:
LOUIS, le Grand LOUIS est le plus grand
 des Rois.

Tant d'illustres vertus qu'on voit en sa personne
Eternisent son nom en mille & mille lieux:
 N'eust-il ni Sceptre, ni Couronne,
Il merite d'avoir place parmi les Dieux.

LA PEINTURE.

ET moy je representeray ses vertus & ses actions en tant de nobles manieres, par des traits si grands & des couleurs si vives, que j'obligeray le Temps à respecter mes ouvrages.

L'AMOUR.

SI l'une raconte les grandes vertus de ce Prince incomparable, & fait une image des beautez de son ame, c'est à l'autre à bien exprimer ses actions heroïques, & tant de choses memorables qui sont l'admiration de toute la terre. Songez seulement à representer fidellement ce que vous voyez, afin que les siecles à venir puissent encore le voir dans l'estat où il paroist aujourd'huy à tout l'Univers.

COmme l'Amour eût cessé de parler, je sortis du lieu où j'estois ; &

croyant en estre assez connu, je m'avançay, & luy dis : O toy, qui sçais combien j'ay toûjours respecté ton pouvoir ! puis que tu inspires à nostre Grand Monarque cette noble passion qu'il a pour les belles choses, quoyque mon nom ne merite pas d'aller jusques à luy : toutefois, comme il n'ignore pas que je mets toute ma gloire à contribuer ce que je puis aux travaux qui rendent son regne si glorieux ; qu'il a mesme eû plusieurs fois assez de bonté pour recevoir favorablement les foibles témoignages que j'en ay donnez : je te prie, Amour, de vouloir faire connoistre à ce grand Prince que tu m'as trouvé dans ces lieux méditant sur les belles actions de sa vie. La Poésie que voilà peut dire que je n'ay point de plus grande joye que d'entendre de sa bouche les loüanges qui luy sont si legitimement deûës. Et pour la Peinture, continuay-je, en me tournant de son costé, elle sçait combien je me suis occupé à faire valoir ses ouvrages, & à découvrir les secrets de son art, afin de laisser à la posterité des images dignes de ce grand Roy, & d'apprendre à toute la terre les merveilles que nous avons le bonheur de voir.

L'Amour m'ayant écouté me fit signe de le suivre; & comme pour luy obéïr je voulois sortir du lieu où j'estois, j'entendis un grand bruit qui me fit tourner la teste d'un autre costé.

Il est vray qu'alors j'ouvris à demi les yeux; & voyant dans l'allée la plus proche de l'endroit où je m'estois endormi, toute la Cour qui suivoit le Roy, je fus extrémement surpris. Cependant me trouvant encore possedé de l'erreur de mon songe, je cherchois à joindre le faux & le vray. Il me semble que je regardois si l'Amour ne s'approchoit point du Roy pour me

rendre

rendre quelque bon office, & je fermay les yeux pour ne me pas détromper sitost, & pour gouster plus longtemps la douceur d'une si aimable rêverie.

Vous aurez donc, mon cher Cleogene, de la joye d'apprendre que je suis presentement de vostre avis, & qu'une si agréable aventure est une nouvelle raison à alleguer pour prouver que le Sommeil est le plus charmant de tous les Dieux.

TABLE.

A

ACADEMIE de Peinture & de Sculpture établie à Paris. *page* 18
Alexandre Veronese. 15
Alfonse du Fresnoy. 277
Alexandre VI. Pape. 233
André Camacée. 6
André Ouche. *ibid.*
André Sacchi. *ibid.*
Saint André. 189
Appartemens des Tuilleries peints par N. Mignard. 66
Armand Swanvert. 44
Audran. 254

B

BAILLY. 254
Baltazar Marcy. 180
J. Baptiste de Champagne. 253
Barthelemy. 84
Bartholet Flamael. 181
Baudesson. 254
L. Baugin. *ibid.*
Belin. 276
P. Beretin de Cortone. 6
Le Bicheur. 56
J. Blanchart. 57
H. Bobrun. 185
A. Bosse. 214
Boule. 286
Boulongne. 158

Bourbon. 17
Bourdon. 85
Boussonnet Stella. 254
Brebiette. 262

C

Le CALABRESE. 17
A. Camacée. 6
De Cani. 286
M. de Chamois. 19.22
Philippe de Champagne. 161
Chaperon. 285
Charmeton. 180
Chasteau. 255
Chauveau. 181
Ciro-Ferri. 9
Cleante. 14
Cleobis & Biton peints par Loyr. 239
Mich. Corneille. 56
P. De Cortone. 6
Cotelle. 286
Courtois. *ibid.*

D

DARIUS ouvre le Tombeau de Sémiramis. 218
P. De Cortone. 6
De la Hyre. 46
Description d'un Mausolée envoyé à Bourdon. 90

TABLE.

De Somme. 18
J. Dominique. 3
Dominique Bourbon. 17
Dorigni. 56
Du Chesne. 165
Du Fresnoy. 277
L. Du Guernier. 48
Nic. Du Moustier. 84
Dan. du Moustier. 262

E

Ekman. 213
Eustache le Sueur. 23
Etablissement de l'Académie Royale de Peinture & de Sculpture. 18

F

C. Ferri. 9
Fioravente. 18
Flamael. 181
Francart. 286
Sim. François. 115
Francisque Milet. 286

G

Gallerie de l'Hostel de la Vrilliere peinte par Perier. 45
Gallerie de M. de Bretonvilliers peinte par Bourdon. 111
Galleries du Palais Cardinal peintes par Champagne. 169. 172
Gallerie de l'Hostel de Seneterre & autres Tableaux peints par Loyr. 241
Gaspar Marcy. 253
Gaspres du Ghet. 2

Gernaise. 85
Gissey. 179
Grotte de Versailles. 186
Gribelin. ibid.
Guerin. 214
Du Guernier. 48
Guillain. 46
Guillerot. 276

H

Hanse. 46
Herard. 184
Histoire de Saint Bruno peinte aux Chartreux par le Sueur. 24
Histoire de la mort du Pape Alexandre VI. 233
Histoire de Niobe. 78
Histoire de Saint Bruno. 24
Houet. 85
Hutinot. 253
Hyacinthe changé en fleur. 82

I

Jacques Stella. 265
Jean Baptiste de Champagne. 253
Jean Dominique. 3
Jean le Maire. 274

L

Labrador. 18
La Fleur. 286
Lallemand. 262
Lanse. 57
La Richardiere. 262
Le Bicheur. 56
Le Fevre. 179
Le Fevre de Venise. 189
Le Maire. 274

TABLE.

Le Maltois.	18
Le Moine.	57
L. Lérambert.	85
Le Sueur.	23
Les Nains.	57
N. Loyr.	216

M

B. Marcy.	180
G. Marcy.	253
Mavio di Fiori.	18
Matthieu.	179
Matthieu Bourbon.	17
Maugis Abbé de Saint Ambroise.	165
Merite des Peintres qui ne travaillent pas à des Histoires.	255
Methamorphose de Clitie.	87
Michel Ange des Batailles.	18
Michel del Campidoglio.	ibid.
Michel Ange de Volterre.	ibid.
N. Mignard.	59
Migon.	214
Fr. Milet.	286
Monbeliard.	ibid.
Montagne.	57
Des Monnoyes & Medailles.	156
Mort du Cardinal Mazarin.	65
Mort de M. le Chancelier Seguier.	120
Mort du Pape Alexandre VI.	237
J. Mosnier.	263
Mouellon.	58
Muses peintes aux Tuilleries par N. Mignard.	77

N

Les Nains.	57
Nanteüil.	286
Nicasius.	214
Nocret.	117

O

An. Ouche.	6
Ouvrages faits par Loyr dans le Palais des Tuilleries.	241

P

Patel.	286
Peintres François qui n'ont pas esté du corps de l'Accadémie.	262
Peintures de N. Mignard aux Tuilleries.	66
Peintures de Mosnier à Chartres.	264
Perier.	44
Person.	58
Pinager.	44
De la Phisionomie.	191
Plate montagne.	57
Poissan.	58
Popliere.	181

Q

Quillerié.	84

R

Rabel.	262
Sim. Renard.	189
Representation funebre faite aux Peres de l'Oratoire par l'Académie de Peinture & de Sculpture à la mort de M. le Chancelier Seguier.	121
Sal. Rose.	17
Les Roux en aversion.	207

V u iij

TABLE

S

A. S ASCHI.	6
Salon du Palais Barberin. 7. 8	
Salvator Rose ou Salvatoriel.	17
J. Sarazin.	56
De Somme.	18
J. Stella Bonsonnet.	254
J. Stella.	265
F. Stella.	273
Ar. Swanvert.	44
Le Sueur.	23
Superstitions des Italiens,	238

T

TABLEAUX du Sueur en plusieurs Eglises & Maisons de Paris.	24. 37. 41
Tableaux de Champagne en plusieurs Eglises.	167
A Vincennes & aux Tuilleries.	176. 177
Tableaux de N. Mignard à la Chartreuse de Grenoble & aux Tuilleries.	66
Tableau de Cleobis & Biton, peint par Loyr.	239
Tableaux de Nocret à Saint Cloud.	119
Tableau de Solario.	263
L. Testelin.	44
Tombeau du Roy de Suede.	106
Tombeau de Semiramis.	218
Tombeaux antiques trouvez à quatre milles de Rome.	227

V

VANBOUCLE.	277
Vanlo.	84
Vanmol.	57
Van-Obstat.	58
Varin.	155
Velasque.	14
Al. Veronese.	15
Vignon.	84

Extrait du Privilege du Roy.

PAR Lettres Patentes du Roy données à Paris le 9. Octobre 1663. signées HERVE', & scellées du grand Sceau de cire jaune, il est permis à ANDRE' FELIBIEN, sieur des Avaux, de faire imprimer par tel Imprimeur qu'il voudra, *un Traité de l'origine de la Peinture, & des plus excellens Peintres Anciens & Modernes.* &c. & ce durant l'espace de vingt années. Avec défenses, &c.

Cette cinquiéme Partie a esté achevée d'imprimer pour la premiere fois le 17. Février 1688

Page 136. lig. 16. *aliquod*, lis. *aliquos*. Pag. 181. *Flamel*, lis. *Flamaël*.

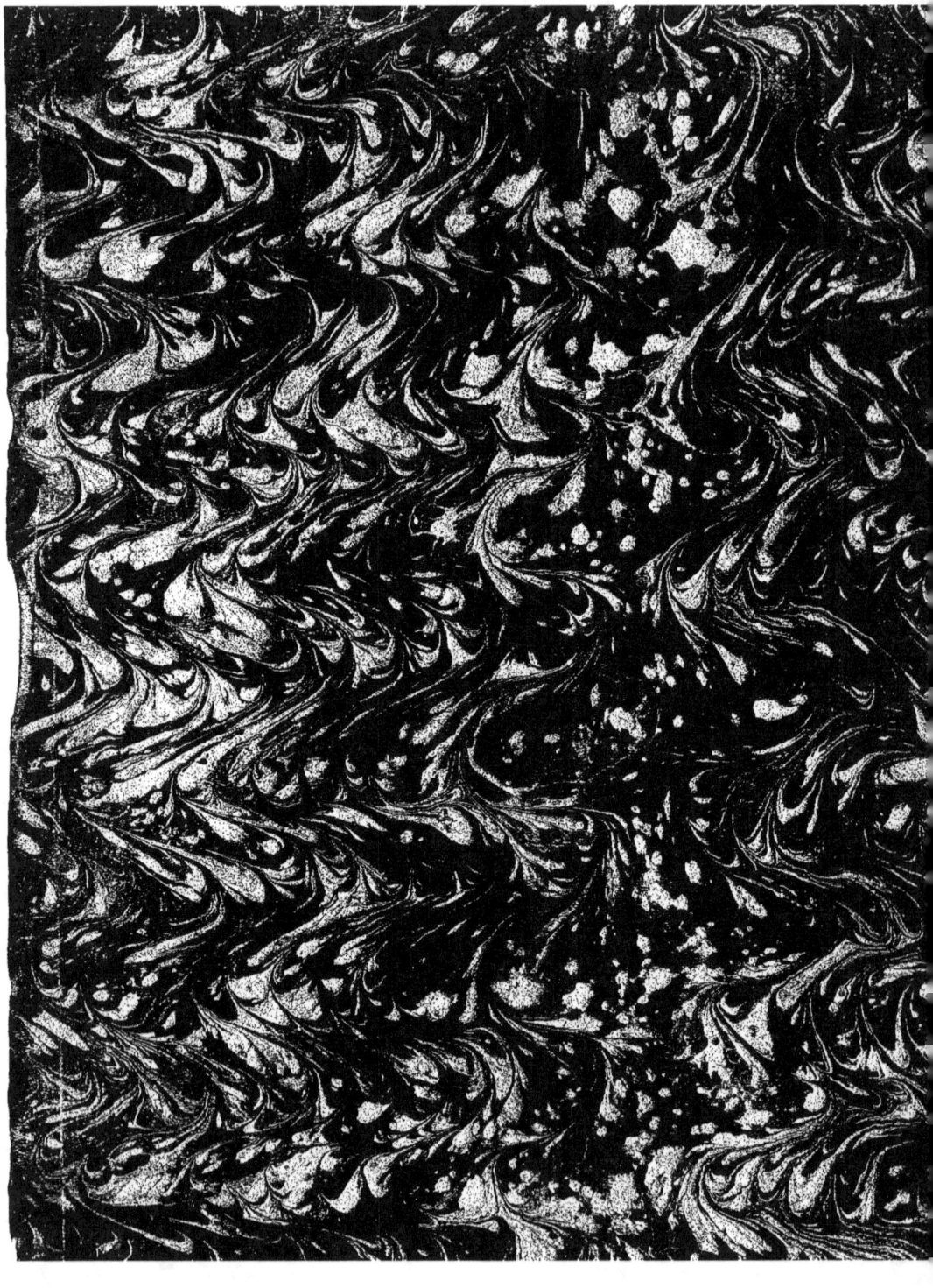

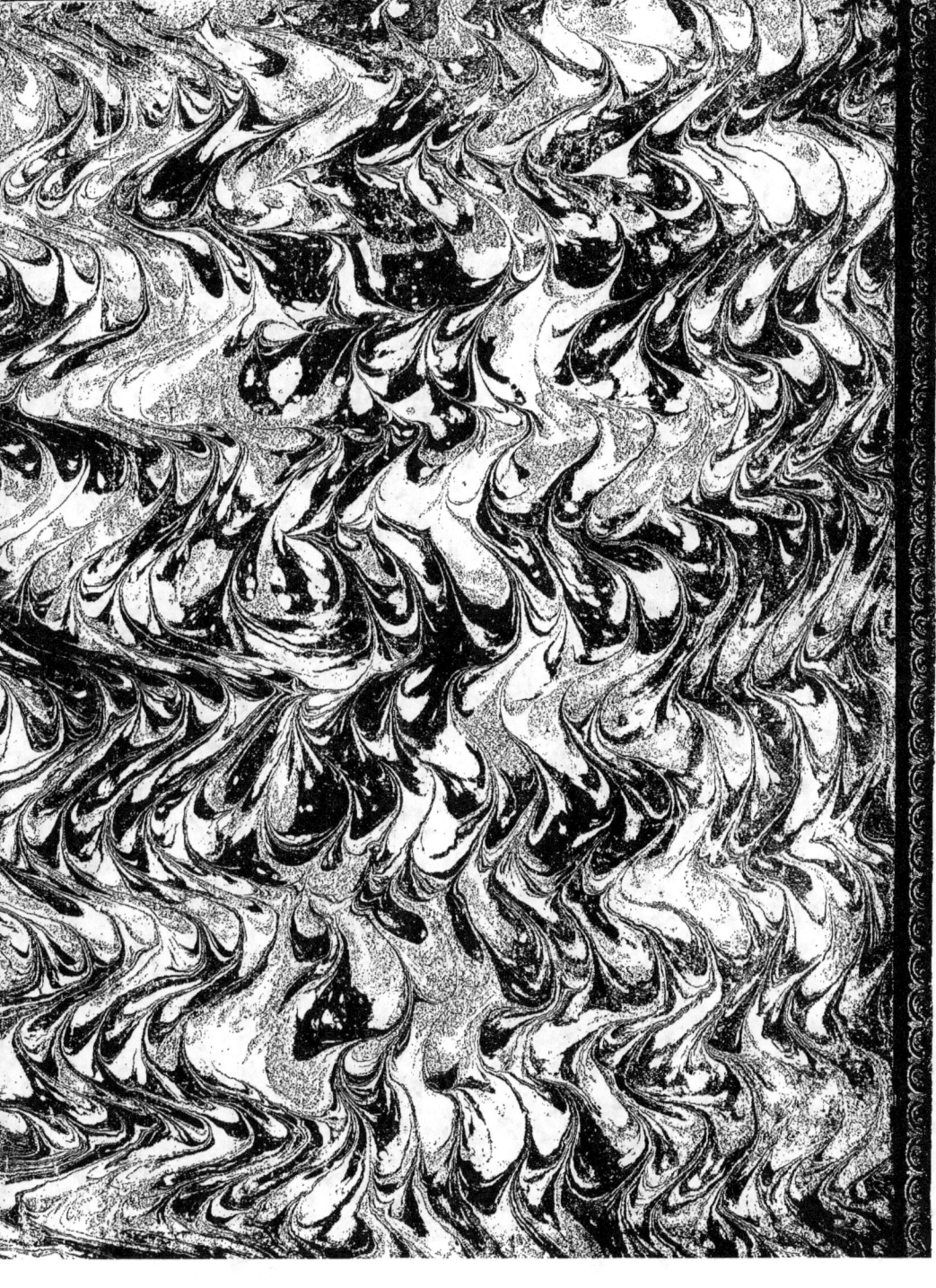

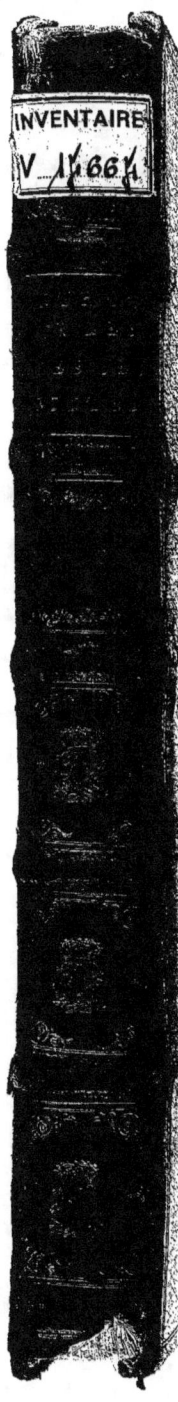

www.ingramcontent.com/pod-product-compliance
Lightning Source LLC
Chambersburg PA
CBHW052238220526
45471CB00001B/92